JN238921

多文化共生論
多様性理解のためのヒントとレッスン

加賀美常美代 [編著]
KAGAMI Tomiyo

明石書店

はじめに

　近年、日本に住む外国人の数は上昇の一途をたどってきており、ここ数十年で、地域社会、大学・学校コミュニティを構成する人々が急速に変化し多文化化してきている。グローバル化が進行する中で、多様性のある人々との共生は現代的・社会的課題である。多様な人々、子どもたちを地域社会や大学・学校コミュニティに受け入れるということは、マジョリティの人々の価値観とは異なる価値観を持つ人々と接触することである。そこではさまざまな葛藤や障壁が生じることが考えられるが、ホスト社会の人々は、年齢、性別、民族、集団、言語、文化等の「多様性」を持つ人々（マイノリティ）を理解し、双方が居心地良くともに生きていくことのできる地域社会、大学・学校コミュニティを保障することが必要となる。

　本書は、多文化社会の中で生じる障壁を分析し、マイノリティの人々、多様な背景を持つ人々が相互理解しともに生きていくために、どのように関わったらよいか当事者の視点で考えていく。また、グローバル化社会の中で自文化中心主義から脱却し、文化的差異だけでなく広義の意味での社会的差異である「多様性」とは何かを考え、それを理解し容認していくことはどのようなことかを中心課題として考えていく。

　本書は全14章から構成されている。まず、第１章は、日本人ホストと外国人の意識とのコンフリクトの現状を踏まえたうえで、グローバル社会における多様性を容認することはどのようなことか、多文化共生とはどのような社会かを考え、コミュニティ心理学と多文化共生を関連させながら解決の可能性を論じている。第２章は、日本の定住外国人の抱える諸問題について歴史的経緯から現在に至

るまでをオールドカマー、ニューカマーを交差させながら論じている。第3章は、中国帰国者の歴史的経緯と抱える問題を整理し、1世、2世、3世の問題の質的相違とその多様な支援の可能性を論じている。第4章は、日本で最も外国人の多い都市である新宿区の小学校での事例を取り上げ、外国につながる子どもたちの抱える問題と教育支援を取り上げている。第5章は、学校コミュニティにおいて中学校、高等学校の外国人生徒の抱える困難と対処行動について整理し、その現状を取り上げている。第6章は、地域日本語教育について概観し、地域社会におけるコーディネーターの重要性について論じている。第7章は、文化的背景の異なる夫婦、国際結婚家族において二言語・二文化を身につけているか、バイリンガルの子どもたちがどのように言語発達をしていくか検討している。第8章は、身近に起こりうる国際結婚とその諸問題としての離婚について、事例を踏まえて法律の観点から分析している。第9章は、難民認定申請者の現状と生活実態、メンタルヘルスの問題に関して精神科医の視点から論じている。第10章は．障害者の現状と文化的多様性として差異を考える際、障害者と他のマイノリティとはどのような違いがあるのか、障害学や合理的配慮の観点から考えている。第11章は、外国人研修生と技能実習生に焦点を当て、彼らにとって日本語習得とはどのようなものか検討している。第12章は、大学コミュニティにおける留学生の量的増加と日本人学生との異文化間交流は、大学のグローバル化、人材育成、多文化共生にどのように影響していくのかを考えている。第13章は、海外の日本人駐在家族と移動する子どもについて、家族の現状と直面する困難を取り上げ、その解決方法について論じている。第14章は、急速に多文化化している韓国の多文化家族と移動する子どもたちについて取り上げ、その現状と彼らが直面している困難とその対応について言及している。

　本書は、2006年から2012年まで筆者の担当するお茶の水女子大

はじめに

学文教育学部の「多文化共生論」に、ゲストスピーカーとして講義をしていただいた先生方におもに執筆していただいた。執筆者の先生方は、多文化教育、異文化間教育、日本語教育、多文化間精神医学、法律、障害学、異文化間心理学など、現在、多様な外国人支援、マイノリティ支援の最前線で活躍し、関わっていらっしゃる高度な専門性を持つ方々である。こうした講義を土台に書きおろしてくださった先生方に感謝の意を表するとともに、本書は次世代を担う若者たちに向けて先生方からの熱い思いをメッセージとして発信できたことを幸いに思う。さらに、多文化共生社会の現代的課題の解決に向けて広く読者の方々とともに、今後、取り組んでいくことができれば誠に喜ばしいことである。

編著者　加賀美常美代

目　次

はじめに　3

■**第1章**■　［加賀美 常美代］
多文化共生とは何か——コミュニティ心理学的視座から多様性を考える……　11

　はじめに——問題の背景 …………………………………………………　12
　1．地域住民とのコンフリクト………………………………………　13
　2．コンフリクトをどのように考えるか——葛藤解決方略の視点から…　15
　3．外国につながる子どもと異文化受容態度 ………………………　18
　4．多文化共生とコミュニティ心理学 ………………………………　22
　5．コミュニティ心理学の主要な理念——問題解決に向けて ………　23
　6．多様性を考える——今後の課題に向けて ………………………　27

■**第2章**■　［田渕 五十生］
日本の外国人の抱える問題 …………………………………………　32

　1．多民族化する日本社会 ……………………………………………　33
　2．定住中国人の急増と多様なバック・グラウンド …………　40
　3．定住する日系南米人をめぐる状況 ………………………………　43
　4．国際結婚の配偶者とダブルの子どもたち ………………　45
　5．多文化教育の実践可能性…………………………………………　47
　6．多文化社会の実現をめざして ……………………………………　48

■**第3章**■　［島崎 美穂］
中国帰国者の抱える問題——1世、2世、3世に求められる支援とは ……　52

　1．中国帰国者とは …………………………………………………　53
　2．中国残留孤児問題の解決に向けた取り組み ………………　56
　3．帰国者の受入れ体制——3つのセンターとその支援体制 …………　62
　4．中国帰国者1世、2世、3世の抱える問題と求められる支援…　66

5．今後の課題とまとめ ……………………………………………… 72

■**第４章**■　［善元　幸夫］
地域社会と多文化共生——新宿の小学校事例を中心として……………… 77

　　1．自分探しの子どもたち ……………………………………………… 78
　　2．問題の所在——多文化社会の中で生きる新宿・新大久保 ………… 79
　　3．子どもと新大久保——子どもたちはこれからの未来を
　　　どう生きていけばよいのであろうか！ …………………………… 83
　　4．日本語学級の取り組み・実践——日本語国際学級へ …………… 85
　　5．２人の子ども——「韓国の子どもＲとタイの子どもＳの出会いの物語」 86
　　6．日本語国際学級と通常学級で授業を創る ………………………… 93
　　7．結び——実践現場を踏まえた現状、当事者意識の理解と問題解決 …… 97

■**第５章**■　［岡村　佳代］
外国につながる子どもたちの困難・サポート・対処行動からみる現状… 101

　　はじめに ………………………………………………………………… 102
　　1．外国につながる子どもたちの現状 ………………………………… 103
　　2．外国につながる子どもへのサポート ……………………………… 107
　　3．外国につながる子どもの困難対処 ………………………………… 112
　　4．地域社会の持つ可能性 ……………………………………………… 118
　　まとめと今後の課題 …………………………………………………… 121

■**第６章**■　［野山　広］
地域日本語教育とコーディネーターの重要性——共生社会の構築へ向けて … 124

　　はじめに ………………………………………………………………… 125
　　1．「地域日本語教育」という概念誕生までの経緯 ………………… 126
　　2．地域日本語教育の展開
　　　——文化庁の事業と調査結果からみえてくること ………………… 127
　　3．地域の状況変化に応じた先駆的自治体の対応と社会状況の変化… 131

4．リーマンショック（2008年）による変化
　　——調査の結果からみえてくること ………………………………… 133
　5．今後の課題 ……………………………………………………………… 140
　おわりに——共生社会の構築に向けて ……………………………………… 144

■**第7章**■　[藤田ラウンド 幸世]
国際結婚家族で母語を身につけるバイリンガル
　——社会言語学と言語発達の視点から捉える ……………………………… 149

　はじめに …………………………………………………………………… 150
　1．家族の「言語」、社会の「言語」 …………………………………… 151
　2．国際結婚家族の子どもの言語発達 …………………………………… 156
　3．日本語・英語の同時バイリンガル、Tの言語発達事例 …………… 160
　4．国際結婚家族の母語と二言語のダイナミズム ……………………… 170

■**第8章**■　[吉野　晶]
国際結婚の解消——身近な法律問題 ………………………………………… 174

　はじめに …………………………………………………………………… 175
　1．二人の間の子ども——国籍はどこに ………………………………… 176
　2．夫婦の離婚——さまざまな法律問題が凝縮されている問題 ……… 178
　3．外国籍の妻にとって離婚は日本在留に影響がないのか …………… 191
　おわりに …………………………………………………………………… 193

■**第9章**■　[野田 文隆]
難民認定申請者（Asylum seekers）の生活とこころ ………………… 199

　はじめに …………………………………………………………………… 200
　1．日本の難民受入れの歴史 ……………………………………………… 201
　2．難民認定申請者の現実 ………………………………………………… 204
　3．難民認定申請者のこころの問題 ……………………………………… 207
　4．難民認定申請者への支援とは ………………………………………… 215

■**第10章**■ [長瀬 修]
多文化共生と障害の文化モデル──一人ひとりへの合理的配慮 ………… 221

はじめに──「障害者」とはだれか……………………………………… 222
1．障害学（ディスアビリティ・スタディーズ）と「社会モデル」… 222
2．障害差別と「合理的配慮」……………………………………… 225
3．合理的配慮の起源──宗教から障害へ ………………………… 229
4．障害の「文化モデル」…………………………………………… 231
5．配慮の平等 ……………………………………………………… 239
おわりに ……………………………………………………………… 242

■**第11章**■ [守谷 智美]
企業と研修生──共生に向けた日本語支援の視点から ………………… 246

1．研修生・技能実習生とはどのような人たちか？ …………… 247
2．研修生・技能実習生を取り巻く問題 ………………………… 249
3．研修生・技能実習生の日本語習得とその支援をめぐる問題… 252
4．研修生・技能実習生との共生に向けて ……………………… 258

■**第12章**■ [加賀美 常美代・小松 翠]
大学コミュニティにおける多文化共生 ……………………………………… 265

はじめに──問題の背景：日本における留学生政策の変遷と現状………… 266
1．多文化共生に向けた教育整備の必要性と文化的多様性の尊重… 270
2．留学生の抱える悩みはどのようなものか …………………… 271
3．大学における異文化接触の現状と問題 ……………………… 273
4．異文化間交流を妨げる問題と
　　肯定的な異文化間交流のための枠組み ……………………… 276
5．共生をめざすさまざまな取り組み──教育的介入 ………… 278
6．大学キャンパスにおける共生の実現に向けて ……………… 284

■**第13章**■　[岡村 郁子]
海外の日本人駐在家族と移動する子どもたち……………………………… 290

　はじめに ………………………………………………………………… 291
　1．日本人の海外駐在派遣の変遷 ……………………………………… 291
　2．日本人海外駐在員とその家族が抱える問題 …………………… 294
　3．帰国した家族の抱える問題………………………………………… 302
　4．海外赴任者とその家族のために何ができるのか ……………… 305
　5．これからの海外赴任に向けて ……………………………………… 308

■**第14章**■　[朴 エスター]
韓国における多文化化する家族とその子どもたち ……………………… 313

　はじめに ………………………………………………………………… 314
　1．移住労働者 …………………………………………………………… 315
　2．結婚移民者 …………………………………………………………… 317
　3．移住労働者家庭と国際結婚家庭の子どもたち ………………… 323
　4．多文化化する韓国社会への対応と課題 ………………………… 330
　まとめと今後の課題 …………………………………………………… 338

おわりに　343
編著者・執筆者紹介　345

第1章 多文化共生とは何か
―― コミュニティ心理学的視座から多様性を考える

加賀美常美代

問題提起

　最近、わたしたちは、通学・通勤時の電車の中など、日常的に外国人をよく見かけます。アルバイト先、職場、地域社会や大学キャンパスなどさまざまな場面で外国人と知り合い、友だちになったりする人も多くなってきました。しかし、実際に外国人の友だちを持つと、地域社会の中で彼らに暮らしにくさがあることに気づきます。たとえば、先日、アパートで暮らしたいという外国人の友だちに、わたしは付き添って不動産屋さんに一緒に行ってきました。外国人の友人が「アパートを探しているのですが……」と言うと、「外国人を受け入れるアパートは、今のところありません」と不動産屋さんは言いました。さらに「最近は外国人犯罪が多いから、大家さんが外国の人を入れるのに慎重になっているんです」と言うのです。アパート探しと外国人犯罪とは関係ないと思いますが、なぜアパートを持つ大家さんは外国人を受け入れることを嫌がるのでしょうか。また、外国につながる人々はどのようなことに困っていて、どのような生きづらさを感じているのでしょうか。

はじめに──問題の背景

　外国人居住者との共生が叫ばれて久しいが、この背景にはここ数十年の日本社会の変化がある。急速なグローバル化の中で、国境を越えて多くの人々の移動が容易になり、日本に住む外国人登録者数は上昇の一途をたどり30年前に比べると、2.8倍になっている。1990年に「出入国管理及び難民認定法」の改正が施行され、南米からの日系2世、3世の人々は「定住者」の在留資格で就労が可能になり、同伴される家族、子どもも増加した。2008年度末には外国人登録者数が220万人を超え過去最高を更新した。その後、リーマンショックにより経済不況が深刻化し、東日本大震災を経て徐々に減少しているが、外国人登録者数が我が国の人口比に占める割合は1.63%で多数を占めることに変わりはない（法務省入管局, 2012）。

　一方で、外国人登録者の国籍（出身地）数は190ヶ国で、中国、韓国・朝鮮、ブラジル、フィリピン、ペルー、米国が上位を占めている。外国人居住者が多い地域は東京、大阪、愛知、神奈川など大都市圏に集中しており、多い市町村では住民の2割以上を占める地域もある。このように地域社会では、構成する人々がここ数十年で変化しており、日本社会が多文化化してきていることを示している。

　それでは、こうした状況の中、地域社会の受入れ住民は外国人居住者に対してどのように捉えているのであろうか。千葉県X市の外国人に対する意識調査（2010）では、「外国人と顔を合わせるか？」という質問に対して50.5%の人々が「よくある、時々ある」と答えている。「どのような付き合いがあるか？」という問いに対しては、57.9%の人が「まったくない」と答えている。また、「挨拶程度」という回答が17.6%、「一緒に働いている」という回答は13.5%、「友人として付き合っている」という回答は10.8%で、表面的な接触がほ

とんどであり、生活者として、心の許せる友人として、理解者としての接触はわずかであることがわかる。このように、外国人が多く居住している地域における意識調査の結果からは、受入れ住民と外国人居住者は親密な接触になりえず表面的接触にとどまっていることがうかがえる。また、「生活地域に外国人が増えることに賛成か反対か？」という問いに対しては、「どちらかというと反対」が半数を占め回答の中では最も多かったことから、受入れ住民の外国人居住者に対する受容態度は排他的な人々も多く必ずしも良好とはいえない。

1．地域住民とのコンフリクト

　地域社会ではどのような問題があるだろうか？　地域社会、組織や学校など異文化接触場面では、さまざまな解決困難なコンフリクトや問題が散見されている。言葉や文化・習慣の違いから地域社会や集合住宅の地域住民と円滑なコミュニケーションができなかったり、ゴミ出しや騒音、駐車禁止などのルールがよくわからないために、ホスト社会の住民とトラブルが生じたりすることもある。また、日本語が十分にできないために、日常生活に必要な情報を得られずさまざまな不利益を被ることもある。

　異なる文化的背景を持つ人々が接するとどんなことが起こるのだろうか？　さまざまな民族が交じり合い、社会的差異が顕現化され、コンフリクトが生じることもある。コンフリクトは同文化内であっても人間社会の中で避けられないもので、異なる文化的背景を持つ人々の間では、相手の期待やコミュニケーション方略、取り巻く状況、価値観が理解できないために、双方に否定的な感情が生じてしまう（加賀美，2007a）。

　アナ・エリーザ・ヤマグチ（2003）によれば、日系人の人々の定

住化が進行する日本のある地区の集合住宅では、日本人住民とブラジル人住民との対立が散見され、右翼団体とのにらみ合いの末、警察が仲裁に入るという事件にもなった。日本人との対立だけでなく、日系人住民も多様化し日系人と結婚して来日した非日系ブラジル人もいるため、ブラジル人住民の集団内の異質性も生じており、それが対立を引き起こしている。そこでは日本人住民はブラジル人を怖い、マナーが悪い、というように否定的に認識し、その結果、接触しない、仲良くならないという帰結となっている。一方で、社会階層（学歴や職業経験）の異なるブラジル人同士での対立も頻繁に起きていることが、さらに日本人住民が外国人住民を否定的に捉えてしまう構造になっている。

　この集合住宅のトラブルの原因になったトラックヤード（トラックで路上販売をする屋台のようなもの）は、日系ブラジル人住民のくつろぎや情報交換の場となっていることから、彼らにとっては重要な居心地の良い場所であり日常的に欠かせないものである。一方で、日本人住民にとっては、これまで自分たちが静かに楽しく使用していた公的な空間が日本人の入りにくい場に変化してしまったことに違和感を生じさせている。つまり、両者のコンフリクトの背景には、文化的価値観の対立があることが考えられる。文化的価値観とは、あるコミュニティで人々によって学習され内在化され共有されたもので、そのコミュニティの人々にとって望ましいとする特有な価値観である（加賀美, 2007b）。ここで厄介なのは、文化的価値観はあるコミュニティにいる人々にとっては重要であるが、別のコミュニティにいる人々にとっては必ずしも重要であるとは限らないことである。

　この集合住宅では解決の手段として、トラックヤードを団地の中心地からはずして設置することにしたため、日本人住民とは直接、接触をさせなくしたということである（アナ・エリーザ・ヤマグチ,

2003)。両者を分離させることでコンフリクトを回避させるこうした解決方法は、一時的に問題を棚上げしただけで、両者の根本的なトラブルの解決や相互理解には至らなかったことは事実である。

2. コンフリクトをどのように考えるか
　　──葛藤解決方略の視点から

　コンフリクトは人間社会の中で避けられないものである。コンフリクトは相手と自分とが不一致の状態で、期待していることが妨害されていると関係者が認知する状態のことである（Thomas, 1976）。私たちは意見が違うとき、どのようなコミュニケーション・スタイルをとっているかという解決行動については、類型化された方略がある（加賀美, 2007a）。ここではその中の次元モデルの例を挙げながら説明する。

　ファルボとペプロー（Falbo & Peplau, 1980）は、夫婦や親しい人間同士の葛藤研究から、直接性と双方向性という2次元モデルを提示している（図1-1）。直接性の次元では、間接方略、直接方略があるが、自分の願望をどのくらい相手に直接的に伝えるか、ほのめかすか、まったく伝えないかという次元である。双方向性の次元は、相手の立場や気持ちを配慮する程度を表す次元であり、一方向方略、双方向方略がある。前者は自分の要求や感情を押し付けるが、後者は相手の気持ちを考えながら、自分が相手の感情を自発的に変えるように促すものである。これらの次元から、直接・双方向方略（説得、交渉など）、間接・双方向方略（宥和、暗示など）、直接・一方向方略（依頼、強要など）、間接・一方向方略（撤退、回避、無視、怒りなど）の4タイプに分類できる。

　この解決方略モデルを上述した例でいうと、日本人住民とブラジル人住民の間は、直接・一方向方略（依頼、強要など）、つまり、日

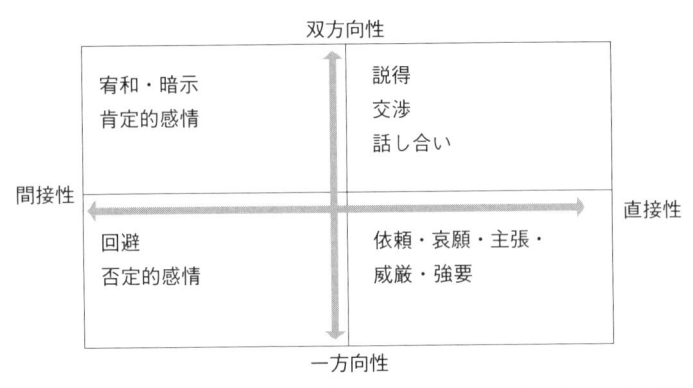

```
                    双方向性
                      ↑
  ┌──────────────────┼──────────────────┐
  │ 宥和・暗示       │ 説得             │
  │ 肯定的感情       │ 交渉             │
  │                  │ 話し合い         │
間接性────────────────┼────────────────直接性
  │ 回避             │ 依頼・哀願・主張・│
  │ 否定的感情       │ 威厳・強要       │
  └──────────────────┼──────────────────┘
                      ↓
                    一方向性
```

図1-1　葛藤解決方略の次元モデル（Falbo & Peplau,1980 Figure 1 を基に筆者作成）

本人住民もブラジル人住民も自分の思うとおりに進めたいと思っていることは想像に難くない。日本人住民は日本にいるのだから、日本人と同じように時間どおりに始め時間どおりに終わり、掃除をきちんと行うというように「郷に入れば郷に従え」だと思っている。一方、ブラジル人住民は、日本人の時間厳守やルールどおりに進めるやり方がブラジルではあまり行われないために、自分たちの習慣ややり方で楽しみを維持したいと思い、他の住民のことはあまり考えずに行動をしている。その結果、双方ともにお互いの価値観を理解しようとせず、怒りや無視、回避などの間接・一方向方略の選択となってしまうのである。

　来日したばかりの外国人の立場からすると、ホスト社会の習慣や規範やその背景にある文化的意味がよくわからないために、何が問題なのかもわからないのかもしれない。これについて日本人住民は細かい習慣を説明しなくても状況を考えればわかるはずだろうと思うかもしれないが、多文化社会では、住民同士の価値観やルールの意味が異なるため、日本で当たり前のことが当たり前として進まない。また、相手に対する配慮や気持ちを察する「高文脈文化」（Hall,

1976）のコミュニケーションはきわめて難しいため、住民同士が同じ考え方や価値観を持つことが「当たり前」の前提をそもそも見直す必要がある。一方、来日したばかりの外国人も自分たちが大切にしてきた文化の意味や価値を日本人住民にも理解し共有してほしいと思うであろう。つまり、多文化社会では、ルールの認識が同じではない人々の間で、ともに居心地良く暮らす生活上のルールを作り直し、ともにルールを遵守するための話し合いを忍耐強く行う必要がある。理想的な解決方略としては、両者の話し合いのもとでの共同活動や妥協など直接・双方向方略に向かう必要があろう。

　しかしながら、例に挙げた集合住宅の状況は、お互いに分離や回避の状態であり、間接・一方向方略である[1]。この状態が進むと、お互いの直接的な接点がなくなり、否定的認識を生む悪循環となる。そこには文化交流による価値観の共有ができなくなってしまい、地域社会の中にも集合住宅の中にも、新たな創造的な文化が創出できなくなり、活性化した地域社会になりえないというデメリットがある。また、ある集団が他方の集団を否定し排斥する場合、相手集団に対し偏見や差別が生じる。偏見の形成については、加賀美（2012）でも指摘されているとおり、外集団に対しては形成されやすく、相手集団に対し、一度否定的な態度が形成されると、それを修正し偏見を解消するのは非常に難しい。内集団に対しては一般的に内集団ひいきが生じ協力、友好関係になりやすいが、外集団に対しては、両者がそれを修正しない限り、敵対関係になりがちである。このように、内集団と外集団というカテゴリー化によって生じる偏見は、無意識的また自動的に生じるため、なかなか改善に向かうことはできない。そのため、地域社会の中で互いの集団、互いの文化を尊重し相互交流ができなくなると、両者の生活者としてのルールの認識や住民としての意識の改善、地域社会の新たな文化の創造や変化への可能性が完全に失われてしまうことになる。

3．外国につながる子どもと異文化受容態度

　地域社会の中に文化的背景の異なる人々が増加するということは、地域住民にとってどのような意味を持つのであろうか。それは、習慣や価値観、言語が異なる人々、まったく日本語ができない人々が地域社会に参入したときに、受入れ社会の人々が外国人居住者やその家族、子どもたちの文化的違いや多様性を認め、適切に受容することができるかどうかということである。

　異文化受容態度（Berry, 1997）に関しては、これまで移民だけでなく地域社会の外国人居住者や外国人生徒、中国帰国者を対象に、自文化的アイデンティティの保持とホスト社会との良好な関係維持という理論軸を用いてさまざまな研究が行われてきた（佐藤, 2001；田渕・森川, 2001）。

　図1-2では、異文化受容態度についてベリー（Berry, 1997）のモデルを示した。これは文化移動した対象者が、自文化のアイデンティティを保持するか、しないか、ホスト文化の人々との良好な態度を重視するか、しないかという組み合わせから文化受容の類型を4つに分けている。統合（integration）は、文化移動した人たちが自文化アイデンティティを保持しつつ、ホスト文化に対しても好意的な態度を持つタイプである。同化（assimilation）は、ホスト文化に対しては好意的な態度を持つが、自文化アイデンティティに対してはあまり重視しない態度を持つタイプである。分離（separation）は、自文化アイデンティティに対しては重視する態度を持つが、ホスト文化に対しては否定的な態度を持つタイプである。周辺化（marginalization）は、自文化アイデンティティも保持せずホスト文化に対しても否定的な態度を持つタイプである。

　この中で最も深刻で危機的な状況なのは、4つ目の「周辺化」で

	自文化の特徴と 文化的アイデンティティ の維持 〈重視する〉	自文化の特徴と 文化的アイデンティティ の維持 〈重視しない〉
相手集団との関係の維持 〈重視する〉	統合　integration	同化　assimilation
相手集団との関係の維持 〈重視しない〉	分離　separation	周辺化　marginalization

図1-2　Berry の異文化受容態度（1997）

ある。佐藤（2001）は、日本における外国人児童・生徒の異文化受容においては、「境界化（周辺化と同義）」という状況にあることが多いと指摘している。それは日本に長期的に居住しながら、2つの文化や価値観や習慣を肯定的に捉えられず、どちらのアイデンティティも保持できないからである。その結果、不登校、不就学になるなど問題が深刻化している（宮島・太田，2005）。同様に、田渕・森川（2001）では、中国帰国生も境界化（周辺化と同義）の状態に陥りやすいことを示している。また、中国帰国生は同化の状態にあるにもかかわらず、周囲の人々は日本社会に適応したと誤解することがあるという。このことは彼らが日本社会に馴染んでいると安心してしまい、文化的アイデンティティの保持については配慮していない可能性があることを示している。また、帰国生が文化的アイデンティティを確立していても、日本人生徒と友人関係を作れず、分離の状態に陥りやすいことも指摘している。

　このように外国につながる子どもたちの抱える問題は、日本の教育の問題である。教育の問題は言語の獲得に発し、アイデンティティ形成・保持につながるなど、子どもから成人までの人格形成に関わることである。この幼少期から青年期に関わる重要な時期に、教育がすっぽり抜けることになることは、本質的に教育を受ける権利の侵害でもある。日本社会に居住する子どもとして、その子どもたち

の多様性を良さとして認め、だれ一人切り捨てることなく、肯定的な自尊感情や豊かな感性を育て、ありのままの自己であることを容認し、長期的に日本に居住する子どもとして社会全体で育てていくことができるのかという課題を私たちは突き付けられている。

こうしたニューカマー[2]と呼ばれる外国籍児童生徒の教育問題に関して、中島はオールドカマーの問題解決と連続して考える教育実践を提唱している（中島，2008）。オールドカマーとは、特別永住者と呼ばれる第二次世界大戦以前から日本に居住し、戦後、帰国しなかった韓国・朝鮮の人々である。オールドカマーの問題については、日本社会が第二次世界大戦の植民地支配と関連して抱えてきたものの、それが解決されないまま、グローバル化が進行し、棚上げされてしまったという経緯がある。さらに、日本語ができないニューカマー外国人居住者や家族の問題が学校や地域社会で優先されるようになった。中島（2008）はここ数十年のニューカマー外国人居住者の増加によってニューカマーに焦点があてられることになり、オールドカマーとの「断絶」があることを指摘している。一方、ニューカマーの経験はオールドカマーの経験と共通する「繰り返し」であるとし、異質な存在として学校から排除される経験、母語の喪失、親子間のコミュニケーションの断絶と葛藤、日本語が不十分な親への子のまなざし、アイデンティティの揺らぎ等、その共通点を挙げている。

オールドカマーの問題と在日韓国人のアイデンティティを扱ったものに行定勲監督のもとで映画化された『GO』（金城，2000）がある。日本に住み日本語と韓国語を話す彼らが日本でも韓国でもない国籍の枠を超えた自分（アイデンティティ）を獲得する苦悩を示している。また、社会的には文化的差異による偏見や差別に直面し、方略は異なるもののそれに立ち向かう親世代と子世代をとりまく複雑な歴史的・社会的状況が表されている。このように地域社会においては、オー

ルドカマーの世代差、ニューカマーとオールドカマーの両方の問題が混在している。中島（2008）の言うように、地域社会にはニューカマーとオールドカマーをつなぐ連続性の視点、両者の視点を包含して外国人居住者の問題を捉える必要がある。両者に共通なのは文化的差異と偏見と差別の問題が根底にあることである。そういう中で、偏見や差別の低減や解消に向けて、新たな解決の試みとして参加型教育や体験的学習によってステレオタイプを修正したり、境界をあいまいにし再カテゴリー化し、偏見や差別を乗り越えていこうとする偏見低減の教育も行われ始めてきた。地域社会や大学キャンパスにおけるヒューマンライブラリー（横田，2012；坪井，2012；工藤，2012）[3]や多文化教育実習（加賀美・守谷ほか，2012）などの中で、偏見低減に向けた多様な取組が行われている。

　上述したとおり、外国人地域住民や外国につながる子どもたちがそれぞれの場所で生きづらさを感じていることがわかる。彼らが地域社会や学校コミュニティの中で、日本人と同じような価値を持ち行動することを知らず知らずのうちに当然視されたり、異なる文化背景を持つことで排除されたり周辺に追いやられたり、また、自分が何ものであるか混乱しどこにも根のない状態になることにならないようにすることが重要である。つまり、異文化受容態度の「同化」でもなく、「分離」でもなく、「周辺化」でもなく、自分の文化的アイデンティティを保持しながら、ホスト社会の人々との良好な関係を作っていく、「統合」の状態をホスト社会の住民とともにめざしていくのかが多文化共生の方向性であると言える。このように、多文化共生社会とは、多様性に寛容な社会、多様性を持つ人々を理解し、構成員が居心地良くともに生きていくことのできるコミュニティである（加賀美・横田・坪井・工藤，2012）。そうした地域社会、大学・学校コミュニティを保障することが必要となる。

4．多文化共生とコミュニティ心理学

　多文化共生とはどのようなものであろうか。学生たちにそのイメージを聞くと、いろいろな文化の人が交ざり合い仲よく交流し生きていくという理想を掲げることが多い。依光（2005）は「共生」とは、本来、生物用語（Symbiosis）で別種の生物が同じ場所に住み、相互に助け合い共同生活を営むことであり、外国人に対してこの共生という言葉が用いられるようになったのは、経済企画庁などの外国人労働者受入れに関する報告書からだという。また、「多文化共生」が一般的に使用されるようになったのは阪神・淡路大震災以降で、震災という国籍、民族、言語を超えた危機的状況の共有経験が大きい（依光，2005）と言える。

　総務省（2006）では「多文化共生」とは、国籍や民族などの異なる人々が、互いの文化的違いを認め合い、対等な関係を築こうとしながら、地域社会の構成員としてともに生きていくことという見解を示している。このことからわかるように、多文化共生は国の主導で地域住民に与えられたものという感がある。一方で、多文化共生の担い手は構成員である住民である。このことは、外国人居住者が管理の対象から社会の構成員と位置づけられるようになり、住民のニーズのもとで主体的な地域参加をすることによって進められていくことが促されているといえる。

　こうした地域社会の構成員として主体的に関わる位置づけは、コミュニティ心理学の理念の一つでもある。コミュニティ心理学では、生活者として生きている人々が自己の問題を自分の力で統制し解決し、集団や地域社会の中でともに支え合っているという感覚を持ち、さらに、社会に向かって自分たちの必要なことを主張していく力を持つようになることをめざしていく（山本，2001）としている。こ

こでは、こうした個人と環境の双方の働きかけを重視するコミュニティ心理学の観点から多文化共生を考えてみたい。

コミュニティとはどういう意味だろうか。コミュニティ（山本, 1986）とは、人々がともに生きそれぞれの生き方を尊重し、主体的に働きかけていく生活環境システム全体をいう。ここでいうコミュニティとは、地域社会だけでなく、学校、職場、集団、組織などを含む包括的な概念である。

コミュニティ心理学は、1960年代にアメリカで始まった地域精神保健活動の流れを受けコミュニティの心理社会的問題の解決に貢献する心理学独自の領域である。コミュニティ心理学とは、さまざまに異なる身体的・社会的・文化的条件を持つ人々が、だれも切り捨てられることなく、ともに生きることを模索する中で、人と環境の適合性を最大にするための基礎知識と方略に関して、実際に起こるさまざまな心理社会的問題の解決に具体的に参加しながら実践と研究を進める心理学（山本, 1986）である。

上述したとおり、外国人住民と受入れ住民とのコンフリクトや学校における外国につながる子どもたちの生きづらさの現状を考えると、多文化共生については、個人と環境との関係が重要である。環境とは、個人を取り巻く集団、社会、文化である。コミュニティ心理学では、環境から切り離して個人の心的内面や行動のみを取り上げるのではなく、人と環境の相互関係システムの全体を捉え、人と環境の両面に働きかけることが重要であると考える。したがって、多文化共生は、人と環境の相互作用とその適合をめざすコミュニティ心理学的な概念が関連しているといえる。

5．コミュニティ心理学の主要な理念——問題解決に向けて

コミュニティ心理学の主要な理念について、北島（2006）、植村

(2006)、溝口・箕口（2001）を参考にして以下に紹介する。この理念は地域社会の問題解決への糸口になるとともに、多文化共生社会に向けた理論的枠組みにもなりえると思われる。

○人と環境の適合

人と環境の適合とは、「生活体としての人や集団が、物理・社会的要素を含む生活環境の間で、調和した機能的かかわりがもてる状態」を指す（北島，2006）。人は生活の中でさまざまな心理社会的な問題を経験し、それを改善、解決したいと望んでいるが、そのような問題を生み出している環境の側に目を向け、環境を変革したり予防したりすることについては、これまでは必要性を感じてもあきらめてしまうことが多かった。「人と環境の適合」は、問題を抱える「個人」を対象とした伝統的心理臨床に代わるパラダイムシフト（発想の転換）である。

○社会的文脈の中の存在としての人間

私たちは日常的に家族や学校、職場、地域社会などさまざまな社会制度のもと、多様な現実の中で生活している。こうした集団・組織・社会の入れ籠状のシステムの中で位置する存在、社会的文脈の中で存在することや関係性を理解したうえで、人の行動を把握し状況に適した判断や対処を行う必要がある。

○強さとコンピテンス（有能さ）の重視

コミュニティ心理学では人には元来、回復力（レジリエンス）が備わっており、強くて有能な存在であるという人間観に立っている。そのため強いところを強化し、コンピテンス（有能さ）を発揮させ、病理性より健康性に焦点を当てていくという立場をとる。

〇エンパワーメントの重視

エンパワーメントとは、援助を必要とする人がその人自身の持っている潜在的な力を最大限に伸ばし発揮できるようにすることである。個人レベルでは、自分の行動を自分で決定しコントロールし自ら生きる意味を見いだせるように、肯定的な自己概念や自己効力感、自己決定能力を獲得することが挙げられる。集団レベルでは、コミュニケーション頻度の増加、リーダーシップ技能の向上など、地域レベルでは、地域イベントへの参加や支援の回数の増加などが挙げられるが、社会的に弱い立場の人々が権利を主張できるように援助する。

〇治療より予防の重視

問題が発生してから問題解決をするより、問題が起きないように予防的対策に力を入れることのほうが多くの人々の役に立つことができる。ストレスマネージメントやリスクを抱える人々への早期介入もその例である。

〇人の多様性を尊重する姿勢

人の多様性を確信すると、生活の仕方や世界観や生活のルールについていろいろなスタイルがあるという認識が生まれる。多様な民族、人種、職業、性等を持つグループがコミュニティにもたらす多様なアイデアや経験の豊富さは社会の真の豊かさを特徴づけ、偏見や差別を回避する力にもなるといえる。

〇コミュニティ感覚を持つこと

コミュニティ感覚とはコミュニティの一員という感覚や所属感を持つことであり、これは「他者との類似性の自覚、他者との承認的

相互依存」(Sarason, 1974)を重視している。一生活者であることを自覚しつつ、コミュニティの人々とともに生活しているという感覚を持つことである。

○他の学問や研究者・実践家とのコラボレーション（協働）

異なる立場に立つ者同士が共通の目標に向かって、限られた期間内に互いの人的物的資源を活用して、直面する問題の解決に寄与するために対話と活動を展開し一緒に働くことである。マイノリティを支えているのは専門家だけではなく、家族や地域社会の非専門家の人々でもある。地域社会の人々の連携や協働を重視するという志向性である。

○社会変革をめざすこと

ダフィとウォン（Duffy & Wong, 1996）はコミュニティ心理学の目標の一つは、研究で武装して社会変革を起こすことと言っている。変革とはコミュニティの質を高める方向性に向けた変革で、今日よりは明日のほうが少しでも生きやすく住みやすい社会に変えていこうとするところに本質があると言える。

私たちは、グローバル化の進行を背景に複雑で混とんとしている社会・環境、実践現場の中で、文化的背景の異なる人々とその関係者を対象に、それぞれの多様性を考慮した問題解決をしなければならない。コミュニティ支援を行うにあたり、何を基準にどのように問題の対応をしたらよいか、だれにとってどのような利点があるかなど、多角的に考えなければならず価値志向性がわからなくなるときがある。また、異文化接触ではさまざまな人々の中で対立関係になりやすいことも考えられる。そのため、上述したコミュニティ心理学の理念を認識しておくことで、多文化社会の共生に向けて実践的な活動をめざす人々は、問題解決の方向性がそれぞれの現場にお

いて導き出せるのではないかと考えられる。

6．多様性を考える──今後の課題に向けて

　多様性とは社会的差異を意味するが、文化的差異だけでなく、年齢、性別、民族、障害、言語、性的志向性、社会的階級等の社会的カテゴリーに関わるものである（Blaine, 2007）。私たちは、年齢、民族アイデンティティ、性別、集団、経済状態、宗教など多様な社会的状況と社会的差異の中に埋め込まれて生きているため、その人が行動し、学校や社会の人々と交流している状況以外では理解されない（Blaine, 2007）。私たちは文脈の中で人々の関係性を理解する必要があるが、とりわけ異文化接触においてはそれが重要である。
異文化接触は、文化と文化の接触であると同時に個人と個人との接触であるため（加賀美, 2007a）、どういう状況に置かれているかによって、個人と個人の関係が異なってくる。日本人住民も多様な文化的背景を持つ外国人居住者も、文化的多様性（国籍、民族等）の要素だけでなく、性別、宗教、年齢、障害など、個人や集団の間で違いを生み出す可能性のあるあらゆる要素を多文化社会においては文脈の中で考慮していく必要があろう。

　コミュニティ心理学では文化が人間行動の重要な決定要因の一つとして見なされ、異なる世界観から多くの事柄を学ぶことができるとし、多様性の重要性を述べている。ダフィとウォン（Duffy & Wong, 1996）は、コミュニティ心理学における多様性について、上述したように、人々は異なっているという権利を持っているし、異なっていることは劣っていることを意味するものでもないとする。また、差異が人生の一つの事実として受入れられるならば、資源は異なる人々すべてに等しく分配されるべきであると言っている。このように、すべての価値への尊厳を人々は学ぶべきとしている（植村,

2006)。

　グローバル社会では、取り巻く状況や文脈、社会、文化、時間が変化することが前提となる。そうするとマジョリティ側にいる自分がマイノリティ側の自分になる可能性をいつも持っているため、マイノリティとマジョリティ、日本人住民と外国人居住者という二項対立で考えることは意味のないことになる（加賀美，2012）。特に、オールドカマー、日系人、国際結婚とその家族に象徴されるように、外国につながる人々は家族の個々の様相によって異なり多種多様である。同じ家庭内でも文化も言語もアイデンティティもそれぞれであり、それぞれの人々をひとくくりにすることはできない。つまり、マイノリティは必ずしも外国人居住者、外国につながる人々だけであり続けることはなく、時間によっても場所によっても文脈によっても流動的なものになる可能性がある。

　今後の課題は、外国につながる人々の持つ文化的差異や多様性を強みに変えるような、また、自己効力感を育むことができるような地域社会と学校コミュニティの教育実践が求められる。つまり、マイノリティの個人の問題を学校や地域社会、日本社会全体の問題として捉えていくことが重要とされる。さらに、この変化の大きい複雑な社会の中で、文化的差異や多様性の肯定的側面を多角的に検討しながら、文化的差異から生み出される多様性の持つ豊富なアイデアや発想を社会の豊かさと人類の貢献に変えていくような方向性、指向性を私たちは大いに持ち、それを社会の力にしていくことを考えていかなければならないだろう。

●研究課題●
・マイノリティの人々の持つ文化的差異やその人々の持つ強さや力を生かしていく教育実践について、どのようなものが提案できるか、コミュニティ心理学の理念の観点から考

えてみよう。

●キーワード●
葛藤解決方略
葛藤は期待していることが妨害されていると関係者が認知する状態で、葛藤解決方略は多様な対立する相互作用の状況における一般的傾向、または類型化された反応の型を示すものである。

価値観
価値観とはある行動様式や存在の最終的状態が、まったく反対の行動様式または存在の最終的状態よりも、個人的または社会的に望ましいとする継続的な信念である。人間の中核に位置し優先順位によって行動が影響される。

偏　見
過度のカテゴリー化やステレオタイプに基づいた態度で、実際の経験や根拠に基づかずに、ある人々やある国の人々に対して持つ否定的な感情や態度である。

多文化共生
国籍や民族などの異なる人々が、互いの文化的違いを認め合い、対等な関係を築こうとしながら、地域社会の構成員として共に生きていくこと（総務省，2006）

コミュニテイ心理学
多様な身体的・社会的・文化的条件を持つ人々が、人と環境の適合性を最大にし、さまざまな心理社会的問題の解決に参加しながら実践と研究を進める心理学。

[注]
⑴　当該地域では、リーマンショック以降に地域の中の有志で「ブラジル人協会」が作られ、日本人ボランティアも含め相互理解のための活動が徐々に進んでいるようである。
⑵　ニューカマーとは「1970 年代以降に日本に居住するようになった外国人」(志水, 2008)のことで 1990 年の「出入国管理及び難民認定法」の改正以後、特に増加した。
⑶　ヒューマンライブラリーとは、障害をもっていたり、人種的なマイノリティであったりすることで人々から近づきにくいと思われたり、偏見を受けやすい立場にある人が、「本」となって 30 〜 45 分程度貸し出され、読者は 1 対 1 で、あるいは 1 対数人でその「本」の語りに耳を傾け、対話がなされるという特別な「図書館」(イベント)である (横田, 2012)。

[参考文献]

アナ・エリーザ・ヤマグチ (2003)「日本における外国人居住と地域住民の諸問題と再検討——日系ブラジル人住民の視点から」『ラテンアメリカ・カリブ研究』10、21-31
Berry, J.W. (1997) "Immigration, Acculturation, Adaptation". *Applied Psychology: An International Review*, 46, 5-68.
Blaine, B.E. (2007) "Understanding the Psychology of Diversity". SAGE.
Duffy, K.J. & Wong, F.Y. (1996). (植村勝彦監訳 (1999)『コミュニティ心理学——社会問題への理解と援助 7』ナカニシヤ出版
Falbo, T. &Peplau, L.A.(1980). "Power Strategies in Intimate Relationship." *Journal of Personality and Social Psychology*, 38, 618-628.
Hall, E.T. (1976) "Beyond Cultures". Garden City, NY: Anchor Press.
法務省入管局 (2012)「平成 23 年末現在における外国人登録者数について (速報値)」
加賀美常美代 (2007a)『多文化社会の葛藤解決と教育価値観』ナカニシヤ出版
加賀美常美代 (2007b)「第 20 章　文化的価値」『社会心理学概説』潮村公弘・福島治編、北大路書房、178-198
加賀美常美代 (2012)「第 1 章　グローバル社会における多様性と偏見」加賀美常美代・横田雅弘・坪井健・工藤和宏編『多文化社会の偏見・差別——形成のメカニズムと低減のための教育』12-36、明石書店
加賀美常美代 (2012)「第 5 章　大学における偏見低減のための教育実習とその効果」加賀美常美代・守谷智美・村越彩・岡村佳代・黄美蘭・冨田裕香『多文化社会の偏見・差別——形成のメカニズムと低減のための教育』125-149、明石書店
加賀美常美代・横田雅弘・坪井健・工藤和宏 (2012)『多文化社会の偏見・差別——形成のメカニズムと低減のための教育』明石書店
金城一紀 (2000)『GO』講談社
北島茂樹 (2006)「人と環境の適合」植村勝彦・高畠克子・箕口雅博・原裕視・久田満編『よくわかるコミュニティ心理学』20-23、ミネルヴァ書房

工藤和宏（2012）「第8章　偏見低減に向けた地域の取り組み——オーストラリアのヒューマンライブラリーに学ぶ」加賀美常美代・横田雅弘・坪井健・工藤和宏編『多文化社会の偏見・差別——形成のメカニズムと低減のための教育』199-220、明石書店

宮島喬・太田春男（2005）『外国人の子どもと日本の教育——不就学問題と多文化共生の課題』東京大学出版会

溝口純二・箕口雅博（2001）『医療・看護・福祉のための臨床心理学』培風館

中島智子（2008）「連続するオールドカマー／ニューカマー教育」志水宏吉編『高校を生きるニューカマー』明石書店

大渕憲一（1997）『紛争解決の社会心理学』ナカニシヤ出版

Sarason,S.B.(1974)"The Psychological Sense of Community: Prospects for a Community Psychology." San Francisco:Jossey-Bass.

佐倉市（2010）『佐倉市人権尊重のまちづくり市民意識調査報告書（概要版）2009年～2010年度』

佐藤郡衛（2001）『国際理解教育——多文化共生社会の学校づくり』　明石書店

志水宏吉編（2008）『高校を生きるニューカマー』明石書店

総務省（2006）「多文化共生の推進に関する研究会報告書」2006年3月　総務省

田渕五十生、森川与志夫（2001）「中国帰国生徒のアイデンティティを育む教育——大阪府立高校における二つの民族サークルを中心にして」『奈良教育大学教育学部附属教育実践総合センター研究紀要』Vol.10、43-50

Thomas, K.W.(1976). "Conflict and Conflict Management." In M.D.Dunnette(Ed.), *The Handbook of Industrial and Organizational Psychology*, Chicago, IL: Rand McNally.

坪井健（2012）「第7章　大学におけるヒューマンライブラリーの実践——駒沢大学坪井ゼミの取り組みから」加賀美常美代・横田雅弘・坪井健・工藤和宏編『多文化社会の偏見・差別——形成のメカニズムと低減のための教育』172-198、明石書店

植村勝彦（2006）「多様性の尊重と代替物の選択」植村勝彦・高畠克子・箕口雅博・原裕視・久田満編『よくわかるコミュニティ心理学』56-57、ミネルヴァ書房

山本和郎（1986）『コミュニティ心理学——地域臨床の理論と実践』東京大学出版会

山本和郎（2001）『臨床心理学的地域援助の展開——コミュニティ心理学の実践と今日的課題』培風館

横田雅弘（2012）「第6章　ヒューマンライブラリーとは何か——その背景と開催への誘い」加賀美常美代・横田雅弘・坪井健・工藤和宏編『多文化社会の偏見・差別——形成のメカニズムと低減のための教育』150-171、明石書店

依光正哲（2005）『日本の移民政策を考える——人口減少社会の課題』明石書店

第2章 日本の外国人の抱える問題

田渕五十生

問題提起

　東日本大震災で、多くの外国人労働者が帰国した。それは、東北地方の沿岸部でサンマやホタテの水産加工場で働いていた人々であった。水浸しの仕事を外国人の労働者が担っていたのである。牡蠣といえば広島県が有名だが、おいしい牡蠣フライも、冷たさで手が縮む「牡蠣打ち」の手作業があってはじめて食卓に上がる。その「牡蠣打ち」を担っているのも「研修・技能実習制度」と呼ばれる資格で入国した外国人の「実習生」で「研修・技能実習制度」の実態は、人手不足で安賃金の単純労働者を入国させる「隠れ蓑」なのである。2013年3月14日、広島県の「牡蠣加工工場」で言葉が通じないために疑心暗鬼に陥った中国人実習生が2人を殺害し、6人が重軽傷を負った事件は記憶に新しい。

　地域の縫製工場などにも必ず「実習生」や外国人労働者はいるはずだ。外国人がどのような経緯で日本社会に居住するようになったのか、また、どのような問題を抱えているか調べてみよう。

1. 多民族化する日本社会

1　多民族化の実態

　2010年末の在日外国人は約215万人、人口の約1.7％である（『平成24年版　在留外国人統計』財団法人入管協会，2011；p.5）。けれども、この中には日本国籍を取得した人々、国籍は「日本籍」であっても言語や文化の異なったバックグラウンドを持つ人々は含まれていない。たとえば、在日韓国・朝鮮人（以下、在日コリアン）の場合、「日本国籍取得」（帰化）や日本人との結婚で、日本国籍であっても、両親、祖父母などが朝鮮半島にルーツを持つ人々は、登録者数をはるかにしのぐ状態になっている。

　また、中国人の日本移住は依然として続いており、移住理由も多岐にわたっている。さらに、ブラジルやペルーなど日系南米人の滞在期間は長期化し、彼らの雇用状況は非常に悪化している。そのような脆弱な生活基盤で、随伴した２世・３世の教育は喫緊の課題である。その他、中国、韓国、フィリピンやタイなど東南アジア出身の女性と日本人男性との国際結婚の急増などで、文化的背景の異なる子どもたちが多数教育現場で学んでおり、彼らの存在を無視しては日本の教育は論じられない状況に立ち至っている。

　「外国人の教育問題は最終的には周囲の日本人の教育問題である」と指摘されているが、ここでは、民族的なマイノリティの人々の置かれたマクロな状況を確認して、次にミクロな視点からホスト社会の日本の学校文化や教師文化に何が求められているか提言したい。近年、隣国である中国や韓国と「尖閣諸島（中国名：魚釣島）」や「竹島（韓国名：独島）」の領有権をめぐって政治的緊張感が高まっており、最も居住者が多い在日中国人や在日コリアンたちが身を潜めている。あえて対立を煽るかのようなメディアナショナリズムに対し

て、どのように対処するかは、マジョリティである日本人の重要な課題である。

2 定住外国人をめぐるマクロな状況

図2-1は毎年、財団法人入管協会から刊行される『在留外国人統計』に基づき、過去40年間の定住外国人の登録者数の推移を5年間単位で示したものである。この図は5年単位であり、2011年から定住外国人が減少に転じている事実は反映されていない。2011年10月1日時点で出国者数が入国者数より約5万1,000人増加し、総務省は「東日本大震災が原因ではないか」と推測している。「問題提起」で紹介した「研修・技能実習生」たちもその中に含まれている。

それ以前、2008年のいわゆる「リーマンショック」で日本経済は不況に陥り、雇用状況が急激に悪化した。その結果、最初に解雇されたのが外国人労働者であった。いわゆる「派遣切り」で、外国人が対象になったのである。その状況を踏まえて、厚生労働省は2009年に不就労の日系ブラジル人や日系ペルー人に対して、日本から出国して帰国すれば、一人につき30万円、扶養者に20万円を支給する「日系離職者に対する帰国支援事業」を設けた。しかし、受給者は3年間再入国できない制約があり、応募者は非常に少なかった。

けれども、「円高不況」、2011年3月11日の「東日本大震災」、原発事故による放射能恐怖が拍車をかけて、「帰国者支援事業」を利用して帰国する者が増大したのである。

図2-2は、定住外国人の偏在化傾向を示したものであり、特定の都道府県に集住していることがわかるであろう。中山（2005）が指摘するように、定住外国人の多住地区では、多民族化、多文化化した実態を把握して、教育行政も実践者も多文化教育を推進している地域がある一方、定住外国人が僅少な県や地域もあり、「多文化教育＝What？」の地域もある。以上の経過を確認して、定住外国人

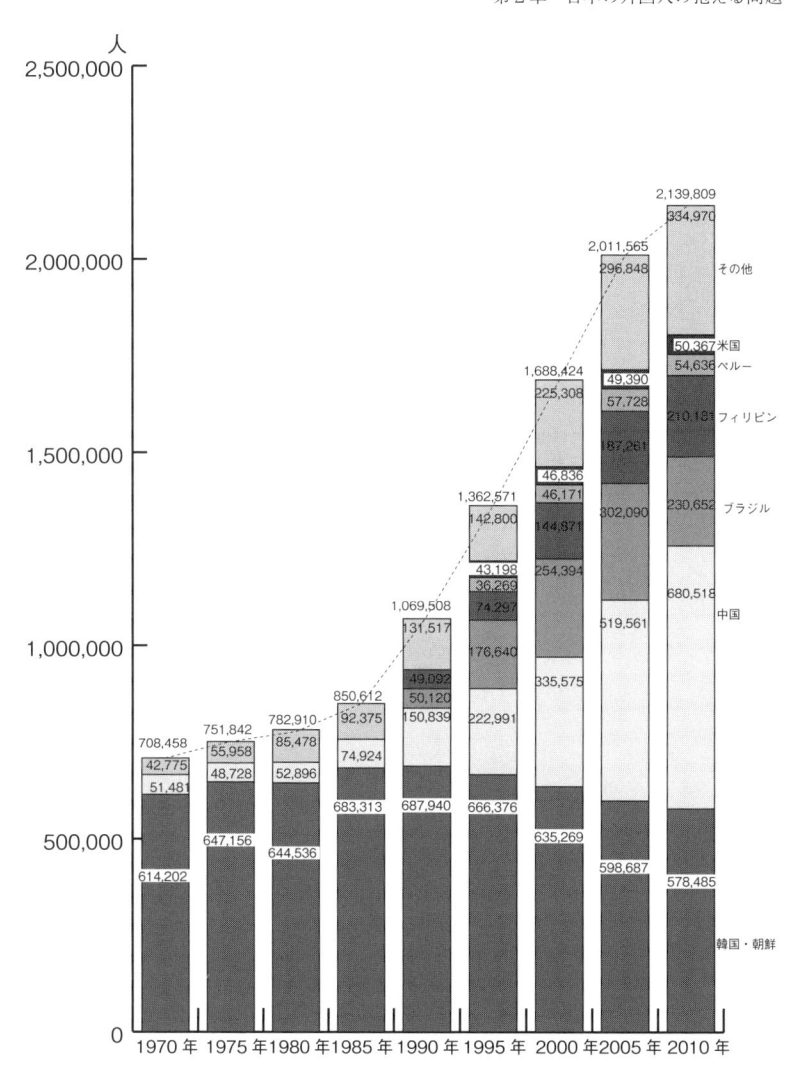

図2-1　全国の外国人登録者数の推移（『在留外国人統計』財団法人入管協会）より作成

を4つの類型にサブカテゴライズし、類型別にその実態を概略しておきたい。

3 「在日コリアン」の歴史的経緯と現況

かつて「定住外国人＝在日コリアン」であり、図2-1の1970年では、約87％を占めていた。けれども、現在ではその比率は30％を下回り、絶対数においても減少している。近年の日韓経済関係の強化と国際結婚等で約30万人を超える新規渡日者（ニューカマー）を加えてもこの数値である。戦前からの居住者の子孫であるいわゆる「オールドカマー」としての「韓国・朝鮮」籍の数値は極端に減少している。いうまでもなく、「オールドカマー」としての在日コリアンの大半は、旧植民地支配下の朝鮮半島からの来航者である。1910年の「日韓併合」（植民地化）時には、留学生など800人に満たなかった。来航者が急増したのは、日本の植民地支配が過酷で、「土地調査事業」によって多くの農民が彼らの土地から切り離されて生活基盤を破壊されたからであった。ちなみに、10年後の1920年には約3万人、1930年には約30万人、1940年には約120万人へと急増している。「日中戦争」で多数の日本の若年男性が中国戦線に赴き、国内の労働力が払底したからである。そして、最後に行われたのがいわゆる「強制連行」であった。それ以前の「自由応募」

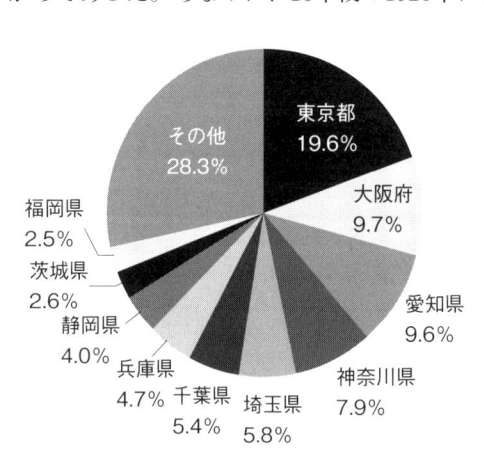

図2-2 外国籍住民の多い都道府県（『平成23年版在留外国人統計』財団法人入管協会，2011　p.9）

「官斡旋」の段階を経て、太平洋戦争下で有無を言わせぬ「強制連行」が行われ、危険な土木作業や過酷な炭鉱労働に従事させられた。1945年敗戦直前の5月、約230万人の朝鮮人が日本社会に居住しており、当時の日本内地の人口約8,000万人の3％弱も占めていた（『歴史教科書　在日コリアンの歴史』作成委員会、2006）。

　彼らは日本文化とは異なる文化を有していた。当時の日本社会は彼らの固有の生活習慣や行動様式を認めることなく、「朝鮮人は日本人より劣ったもの」と意識していた。子どもたちの教育においても、日本の教育、すなわち「皇国臣民」化への同化教育が推進され、母語や祖国の歴史や文化に接する機会も奪われていた。

　また、一般国民も、なぜ、大量の朝鮮人が日本社会に来航するようになったのか、それが日本の植民地収奪の結果、日本に来航せざるを得なかった事情を知ることがなかった。むしろ、歓迎しない困窮した人々が勝手に日本社会に入ってきたと考え、劣った異文化集団と蔑視したのである。

　以上が、1945年の敗戦以前の状況であるが、日本の敗戦で、朝鮮半島は日本の植民地支配から解放された。したがって、いわゆる「強制連行」で来航した大半の人々はその時点で朝鮮半島に帰国している。約230万人居住していた朝鮮半島出身者が約65万人に減少した事実が彼らの日本における生活基盤の脆弱性を物語っている。

　けれども、日本居住が長くすでに祖国での生活基盤を失っていた人々は日本残留を余儀なくされた。南北に分断支配された戦後の朝鮮社会の混乱、冷戦下での「朝鮮戦争」の勃発などで帰国を躊躇した人々である。彼らは、日本社会にとどまり、その末裔が「オールドカマー」の在日コリアンなのである。その意味で、彼らは日本の植民地支配の「犠牲者」であり、特別の在留理由があるのである。

4　在日コリアンの減少理由

　終戦直後の1950年代初頭、約65万人おり外国籍住民の人口比で85％を占めていた在日コリアンは、冒頭で述べたように人口の絶対数でも外国籍住民の相対的数値でも減少している。その主要な理由は以下の三つである。

　一つ目は日本の国籍取得者が相次いでいるからである。かつて「朝鮮籍」であった者が「韓国籍」に移し、最終的に「日本籍」に移行している。ちなみに筆者の居住している福山市では「朝鮮籍1」対「韓国籍9」の割合である。

　二つ目は、3・4世の結婚相手がほとんど日本人になったからである。1984年の「国籍法」の改正で「父母両系主義」に改められて「韓国・朝鮮」籍の父親から生まれた子どもたちも日本国籍が選択できるようになり、結果的に日本国籍を選択するのである。なぜなら、コリアン籍では国家公務員や警察官、消防士、正式な「教諭」等に制約を加える差別的な「国籍条項」など「制度の壁」が存在しているからである。

　三つ目は、1960年代前後、在日コリアンの7分の1、約9万人が朝鮮民主主義人民共和国（北朝鮮）に「行った」からである。「朝鮮戦争」後の労働力不足に喘ぐ北朝鮮政権と在日コリアンを「お荷物扱い」した当時の日本国政府の思惑が合致して、「祖国帰還事業」が遂行された。けれども実態は異なっていた。なぜなら、「帰還」した人々の大半は朝鮮半島の南半分の出身者であったからである。1950〜60年代における日本社会の在日コリアンへの民族差別は非常に厳しく、困窮した人々には「北朝鮮」が「地上の楽園」に映ったのである。地縁や血縁が機能する「北朝鮮」社会に「帰還」した人々の困窮は想像に余りある。

5 「在日コリアン」の日本文化への限りなき同化

　戦前から居住している1世は稀有な存在になり、2世もすでに高齢化しており、今や3世、4世の世代が大半である。彼らの場合、出生時から日本語が「母語」であり、圧倒的な日本文化に囲まれ、生活実態も限りなく日本文化に同化している。また、容貌も日本人と類似しており、カミングアウトしない限り「パッシング（passing＝日本人のふり）」が可能である。

　また、最近では韓国経済の飛躍は素晴らしく、日本人の韓国観も変化している。さらに「Kポップ」やテレビドラマなどの「韓流ブーム」の浸透に見られるように、韓国文化への無知や無関心は改善されている。問題は、地域に居住する在日コリアンの複雑な思いへの理解を欠落したまま、日本人の興味・関心が韓国本土に飛び越えてしまったことである。

　したがって、「日本か『韓国・朝鮮』か」とカテゴリー化して「民族的アイデンティティ」を問うこと自体が生活実態から懸隔している。むしろ"Korean Japanese"ないし当事者たちの自己規定をありのまま受容することが求められている。

　喫緊の人権問題は、北朝鮮政権の権力者と日本に居住する「朝鮮籍」の人々を同一視する政治家の言動であり、その異常さを追認するかのようなマスコミ論調である。なぜ、「北朝鮮」の権力者の言動を理由に朝鮮高校の授業料無償化を滞らせるのか。朝鮮高校の生徒の中には朝鮮籍だけでなく韓国籍や日本籍の生徒もおり、保護者たちは日本人同様に納税義務を果たしている。「本国の権力者と地域社会の民衆を分けて考える」のが国際理解教育や多文化教育の原則であることを確認したい。

２．定住中国人の急増と多様なバック・グラウンド

1 定住中国人の急増要因

在日コリアンに代わって急増したのが中国人、日系ブラジル・ペルー人、フィリピン人・タイ人など東南アジアの人々である。その直接的契機となったのが1989年「入国管理及び難民認定法」（以後「入管法」）の改定で日系人の血を引く人々を優遇する施策がとられたからである。

中国籍住民に即せば、当初は「中国残留婦人・中国残留孤児」の家族が中心であった。けれども「入管法」の改定により、日本人の血を引く２世・３世の「呼寄せ家族」の来日が可能になり、90年代に相次いだのである。その後、いわゆる「チェーンイミグラント」（「連鎖移民」）が生起したのである。

その一例が結婚で、２世・３世の多くが、結婚相手を中国に求めたのである。年老いた「孤児」を抱える帰国２世・３世が日本人の結婚相手を見つけるのは容易ではなかった。けれども、当時の中国の農村社会には日本での暮らしを望む結婚相手が多数存在していた。1990年代、中国経済は依然として停滞しており、彼・彼女らは日本社会を「地上の楽園」と錯覚したのである。

そのような日中両国間の経済格差の上に、中国国内における経済格差、すなわち沿岸都市部と内陸農村部の経済格差が、中国農村部出身の女性と日本の中高齢男性との国際結婚を増加させる要因になっていった。図2-3（社会実績データ図録、2012）がその経緯を如実に物語っている。1996年には１万人を超え、2000年には１万4,000人に達している。その後、日本経済の低迷に伴い低下している。その傾向はフィリピン人女性にも顕著に表れている。

「国際結婚は究極の国際化」と言われるが、それとは逆の現実が

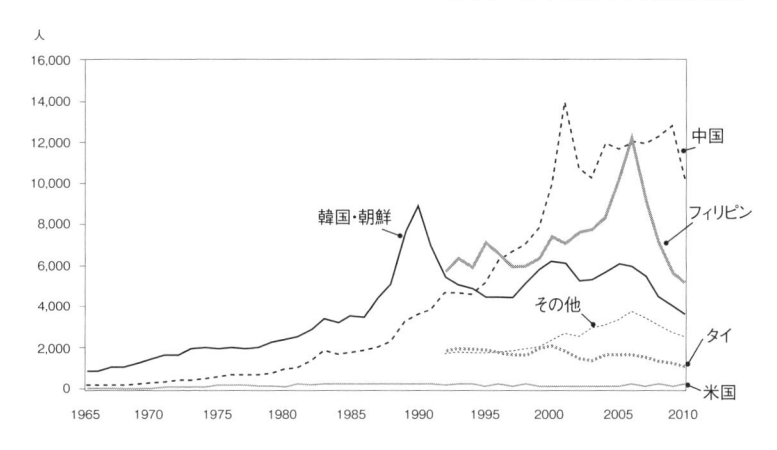

図 2-3　国別外国人の妻　社会実績データ図録「国際結婚の動き」2012 年 10 月 23 日更新分　http://www2.ttcn.ne.jp/honkawa/1190.html

待ち受けていた。文化や生活習慣が異なり、その溝を埋める言語的コミュニケーションが成立しないために、離婚率も高く、中国人女性の抱いた希望が儚い夢に終わることが少なくなかった。中国人の場合、再婚者も多く、のちに子どもを呼び寄せるケースが普通であった。親子共々「言葉の壁」や「心の壁」があまりにも高かったのである。

　定住中国人増大の第二の要因は、留学生が卒業後、日本で定住するようになったことである。当時の中国経済は「離陸」前で、日本経済との格差も大きく、就労機会や賃金格差から、多くの留学生が日本での就労を選択したのである。彼らの場合、それなりの「文化資本（文化を読み解く能力）」を有しており、日本社会や日本の教育制度についても精通している。けれども子どもたちのアイデンティティ確立は容易ではなかった。

　定住中国人増大の第三の要因は、きわめて現代的なものであり、日中間の経済的関係の強化から日本に駐在するビジネス関係者が増えたことである。彼らの場合、中国での「文化資本」も高く、子どもを随伴して日本の学校に入学させるケースも増えている。

第四の要因は、冒頭のコラムで述べた「技能・実習制度」で入国した人々で滞在期間が最長３年と制限されているが、結婚などで定住するケースも増大していることである。2010年末で約10万人が居住している（『平成23年版在留外国人統計』財団法人入管協会、2012b）。

２　親の「文化資本」と子どもの自己肯定感

　戦前、中国東北地方に「満蒙開拓団」として移民し、中国に放置された「中国残留孤児」関係者の多くは「文化資本」を持っていなかった。中国語での非識字者も少なくなかった。また、40、50歳過ぎての外国語の習得はきわめて困難であった。さらに、就労先も限定されていた。なぜなら、言語によるコミュニケーションが不要な職場は日本人が敬遠する「３K職場」しかなかったからである。就労できなければ「生活保護」に依存するしか方途がない。けれども、「生活保護」は日本人の生活支援や自立を促す制度であり、「中国残留孤児」関係者の日本社会での生活の自立を促進するのには役立たなかった。

　中国帰国者たちは自立支援に無策であった国を提訴して、2007年に「改正中国残留邦人支援法」が成立した。その結果、帰国者たちの老後の経済的安定は改善された。けれども、後に来日した「呼び寄せ家族」は支援の対象外であった。最初に帰国した家族が、中国に残された２世・３世の家族を後に呼び寄せたのであるが、呼び寄せ家族である２世・３世にはほとんど支援がないため、日本語の習得も難しく、生活保護に依存するケースが生じている。

　その一方で、留学生として日本に定住した人たちは「言葉の壁」も低く、学士、修士などの「文化資本」を所有している。だが、彼らの子どもたちの自己肯定感は低いのである（ただし青年期を超えると中国への意識は変容する）。自己肯定感の低さの原因は、次の二つに起因するのではないかと多くのケースから筆者は推測している。

一つ目は、「靖国参拝」や「南京虐殺」等の歴史認識をめぐる周囲の日本人との葛藤である。また、「毒ギョーザ事件」や「尖閣列島漁船衝突問題」など、現代の中国社会の瑕疵を誇大化して報じるマスメディアの中国観が子どもたちの自己肯定感を低下させている。「本国の権力者と地域社会の民衆を分けて考える原則」が周囲の日本人児童・生徒のみならず国民意識全体に欠落しているのである。
　二つ目は、両親の要求水準の高さに応えられないことからくる自己肯定感の低さである。日本の大学で苦労した経験や中国社会の厳しい現実を熟知しているがゆえに両親の子どもへの期待感は非常に高い。いや、高すぎる。
　かつて在日コリアンの２世の母親が「『何で朝鮮人は普通の生活を望んではいけないの』という子どもの訴えに肺腑を抉られた」と筆者に語ってくれた。彼女は「あなたは『在日』だから日本人以上に頑張らなければならないと常に言い続けて子育てしていた」と自省の念を示していた。人権を「あるがままの自分でいいこと」と定義すれば、彼らは「あるがままの自分でいいこと」を許されていないのである。かつての在日コリアン２世・３世の悲劇が、ニューカマーの中国人２世の親子間で再現されている。

３．定住する日系南米人をめぐる状況

　1989年の「入管法」の改定で最も恩恵を受けたのが日系ブラジル・ペルー人たちである。
　おりしも経済的な「バブル期」であり、自動車産業をはじめとするあらゆる職場で労働力が払底していた。いわば日本社会の労働力不足に対応するために「南米日系人」に注目して「入管法」の改定が行われたのである。その結果、日系２世には３年間、３世には１年間の在留資格が与えられた。当時、自動車組み立てラインでは、

時給1,700円を超えていたほどである。当時のブラジルはハイパーインフレで雇用がなく、ペルーは政情不安から経済も低迷していた。ちなみに、当時のペルーの平均月収は約70米ドルであり、彼らにとって日本は「エル・ドラド」（黄金郷）であった。

「バブル景気」がはじけて大手の自動車工場から放擲されても、日本人が厭う「３Ｋ」職場があり、2007年まで増加の一途をたどっていた。だが、近年の経済不振による雇用不安から、ブラジル・ペルーからの移住はピークを超え、現在は減少傾向にある。2008年末に約31万7,000人のブラジル国籍者がいたが、2010年末には約23万人に急減し、「東日本大震災」以後さらに減少している。けれども、ペルー国籍者は若干の減少にとどまっている。両国の経済事情の違いである。ペルーの政情不安は改善されていないが、ブラジルでは経済が好転し、現在では「ＢＲＩＣｓ（ブラジル・ロシア・インド・中国などの新興工業国で、各国の頭文字で示している）」景気と称されるように、祖国での雇用状況が回復しているからである。

けれども、日系ブラジル人、ペルー人を合わせて、約25万人の日系南米人が定住化している事実は不変である。すでに定住期間も長くて祖国での生活基盤を失うか、日本社会に定住する選択をした人々である。だが、大半が非正規労働の従事者であり、雇用のある地域から地域へと移動を重ねている。

文部科学省の委託を受けた「不就学外国人児童生徒支援事業」の一環として、南米出身の日系人等のいわゆる「ニューカマー」が集住する11の自治体を抽出して行った「外国人の子どもの不就学の実態調査」（2005～2006）（http://www.mext.go.jp/a_menu/shotou/clarinet/003/001/012.htm 2012年４月29日アクセス）がある。それによれば、転居、出国等で連絡が取れなかったケースが17.5％に達している。それほど、移動が激しいのである。

彼らの場合、その日の生活で精一杯で将来的な展望が描けず、子

どもの教育投資に目が行き届いていない。経済的に安定し雇用が確保されていた時代、ブラジル人の集住地区には、日本の教育現場に馴染めない子どものためのブラジル人学校が存在していた。授業料は高額で、2008年以後のいわゆる「派遣切り」の雇用不安の中で退学者が続出し、ブラジル人学校の運営は経営的に行き詰まっている。

高校進学率については正確な数値は把握されていないが、非常に低い。労働力として期待されているからである。求人票に「高卒以上」の文字が躍る日本の雇用市場にこのまま放置されれば、人々から蔑視される「二級市民」を再生するだけである。喫緊の教育課題である。

4．国際結婚の配偶者とダブルの子どもたち

2011年の厚生労働省の「人口動態統計」（http://www.mhlw.go.jp/toukei/list/81-1a.html）では、国際結婚の比率は、2006年に6％を超えていたが2010年には5％を割っている。ちなみに隣国の韓国は10％である。日本はそれでも、約20組に1組が国際結婚である。その組み合わせは、日本人男性と特定国の女性に限られている。2010年段階では、中国人女性が約1万人、次いでフィリピン人女性が約6,000人、「韓国・朝鮮」が約4,000人、タイ人女性が約1,000人となっている。今後の動向は不明であるが、再婚で随伴した子ども、その間で生まれた子どもたちの多数が日本の教育現場で学んでいる。

日本で生まれた子どもの場合、国籍的には「日本」であるが、言語や生活様式など多文化的で家庭内と家庭外で文化的に異なった状況に置かれている。筆者は過去26年間、奈良教育大学に勤務していた。そして100人を超える中国人留学生と親しく接してきた。また、「奈良外国人保護者の会」の活動を通して在日コリアンのメンバーとは20年以上も親密に付き合ってきた。留学生と日本人との結婚式にも幾度か招待され、今も連絡を取り合っている母親が何人もいる。そ

の一人の母親からの告白が耳に焼き付いている。それは、小学校3年生の息子から「お母さん、日本人になってよ！」と哀願されたというのである。

現在、彼女は、奈良市での「中国残留孤児」の2世・3世の青年が中心になって組織している「中国にルーツを持つ保護者と子供の会：『小草』」の推進役を果たしている。また、この会にはフィリピン出身の母親も関わっている。現在の夫が日本企業の駐在員としてマニラに赴任したときに出会ったという。彼女は銀行員としての国際ビジネスのキャリアを持っている。「英語はともかくタガログ語は教えないでくれ」と義父母から厳命され、フィリピン名ではなく「あなたは由美子（仮名）という日本名で通してください」と言われたというのである。まだまだ、高齢者の間ではフィリピン女性への偏見は残っている。

「文化資本」の有無にかかわらず、二つの民族をルーツに持つ「ダブル」の子どもたちに共通しているのは、母親のルーツを肯定的に受けとめられないことである。「あるがままの自分」を受容できないアイデンティティ・クライシスに陥っているのである。アイデンティティとは、自己による自己規定（identify）であるが、それは周囲の承認があって安定するものであり、周囲の日本人との関係性の中で形成されるものなのである。

少しでも違うことでいじめや排除にさらされる、等質性や均質性の磁場が働く日本の学校文化の中に置かれた外国籍生徒の状況に思いを馳せると、筆者は周囲の日本人の多文化教育の必要性を痛感している。また、教師たちの意識変革を願わずにはいられない。「違いを違いとして尊重する」精神、「違いを豊かさ」と捉え返す「差異の豊穣化」を認識させる地道な教育実践が求められている。

5．多文化教育の実践可能性

　現在、マイノリティの子どもたちは、佐藤が指摘するように「空間的」にも「時間的」にも「分断状況」に置かれている（佐藤, 1999）。「空間的」には祖国からの分断である。祖国の言語や文化から分断され、祖父母や親類や友人から切り離されている。いわば植木の「根切り」状態である。教室にいるマイノリティの子どもの出身国につながる「投げ入れ教材」でも自己肯定感は高まる。「ブラジル移民の歴史」や「韓国の民話」など工夫の余地がある。

　中国出身の同僚の娘さんが中国を肯定的に受容する契機になったのは、中学3年生の国語の教科書に掲載されていた魯迅の文章であったという。当日、目を輝かせて帰宅し「お母さん、魯迅の作品は家にある？」と聞き、同僚が「書架のあの部分が『魯迅全集』よ」と答えたことから中国語（母語）学習を意識的にするようになったと語ってくれた。

　「時間的分断」についていえば、「なぜ、今、自分は日本にいるのか」という過去との分断である。両親はそれなりの決意で来日しているが、幼少な子どもたちにはその意味がわかっていない。さらに、厳しい労働環境にさらされている両親や親類縁者の生活実態からは将来への展望が見えてこない。その意味では「未来」とも分断されている。けれども、彼らが自分のルーツを肯定的に受容する契機があれば、学習や生活向上に対するモチベーションは一変する。それを可能にするのは、同じバックグラウンドを持つ仲間との出会いである。等質性や同一性を求める日本の教育現場で、マイノリティの子どもに共通する傾向は「何で自分だけが違うのか！」という陥穽に陥ることである。しかし、同じ立場の仲間に出会えば「自分は一人ではない！」と確信を持つことができる。

筆者は、関西地区で15年間、民族的なマイノリティの子どもたちを対象にした「ちがうことこそ素晴らしい！子ども作文コンクール」に審査員として関わってきた。そのうち５回、審査委員長の役割を担ってきた。そして、発表された作文が『届け！私の思い』(2001年)、『届け！私の思いⅡ』(2005年) として、「全関西在日外国人教育ネットワーク」から刊行されている。マイノリティの子どもたちの思いを綴った『作文集』の教材的価値は非常に高い。そのコンクールには、多様な民族的ルーツを持つ子どもたちが集い、そこでの出会いが彼らを結び付ける役割を果たしてきた。その出会いは高校生段階まで続き、「高校生ユースフォーラム」に発展し、お互いが励まし合える時間と空間になっている。その中から大学進学者や教員に採用される者も出て、異年齢のロールモデルと出会う場にもなっている。

　さらに、筆者は「外国人保護者の会」の運営にも関わり、保護者のエンパワーメントを図ると同時に、マイノリティの子どもたちのキャンプを通して自国文化と出会う契機にしてきた。そして、エンパワーメントされた「在日コリアン」の母親たちが、地域の小学校に出かけて「総合的な学習の時間」の「国際理解」で出前授業などを行うようになった。このような保護者と連携した活動は、外国人が地域に居住していることが自然に伝わる効果がある。やはり、人と人との直接交流にまさる手法はないようである。教師の役割は、孤立したマイノリティの子どもや保護者を結び付け、ロールモデルと出会わせることであろう。

６．多文化社会の実現をめざして

　在日コリアンが、出自を隠して通称でなければ生きにくかった社会、日本社会への同化を強いてきた過去の教育について、マクロな視点からの自省がなされているであろうか。「もっとも良心的な日

本人でさえ、朝鮮人を日本人と同じように扱った」と詩人呉俊林が嘆いた状況は改善されているであろうか。「違いを違いとして尊重する」という目標が掲げられながら、具体的に実践されてきたであろうか。在日コリアンが3代にわたって受けた同化の重圧が、今、ニューカマーの子どもたちに集中して加えられている。文化的背景の異なるものを「平等」に扱うことがいかに差別的であるかの自覚なしに教育を語っても虚妄である。

多文化社会実現のための教育には、二つの「隠れたカリキュラム」（"Hidden Curriculum"）への洞察力が実践者に求められている（田渕, 2007）。一つはマイノリティの子どもたちの「隠れたカリキュラム」を見極めるメガネである。もう一つは日本社会の在り様や自文化への自省、すなわち、自分のメガネ自体にカラー（または歪み）がついていないかと意識的に問いかける姿勢である。

最後に、隣国の韓国と中国との領土問題をめぐる緊迫した状況でのメディアナショナリズムへの対応策である。筆者は日韓両国の国際会議で常に次のように主張してきた。「韓国と日本の経済成長は、竹島（韓国名：独島）があったから可能であったのでしょうか。日比谷公園程度の狭い島を巡って、1億2,700万人と5,000万人の両国民が角突き合わせていがみ合うほど馬鹿なことはない。権力者が争うのは勝手にすればいい。けれども、市民は冷静に対応して、漁業資源などの共同利用を考えればいい」と。それは、尖閣諸島についても同じである。権力者と民衆を分けて考えるのが、国際理解教育の原則である。

●研究課題●

・隣の家（アパートやマンション）に外国人家族が入居した時、あなたならどのような声かけをするか。また、あなたが海外で居住するようになったら、隣人にどのよう

> な支援を期待するか。具体的に書いてみよう。

●キーワード●

オールドカマー

「定住外国人」を二つに分けて考えるのが一般的である。その一グループがオールドカマーで、「在日コリアン」の内、1945年以前、植民地であった朝鮮半島から来航した末裔の人々が中心である。

ニューカマー

もう一つのグループは、1980年代後半、新たに来航した人々である。その多数は、在日中国人、日系南米人、フィリピン人などが中心である。現在では、ニューカマーの方が多数になっている。

「ダブル」と「ハーフ」

かつて国際結婚の結果生まれた子どもたちは「ハーフ」と呼ばれていた。その用語は「中途半端」と受けとめられて当人たちに差別感を抱かせた。現在では、二つの文化を併せ持つ「ダブル」という用語を使うようになっている。

隠れたカリキュラム（Hidden Curriculum）

「学力は畳の数に比例する」と言われるように、子どもたちの置かれた経済的、文化的な状況を示すと考えていい。特に問題なのは移民や外国籍の子どもたちの文化的背景を配慮しないで、日本的文化を押し付ける実態に自省的でない学校をめぐる雰囲気である。

[参考文献]

中山京子（2005）「『多文化共生』への意識を高める国際理解教育カリキュラム開発と実

践」『国際理解』第 35 号、帝塚山学院大学国際理解研究所、207-212
『歴史教科書　在日コリアンの歴史』作成委員会（2006）『歴史教科書　在日コリアンの歴史』明石書店
佐藤郡衛（1999）『国際化と教育――異文化間教育学の視点から』放送大学教育振興会
田渕五十生（2007）「日本の教師教育と異文化間教育」異文化間教育編『異文化間教育』第 35 号、異文化間教育学会、45-57
財団法人入管協会（2011）『在留外国人統計―― 23 年版』財団法人入管協会

第3章

中国帰国者の抱える問題
—— 1世、2世、3世に求められる支援とは

島崎美穂

問題提起

　公営住宅にある我が家の隣に、ある日、中国語を話す一家が引っ越してきた。老夫婦、若夫婦、小学生ぐらいの子ども、の三世代、5人家族である。

　挨拶に来られたとき、若い奥さんが「私たちは中国帰国者です」と言ったのだが、それが何のことだか、私にはよくわからなかった。おばあさんを指して「母は日本人です」と言うので驚いて話しかけてみたが、日本語はよくわからないようだった。

　子どもが時折通訳をしてくれ、何とか少し意思疎通ができたが、私はこの一家のことが少し心配になってきた。

　「困ったことやわからないことがあったら、いつでも言ってくださいね」と私たち家族は言って別れたが、その後私は考え込んでしまった。

　私ができることって何だろう。彼らは今後どんな困難に直面するのだろう。

　そもそも、「中国帰国者」とはどんな人たちなのだろう。おばあさんは「日本人」なのに、どうして日本語が話せないのだろう。どうして年をとってから、子どもや孫を連れて日本に帰ってきたのだろう。

　さんざん考えたあげく、決めた。まずは「中国帰国者」を知ることから始めてみよう、と。

1．中国帰国者とは

1　歴史的経緯

　第二次世界大戦が終局を迎えた1945年8月、満州国（現在の中国の東北地方）には、155万人の一般邦人が居留していた。満州国政府職員、民間会社から派遣された者、南満州鉄道会社（通称「満鉄」）の職員、開拓団員として送り込まれた者等である。満州国一帯に駐留していた関東軍は1943年秋以降、多くの部隊を最大の激戦地といわれたフィリピン戦線等に送ったため、1944年末から1945年7月にかけて満州国在住の日本人男性までも戦列に動員していた。

　1945年8月9日、ソ連軍の侵攻により、多くの日本人居留民が着の身着のままでの逃避行を余儀なくされた。特に困難を極めたのは、鉄道沿線から遠く離れた地域に入植していた1,127の開拓団であった。もともと開拓団の総数は27万人であったが、うち5万人の男性が軍に「根こそぎ動員」されていたため、22万人の老人婦女子が主体となっていた。

　開拓団の入植にあたっては、現地の中国人の土地を日本政府が安く買い叩いたり、奪ったりしたことにより、開拓団に憎しみを抱いている者もいた。そのため、ソ連兵だけでなく、中国人に襲われることもあった。

　開拓団の多くは徒歩で避難を試みたが、途中で力尽きたり、敵の辱めを受けるよりも、と集団自決をしたり、子どもの泣き声が逃避行の邪魔になると、親が子に手をかける悲劇も起こった。

　このような状況の中、子どもだけでも生き延びてほしい、と親から中国人に養子に出されたり、肉親と死別、あるいははぐれたりして中国人の養子となった日本人孤児が多数発生した。当時12歳以下の彼らを「中国残留孤児」と呼ぶ。また、中国にとどまった、当時

13歳以上の婦人たちを「中国残留婦人等」と呼ぶ。「中国残留婦人等」は当時13歳以上であったことから、自身の意志で中国にとどまったと国から認識され、長い間帰国援助の対象外とされた。

　また、日本に帰国した中国残留孤児、残留婦人等とその家族（日本に同伴・呼び寄せた配偶者、子、孫等）は「中国帰国者」と総称され、2012年9月現在、国費帰国者（本人とその同伴家族）は2万851人、自費帰国者・呼び寄せ家族を含めると全体で10万人以上になるとも言われている。

2　中国残留邦人の状況（厚生労働省、2012年9月30日現在）

　残留孤児総数は2,817人で、うち身元が判明しているのは1,284人と半数以下である。永住帰国をした残留孤児は2,551人、残留婦人等は4,134人、計6,685人となっている。配偶者や子、孫などの同伴家族を含めると、20,851人である。

　残留邦人が国費で帰国する場合、当初は本人と配偶者、まだ独立していない未婚の子のみが援護対象であった。しかし、残留邦人の高齢化に伴い、本人を介護する家族の必要性が生じてきたため、1994年より65歳以上の残留邦人の帰国に限り、既婚の子の家族1世帯も援護対象にした。95年より対象年齢を60歳以上、97年より55歳以上に拡大した。

3　帰国までの道のり

　1946年5月から1948年8月までＧＨＱの指導下において引き揚げが行われ（前期集団引き揚げ）、約105万人もの人々が帰国したが、中国内戦の激化により中断した。1949年10月1日には中華人民共和国が成立したが、国交がないため、引き揚げ中断の状態が続いた。この時点で中国には4万人前後の日本人が残留していたと推定されている。

第3章　中国帰国者の抱える問題

　1952年12月1日、日本向けの北京放送により、中国に残る日本人の帰国希望者を帰国させることが伝えられた。両国間に国交が途絶えていることから、民間機関を窓口に協議がもたれ、1953年3月より引き揚げが開始された（後期集団引き揚げ）。1958年7月までに約3万3千人が帰国したが、軍人、技術者とその家族が主であった。また、中国人と結婚している残留婦人等で、肉親との再会や墓参りのため里帰りを希望する場合の一時帰国についても協定され、約1,700人の婦人等が引き揚げ船で一時帰国した。

　後期集団引き揚げ終了後は、帰国を希望する残留邦人には、日本赤十字社経由で旅費を送金する形での引き揚げ（個別引き揚げ）が行われ、国交正常化までの間、約750人が帰国している。

　1972年、日中国交正常化を迎え、北京に日本大使館が開設されると、残留邦人から大使館へ帰国希望の手紙が殺到した。当時厚生省は永住帰国のみを想定していたが、多くの残留邦人から、永住帰国は希望しないが、墓参りや肉親との再会のための一時帰国も認めてほしいとの要望があり、永住帰国か一時帰国か、本人が選べるようにした。国交正常化により、中国出国許可が容易になったこと、1974年には航空機の相互乗り入れが実現したことで、1975年から1976年には多数の残留邦人が帰国した。

　この頃、永住または一時帰国できたのは自分の身元を知っていた残留婦人等であったが、日本人なので身元を調査して帰国させてほしい、という残留孤児からの手紙も寄せられるようになった。また、肉親が日本から子ども捜しに訪中するようになった。当時比較的年長であった残留孤児で多少の記憶が残っている者もあり、570人ほどの身元が判明した。

　厚生省は、1975年以来9回にわたって、新聞紙上で顔写真と手がかり情報を掲載し、関係者の名乗り出を待つ公開調査を行った。その結果、身元判明者は166人にのぼった。また、1981年には、訪日

肉親調査を開始した。この調査は残留孤児であることを日中両国政府が認めた者を日本へ招待し、マスコミの協力のもとに始まった。第5次までの訪日調査では過半数の孤児の身元が判明した。

多くの残留孤児や、残留孤児を残してきた肉親関係者が早急に調査を進めるよう要望したことから、1984年度までは年間100人前後の調査であったのに対し、1986年度には646人の調査が行われた。2000年度からは、高齢化した残留孤児の訪日に伴う身体的・精神的負担を軽減し、早期の帰国希望に応えるため、厚生労働省職員が訪中して中国側とともに申立て者と面接し、その情報を日本で公開する日中共同調査の形をとっており、2012年度現在も行われている。

4　残留孤児の帰国の問題点

残留孤児は日本人であっても、幼くして中国人養父母に育てられたため、中国語や中国の生活習慣を身につけている者が少なくなかった。また、すでに家庭を持っていることも多く、その場合は配偶者（主に中国人）や子どもを伴って帰国することとなった。

残留孤児本人を含め、日本語がほとんど話せない家族の帰国は、当事者にも日本の受入れ家族にもさまざまな困難があった。

2．中国残留孤児問題の解決に向けた取り組み

1　民間からの支援

国の支援体制が整うまでの間、肉親捜し、永住帰国・帰国後の生活と学習支援を担ったのは、自らが引揚者だった人々等によるボランティア団体や個人、東京都の「常盤寮」等の引揚者向け一時宿泊施設や夜間中学等であった。関係者からは国からの支援を求める声が高まっていた。

2　国の支援体制の構築

こうした民間の声を受け、厚生省は中国残留孤児問題の早期解決に向け、広く有識者の意見を聞いて具体的な施策を検討することとし、1982年３月に「中国残留日本人孤児問題懇談会」を設けた。そして８月、総合的な孤児対策を盛り込んだ「中国残留日本人孤児問題の早期解決の方策について」と題する報告書を厚生大臣に提出した。その要旨は以下のようなものであった。
・肉親捜しの計画的推進
・中国に残る養父母などの扶養費（将来の生活費）援助
・養父母や中国社会に対する感謝
・帰国者センターの設置など帰国後の定着化対策
・身元の判明しない残留孤児の受入れ
・民間援護活動の推進

また、中国残留孤児問題早期解決のため、1983年に国の施策を補完する財団法人「中国残留孤児援護基金」が設立された。この機関では、寄付金を集めて養父母への扶養費を送金し、残留孤児の帰国後の研修センターを運営する等の事業を担うことになった。

3　現在の援護の概要

厚生労働省では、2012年現在、中国残留邦人等に対して、次のような援護を行っている。

(1) **一時帰国援護**

日本への永住帰国は望まないが、墓参りや親族訪問等を希望するという場合は、毎年一時帰国ができるよう旅費の実費相当を支給している。また、在日親族による受入れが困難な場合や、身元未判明の場合は、民間団体の受入れにより、毎年の一時帰国ができる。

(2) 永住帰国援護

日本への永住を希望する場合に、帰国旅費の実費相当を支給。また、在日親族による受入れが困難な場合や、身元未判明の場合は、身元引受人の斡旋等による永住帰国ができる。

(3) 定着・自立援護

・中国帰国者定着促進センターに入所

帰国直後の6ヶ月、基礎的な日本語や生活習慣等の研修を行う。退所後は公営住宅に入居するなどして、肉親または身元引受人の下に定着する。

・中国帰国者自立研修センターへ通所

定着地への定着後、より実践に即した日本語、就労等の研修を8ヶ月行う。

・中国帰国者支援・交流センターの活用

帰国者であれば利用可能（国費、自費帰国問わず）。定着後も継続して日本語学習や相談等の支援を行う。

・自立指導員の派遣

日常生活上の相談および自立に向けての各種指導などを行う、自立指導員を派遣している。

・自立支援通訳、巡回健康相談の実施

必要に応じた通訳の派遣や健康相談を行っている。

(4) 中国残留孤児の身元調査

・身元調査

中国から寄せられた手掛かり資料をもとに、該当すると思われる人について家族に確認を求めるなどの調査を行っている。

・身元未判明孤児に対する調査

訪日調査、情報公開調査によっても身元が確認されなかった残留孤児については、引き続き調査を行っている。ＨＰ上で中国残留孤児公開名簿を公開し、検索できるようにしている。

(5) **中国残留邦人等に対する新たな支援策**

2008年からは、以下のとおり「中国残留邦人等に対する新たな支援策」が始まっている。

・老齢基礎年金等の満額支給

帰国前の公的年金に加入できなかった期間だけでなく、帰国後の期間についても、特例的に保険料の追納を認めるとともに、追納に必要な額は、全額国が負担することにより、老齢基礎年金等の満額支給を受けられるようになった。

・老齢基礎年金等を補完する支援給付

老齢基礎年金等の満額支給に加えて、本人の属する世帯の収入の額が一定の基準に満たない場合には、支援給付を行う。これにより、月額最大14万6千円（配偶者がいる場合は＋4万円）が支給されることになった。また、医療費は免除される。

・地域社会における生活支援

地域における多様なネットワークを活用し、中国残留邦人等が気軽に参加できるような仕組みを作り、地域の中での理解、見守りや支え合いなど地域で安定して生活できる環境を構築する。中国残留邦人等が身近な地域で日本語を学べる場を提供し、それぞれの状況に応じた支援策を実施する。

・中国残留邦人等への理解を深めるシンポジウムの開催

「中国残留邦人等への理解を深めるシンポジウム」は、地域住民の理解を深め、将来の支援者育成につながる普及啓発を目的とし、2008年度より中国残留邦人等が多く居住する長野、福岡、東京、大阪、愛知、広島等で開催されている。

4　新支援策開始までの道のり

これまで帰国者本人たちは、支援者たちとともに、自ら声をあげ、働きかける形で、国にさまざまな変革を促してきた。彼らの訴えに

応える形で、国は1994年の「中国残留邦人支援法」と2008年の「新支援策」を制定するに至った。彼らのどのような行動が国や世論を動かしたのだろうか。それぞれの経緯をみてみよう。

1993年9月、成田空港へ帰国した残留婦人12名が手に小旗を持ち、「行くところがない、助けてください」と言って空港ロビーで一夜を過ごしている様子が、ニュースで報道された。この行動は、中国残留婦人等の帰国に対する国の対応の遅さを批判し、状況を打破する目的で行われた。当時「中国残留婦人等」の帰国については日本の親族の同意が必要とされていたが、親族から拒否されて帰国ができないケースが多々あった。そのような場合、特別身元引受人を斡旋してもらえることになっていたが、その絶対数も不足しており、帰りたくても帰れない人たちがいた。

この「事件」が世論を動かし、1994年に「中国残留邦人等の円滑な帰国の促進及び永住帰国後の自立の支援に関する法律」（中国残留邦人支援法）ができた。ここではじめて、帰国と帰国後の援護は国の責務と明記された。

ようやく帰国できても、帰国後の生活支援等は不十分であった。「中国残留邦人支援法」はできたが、年金特例を別にして具体的な生活支援はないに等しく、「生活保護が唯一の支援策」と言える状態であった。しかも、高齢になって帰国しているため、言語・習慣など日本での生活には多くの困難があった。家族や子どもたちに対する施策はそれ以上に不十分であった。こうして大半が「生活保護」というまま高齢化を迎え、老後の不安に直面することになった。

こうした帰国後の苦しい暮らしや、高齢化による老後の生活への不安などから、国が速やかな帰国措置や永住後の自立支援義務を怠ったなどとして、中国帰国者による訴訟が提訴された。訴訟は、全国15地裁で提訴され、国に1人あたり3,300万円の国家賠償

を求めた集団訴訟となった。国費による永住帰国者の87％を超える計2,211名が原告に加わった。

しかし、最初の司法判断として下された大阪地裁での判決では、国の責任や賠償請求は一切認められず、その後も国の責任を一定範囲で認定する判決はあったものの、賠償請求そのものは棄却された。こうした中、2007年の東京地裁判決の翌日に、当時の安倍晋三首相は、原告団と面談し、施策に不十分な点があったことを認めるとともに、新たな対応策を検討することを表明した。これを受けて、原告・弁護団は損害賠償請求を放棄し、訴訟を終結させることを発表した。その後、同年11月には、「中国残留邦人等の円滑な帰国の促進及び永住帰国後の自立の支援に関する法律の一部を改正する法律案」（新支援策）が可決成立し、①国民年金老齢年金の満額支給、②老齢基礎年金を補完する支給給付、③地域における生活支援、が新たに実施されることになり、2008年には法律が施行された。

厚生労働省は永住帰国した中国残留邦人等の生活実態を把握し、支援施策に関する基礎資料を整備することを目的とし、中国残留邦人等実態調査を行っている。2009年度の調査は特に、前年度から実施している「新たな支援策」の効果を検証するため実施されたものである。

調査は中国残留邦人等（ロシアの樺太〔サハリン〕等の残留邦人を含む）の本人6,020人を対象とし、回答のあった4,377人（回収率72.7％）について集計、調査した結果、①年金受給者及び受給額の増加、②ほぼすべての生活保護受給者が「支援給付」へ移行、③約8割の帰国者が帰国して「良かった」「まあ良かった」と回答するなど、「新たな支援策」について、一定の効果があったとしている。しかし、この調査には出てきていないが、裁判で訴えた国の責任の明確化が果たされなかったことや、他の配偶者や2世・3世への支

援が不十分なこと等、課題が残っているのが現状である。

3．帰国者の受入れ体制──3つのセンターとその支援体制

　国費帰国者には、帰国直後、定着直後、定着後の生活を段階的に支える3つのセンターが用意されている。ここでは、この3つのセンターがどのような支援を行っているかをみていきたい。

　1　中国帰国者定着促進センター[1]（1次センター）

　国費帰国の中国残留邦人とその同伴家族を対象に、日本社会における適応促進のための予備的集中教育を行う全寮制の機関として、1984年2月に埼玉県所沢市に開設された。公益財団法人中国残留孤児援護基金が、厚生労働省の委託を受けて運営を行っている。

　(1)　定着促進センターの沿革

　1984年、当時は「中国帰国孤児定着促進センター」として、身元判明孤児の受入れを開始した。研修期間は4ヶ月であった。翌年、身元未判明孤児も受け入れ、1993年には残留婦人等の受入れも開始したため、名称を「中国帰国者定着促進センター」に変更した。

　1998年には、樺太（サハリン）等からの帰国者も受入れることになり、センターは、中国と樺太（サハリン）等からの帰国者がともに学ぶ施設となった。

　従来の4ヶ月では不十分だということから、2004年には、研修期間を6ヶ月に延長した。2008年より、日本語の通信教育（遠隔学習課程）も担うこととなり（中国帰国者支援・交流センターより業務移管）、現在に至る。

　(2)　定着促進センターの主な事業

　・日本語、日本事情の研修

　ここでの集中研修は、定着後の生活や学習の継続にスムーズにつ

なぐための、予備的集中研修という位置付けをしている。センターの研修目標は「日本での生活への自信と意欲、それを下支えする基礎知識、基礎技能を身に付ける」である。高齢の帰国者の場合は「心身の健康維持」を目標に、学習もその一環として行われている。

　クラス分けは、世代やレベル別に行っている。主に高齢の１世向け、２世向け、青年向け、日本語ができる人（残留婦人や、中国で日本語を学んできた２世、３世など）向け、小学生向け、中学生向け等のコースがあり、各期の状況に応じて、コースごとの、あるいは複数のコースを組み合わせたクラス編成を行っている。

　研修時間は約21週、最長で525時間（生活指導や職業指導等も含む）で、授業は月曜から金曜の１日５時間である。ただし、高齢帰国者のクラスは体力的なこと等から、午前のみの授業となっている。

　研修内容は「行動」「知識」「交流」「言葉」「学科」の大きく５つのプログラムに分けられる。例として、「行動」では、公共交通機関やスーパーや銀行等を実際に利用してみる。「知識」では、日本の社会や暮らし、帰国者事情に関して学ぶ。「交流」では、自己紹介の仕方や、聞き返しの仕方などを含め、日本人と交流するためのコミュニケーション能力を学ぶ。実際に近隣住民を招いて、交流実習も行う。「言葉」では、文字、語彙、文法や文型等を学ぶ。「学科」は小・中学生向けで、小中学校での教科学習に必要となる日本語や基礎技能を学ぶ。近隣の小中学校への体験入学も行っている。

　すべて、半年後の日本での生活を見据えた研修内容となっている。

・定着、職業、生活指導

　定着地で自立した生活を営んでいけるよう、帰国者に対する支援制度や、介護保険、医療保険、年金制度等についての講義の他、履歴書の書き方指導や職安、企業見学なども行っている。また、生活指導として、ゴミの出し方や、交通安全指導なども行っている。

・定着後の帰国者に対する遠隔学習支援とスクーリング支援

全国各地に定着している帰国者（国費・自費帰国を問わず）を対象に、日本語の通信教育を行っている。開設コースには、文法や漢字、作文等を学ぶ一般的な日本語コースや日本人との交流やコミュニケーション力伸長をめざす「近隣会話」や「おしゃべり」コースの他に、生活場面コース（医療、交通、消費生活、学校等）や、2世・3世向きの就職対応コース等、さまざまなコースがある。

　また、その受講者を対象として、各地の中国帰国者支援・交流センターや定着地自治体が、「スクーリング」（対面式の補習）を実施している。センターでは、全国の各自治体やスクーリング講師に対して、情報提供や研修等のサポートを行い、全国の支援者ネットワーク作りを行っている。

・日本語指導の研究、情報提供

帰国者に対する日本語教育のための、教材作成等のカリキュラム開発や、教育および教育に関連する事柄についての調査・研究、また、支援に関わる情報収集を行っている。これらの成果を、帰国者関係機関や支援者等に紀要やHP等を通して提供、発信している。

2　中国帰国者自立研修センター（2次センター）

　定着促進センターにおける6ヶ月の研修を修了した帰国者は、それぞれの定着地に移り、通学という形で、中国帰国者自立研修センターにて引き続き8ヶ月間の日本語指導を受ける。2次センターでは日本語指導の他にも、地域の実情を踏まえた生活相談、就労相談、地域住民との交流を図る交流事業等を行っている。以前は全国20ヶ所に設置されていたが、2012年現在では現在は東京と大阪の2ヶ所のみである[2]。また、帰国後2年目以降も研修を受講できる「再研修」制度も設けている。

3　中国帰国者支援・交流センター（3次センター）

2001年、中長期的視点から帰国者（国費・自費帰国を問わず）を支援する施設として開設された。現在、センターは全国7つのブロックごとに開設され（首都圏、北海道、東北、東海・北陸、近畿、中国・四国、九州）、帰国者に対するさまざまな支援を行っている。

(1) **日本語学習支援事業**

・通学課程

文法や会話を学ぶクラス、病院で使う言葉を学ぶクラス、パソコンクラス等、実生活に役立つさまざまなクラスを設けている。

・遠隔学習課程の「スクーリング」の実施

中国帰国者定着促進センターが実施する「遠隔学習課程」（日本語の通信教育）について、中国帰国者支援・交流センターに通学可能な希望者に「スクーリング」を実施している。

(2) **交流事業**

主に高齢帰国者が気軽に参加できる交流活動を実施している。健康に関する講座や、太極拳、歌などの文化活動、地域住民との交流会等。

(3) **地域支援事業**

自治体や民間団体等と連絡会議を開催し、地域における支援課題や問題点に関する情報交換、意見交換を行っている。また、各地で帰国者の支援ボランティアを育成する研修会を行っている。

(4) **生活相談事業**

帰国者は年齢層が拡大し、相談内容も多種多様となっているため、専門機関、行政機関などと連携しつつ、電話、手紙、Eメールなどで生活相談に対応している（中国語可）。

(5) **情報提供事業**

帰国者に役立つ情報を提供するために、首都圏センターは情報誌を発行し、全国の帰国者に郵送している。これはWEBでも閲覧可能である。また、多くの人に、センターの取り組みや帰国者関連情

報を提供するために、HPを運営している。

(6) 普及啓発事業

帰国者に対する理解と協力を得るために、中国残留邦人問題の背景や経緯についての情報を収集し、広く一般に提供できるよう、写真パネル、映像などを貸し出したり、中国帰国者本人からの体験談の聞き書き集を発行して自治体や支援団体などに送付したりしている。

4　帰国者の受入れ体制における今後の課題

国費帰国者は、帰国後、さまざまな支援を受けることができる。しかし、その一方で、１世本人が日本に定着後、呼び寄せた家族（主に２世、３世）は「自費帰国者」となり、国の支援はほとんど受けられない。来日後、集中的に日本語を学ぶ機会もなく、即、日本社会に入ることになる。子どもの場合は、言葉がわからなくても、すぐに地域の学校に編入となる。現在日本における帰国者は10万人ほどいると言われているが、その多くが、この「自費帰国者」にあたる。

同じ１世本人の子どもでありながら、１人は同伴家族として国費で支援を受けられ、他の兄弟は呼び寄せ家族として支援の対象外となってしまうという２世世帯での格差も問題となっている。また、日本語があまりできないため、仕事探しも容易ではなく、結果的に生活保護に頼らざるを得ない２世世帯もいることから、自費帰国者への支援体制の充実が強く求められている。

４．中国帰国者１世、２世、３世の抱える問題と求められる支援

1　中国帰国者１世とは

中国残留婦人等または残留孤児本人を指す。年齢は終戦時０歳であった67歳（2012年現在）からそれ以上である。配偶者は中国人で

あることが多い。1世本人にとっては「祖国への帰国」であっても、中国人である配偶者にとっては、自分の故郷や親族、友人と離れての「異国への移住」となる。

2　1世の抱える問題と求められる支援

(1) 日本語学習面の問題

　1世の多くは中国の農村部で貧しい暮らしを経験し、学校にも満足に通えなかったため、学習が困難である。字の読み書きができない人もおり、このような人には、中国語や日本語の漢字の文字情報はあまり学習の助けにはならない。中国語を話しながら教えたり、絵カードなどを活用すれば、日本語学習を進めることができる人も多いが、教師側の対応や、周囲の学習者との関係にプレッシャーや劣等感を感じ、学習をあきらめてしまうケースもみられる。また、中国で学歴が高かった人であっても、高齢期の学習となると、記憶力の低下等により、困難が多い。この世代の日本語学習においては、極力、心理的負担をかけず、楽しく日本語に親しんでもらうことが必要だと思われる。

　長年、帰国者を受け入れてきた各センター等では、この点について配慮をした指導を行っているが、帰国者にいきなり日本語を教えることになった人などは、若い学習者と同じように「覚える」こと、「話せるようになる」ことなどを求めすぎてしまうことがある。馬場(2000)は、高齢者にとって、記憶に頼る「学習」はかなり困難を伴うもので、高齢帰国者が第二言語としての日本語を習得するのには限界があるという前提に立つ必要がある、と述べている。帰国者の日本語学習支援を担う人は、一人ひとりの希望や状況に沿った形での支援を心がけることが重要である。そうすれば、1世も生涯学習として日本語を学び続けることができ、それが日本での生活の喜びや支えにつながるのではないだろうか。

(2) 病院受診の問題

1世は高齢化が進み、医療機関にかかることが多いが、多くは言葉や文化の問題により、通訳なしでの受診は困難である。北海道に住む中国帰国者1世の40.4%が病院受診時に通訳を必要としている、というデータもある（社会福祉法人 北海道社会福祉協議会・北海道中国帰国者支援・交流センター．2011）。新支援策により、支援通訳を派遣してもらうことも可能だが、日程や時間が本人の都合と合わないこともある。また、仕事をしている2世に通訳として付き添ってもらうため、2世の休みの日まで市販薬を飲んで我慢するケースもあるという。

今後、高齢化が進むと、ますます病院との関わりが増えてくる。自力でも病院を受診できるようになりたい、と中国帰国者支援・交流センターの「医療」（病院場面の日本語）クラス等で学習する1世は多いが、本人の努力だけでなく、受入れ側である病院の理解と支援も必要である。一部の病院では、日本語を母語としない患者のニーズに対応するため、中国語の医療通訳を独自に養成する動きも出てきている。また、自治体によっては、日本語が堪能でない中国帰国者等が、医療機関で適切な受診ができるように、「医療通訳養成講座」を開き、医療用語のわかる2世、3世の通訳を養成しているところもある。また、HPで中国語のできる医師のいる全国の病院を紹介し、帰国者たちの支援をしている2世の医師もいる。1世にとっては、帰国者に対する理解もあり、日中両言語のできる2世、3世の通訳が心強いであろう。2世、3世の医療通訳養成がさらに進むことが望まれる。

(3) 介護の問題

1世は、介護サービスを受ける状況が始まりつつあるが、そのことに不安を持つ人は多い。社会福祉法人 北海道社会福祉協議会・北海道中国帰国者支援・交流センターの北海道在住の1世を対象と

した2011年の調査によると、介護について、「〈介護保険制度〉を知らない」と答えた１世本人が30％、「何らかの介護を受けている」は全体の10％おり、介護サービス対象者は確実に増加している。１世は特に施設入所に関して不安を抱えているが、これについては介護サービスの種類、利用法等の知識、介護される場面で必要となる言葉について学ぶ機会が求められよう。

公益財団法人中国残留孤児援護基金は、中国帰国者本人、２世・３世並びにその配偶者が介護関連資格の取得をめざすために受講する講座受講料の一部の援助を行っている。また、帰国者を対象とする介護事業者への資金援助、帰国者等が在所する老人福祉施設等の職員等に、有識者による「要介護者支援セミナー」を開催するなど、受入れ側への働きかけもしている。

また、厚生労働省は中国帰国者の介護にあたる関係者に向けて、支援・相談員や自立支援通訳などの派遣を希望する場合は、近くの自治体に連絡するよう呼びかけている。

２世からの支援もある。東京都練馬区には首都圏で初の中国帰国者も対象としたデイサービス施設「故郷」が設立された。運営する医師は帰国者２世であり、スタッフの半数は２世・３世である。今後は、２世・３世を中心に介護業務を担う人材を養成し、介護の専門家と連携しながら支援体制を整備することが求められる。

(4) 孤立化の問題

近所に帰国者のいない地域に住む１世もいる。周囲の日本人と親しい関係を築けていればよいが、言葉の壁などもあり、それもなかなか難しいのが現状である。最寄りの中国帰国者支援・交流センターなどに出向けば、他の帰国者と交流することが可能だが、今後高齢化が進み、足腰が弱くなると行動範囲も狭くなってしまう。

家に閉じこもったり、孤立化したりすることを防ぐため、帰国者の居住地域における居場所づくりが早急に求められる。新支援策の

ひとつである、「地域における生活支援」の実践は各自治体に委ねられているが、帰国者一人ひとりのニーズを拾い上げ、帰国者がその地域で、人とつながり、安心して暮らしていけるよう、適切な支援を実践することが求められる。

3 中国帰国者2世とは

中国残留婦人等または残留孤児の子をさす。年齢層は幅広く、60代から30代ぐらいまでである。1世の子であり、3世の親という立場である。配偶者は中国から帯同した場合は中国人であることが多いが、若い世代では日本人と結婚するケースもみられる。

4 2世の抱える問題と求められる支援

(1) **仕事に関する問題**

2世の圧倒的多数を占める自費帰国者は、国の支援がほとんどないため、多くが日本語力も不十分で、仕事を探すのも困難である。仕事探しにおいても、中国での経験を活かせず、単純労働に従事することが多い。近年は不景気により、失業して生活保護を受ける2世も多く、1世の心配のたねとなっている。今後は、自費帰国者である2世にも、特に就職に関する支援体制の整備が望まれる。

(2) **1世の介護問題**

国や自治体は2世が1世を介護するという形を想定しているが、2世が親を自分で介護することになった場合、国や自治体からどのような支援が得られるのかが明確ではない。親の介護のため、仕事を辞めざるをえないケースもあるし、介護する2世の孤立化も懸念される。2世自身も日本の介護制度などをよく理解していないケースが多いと思われるので、介護の専門家と連携して、日本の介護制度等について説明してもらう必要があるだろう。この問題を帰国者が家族だけで抱え込まないよう、家族に対する支援も求められる。

(3) 高齢の２世の問題

　国費・自費帰国を問わず、２世の中には１世と同程度に高齢で、かつ高齢になってから帰国した人もいる。しかし、そのような場合でも彼らは１世を対象とする支援策は受けられず、生活保障の面で深刻な問題となっている。彼ら自身の老後に対する支援も早急に求められている。

5　中国帰国者3世とは

　中国残留婦人等または残留孤児の孫をさす。年齢層は30代ぐらいから乳幼児までで、中国生まれと日本生まれがいる。配偶者は中国から帯同したり、呼び寄せたりするケースもあるが、日本人であることも多い。

6　3世の抱える問題と求められる支援

　日本生まれの３世（一部４世）が増加している。高橋（2009）は、学齢途中編入の児童（小学生）は「中国帰国児童」、日本生まれの子どもたちは「中国帰国日本生まれ児童」と定義しており、両者を区別している。前者は、中国語を母語とし、中国で学校生活を送った後、学齢途中で来日してきた「編入児童」であり、中国語でなら思考ができ、作文や弁論では自分の思いを表現できた。帰国後何年以内、等の条件を満たせば、「中国帰国者特別枠」で高校や大学に進学することも可能であった。

　しかし後者は、母語と呼べる言語が確立しておらず、「日常会話ができるがゆえに、支援の必要はないとみなされているが、日本語も中国語も年齢相当に発達していないダブル・リミテッド（２言語とも年齢相当に発達していないこと）の状態が生じており、その状態や要因が学校や家庭で正しく認識されていない」状態となっている（高橋，2009）。

編入児童には、中国で獲得した言語としての「母語能力保持」が、日本生まれ児童には「親とのコミュニケーションで使用する言語育成」（継承語）が求められている。中国帰国者定着促進センターでは保護者を対象に、母語保持の必要性や、子どもに中国の文化や言葉を伝えることの大切さについて指導している。中国帰国者支援・交流センターの首都圏センターでも、帰国者に配布する情報誌にてこの件を扱い、保護者たちに訴えかけている。彼らに関わる人たち、特に学校関係者には、彼らの日本語の状況だけを見て判断せずに、中国語の状況などもふまえながら、彼らに合った支援をしていくことが求められよう。

5．今後の課題とまとめ

1　家族単位での支援の必要性

　多くの1世本人は日本人として故郷への帰国を望むが、それは中国人である配偶者が、家族や友人や故郷と別離をすることを意味する。2世である子どもは中国での安定した地位があってもそれを捨て、その経験や知識を活かせぬまま、日本で単純労働などの職に就くケースもある。また、1世本人が帰国を望まなくても、2世世代が自らあるいは3世の将来を期待して帰国を勧めるケースもある。3世である子どもたちは、家族に連れられて嫌々日本に来ることもある。

　そして日本に来てみると、家族間でもさまざまな問題が起きてくる。日本の生活になじめず、中国に帰りたがる家族。日本語がなかなか覚えられずに中国語で話す1世と、日本語での会話の方がスムーズになった3世との間に生じるコミュニケーションの壁。また、家族の中では若い2世や3世が一番早く日本語が上達することが多いため、子どもであっても通訳等、家族から頼りにされる場面も増える。その結果、日本語がなかなか上達しない親たちを子どもが恥ずかし

く思ったり、見下したりするケースもみられる。

このような背景から、帰国後だれかに問題が生じた場合、単なる個人の問題としては解決できないことも多い。帰国者の場合は家族単位での支援が効果的であろう。日頃から家族と関わっている自立指導員や支援・相談員とセンター職員、地域の担当者、学校関係者、国など各専門家が連携して、家族一人ひとりに目を向けた支援が望まれる。

2　中国帰国者を知ること

戦後67年（2012年現在）が経ち、日本社会において「中国帰国者」の存在感が薄れつつある。彼らの存在は、彼らを描いた映画が放映されたり、本が出されたり、また肉親探しの来日などがあれば、一時的にクローズアップされるが、またすぐに話題にも上らなくなる。今、日本には留学や仕事で中国から来た人も多いため、そこに紛れてしまっている感もあり、実際若い2、3世の中には、自分のことを「父の仕事の関係で日本に来た」と周囲に説明する人もいるという。その背景にはやはり、日本側の中国帰国者に対する「無知・無理解」があると思われる。

日本に10万人も住んでいるといわれている中国帰国者。そんな人たちとは出会ったこともない、と思っている人も、きっといつかどこかですれ違ったり、見かけたり、接したりしていることだろう。彼らの多くは、日本に長年暮らしていても、言葉の問題などから日本人と付き合いがなく、孤独を抱えていることが多い。まずは、私たちの方から彼らに歩み寄っていくことが必要だと思う。彼らと接してみれば、戦争は決して遠い過去のことではないこと、そしてその戦争によって、家族を含めた多くの人の人生が変わってしまったことが実感できるだろう。

「支援」というと、難しく考えがちだが、近隣に住む「彼らを知

ること」「彼らと話してみること」「彼らと友だちになること」も、一人でもできる支援のひとつである。

　ぜひ、彼らに目を向けてみてほしい。「中国帰国者」の問題は、決して過去のものではなく、1世、2世、3世……と続いていく、現在進行形の問題があるのが現状である。帰国者1世は数々の場面で国を相手に声を上げ、国を動かしてきたが、今は高齢化もあり、彼らの力だけでは大変なことが多い。

　私たち一人ひとりの意識の改革や支援がつながっていけば、それは大きな力となって、立ちはだかっている問題解決の一助となるであろう。

●研究課題●

・中国帰国者の手記や体験記を読み、感想を話し合おう。
　参考文献：①「二つの国の狭間で——中国残留邦人聞き書き集第1集～5集」中国帰国者支援・交流センター
　http://www.sien-center.or.jp/news/kikikiki02.html
　②『わたしたちは歴史の中に生きている——「中国残留邦人」と家族　10の物語』NPO法人中国帰国者の会（2011）

●キーワード●

満州国
　第二次世界大戦の戦前・中、現在の中国の東北地方（黒龍江省、吉林省、遼寧省、内モンゴル自治区の一部、河北省の一部も含む）に日本政府が作り上げた国家。

開拓団
　満蒙開拓団とも言われる。1932年以降、政府が満州や内モンゴルに

送り出した農業移民団。当時、恐慌の影響等から日本の農村は困窮を極めており、政府は移民策を推し進めた。

中国残留婦人等

終戦当時13歳以上であった婦人たち（男性も全体の約1割いるため、「等」と称される）。婦人の多くは生き抜くために現地の中国人の妻となり、家庭を築いていたため、帰国が困難であった。

身元引受人

身元引き受けが可能な在日親族がいない（所在不明を含む）帰国者に対し、肉親に代わって帰国後の日常生活面において助言・指導を行う人。

樺太帰国者

ロシアのサハリン島（樺太）からの帰国者。終戦当時、樺太には約38万人の一般邦人がいた。その後、集団引き揚げが行われたが、国際結婚した婦女子等、さまざまな理由で千数百人が残留していた。2001年より、中国帰国者と同様の永住帰国支援が受けられるようになった。

支援・相談員

中国語の通訳能力があり、中国残留邦人等に対する深い理解を持つ人材として、「新支援策」開始後、各地方自治体に配置され、帰国者からの相談対応等の支援を行っている。

［注］
(1) 2016年3月、入所者の減少により、中国帰国者定着促進センターは閉所となった。日本語の通信教育事業は中国帰国者・支援交流センター（首都圏センター）が引き続き行っている。また、今後新たに永住帰国希望者が出た場合の研修事業も同センターが行うこととなっている。
(2) 2013年3月、東京・大阪の自立研修センターは閉所となった。2013年度より自立研修センターの業務は、首都圏及び北海道の支援・交流センターに移管された。

[参考文献]

蘭信三(1994)『「満州移民」の歴史社会学』行路社
蘭信三編著(2000)『「中国帰国者」の生活世界』行路社
蘭信三編(2009)『中国残留日本人という経験』勉誠出版
馬場尚子(2000)「高齢化する帰国者の『学習機会』を考える──『サロンコース』の試みを通して」『中国帰国者定着促進センター紀要』第8号
中国帰国者支援・交流センターＨＰ　http://www.sien-center.or.jp/
中国帰国者定着促進センターＨＰ http://www.kikokusha-center.or.jp/
北海道中国帰国者支援・交流センターＨＰ　http://www.hokkaido-sien-center.jp/
満蒙開拓平和記念館 HP　http://www.manmoukinenkan.com/
社会福祉法人北海道社会福祉協議会・北海道中国帰国者支援・交流センター(2011)『平成22年度地域生活支援推進事業　中国残留邦人等生活ニーズ調査報告書』
高橋朋子(2009)『中国帰国者三世四世の学校エスノグラフィー』生活書院
安場淳(1998)「学習困難な中国帰国者の日本語をはじめとする生活ニーズ」『中国帰国者定着促進センター紀要』第6号
財団法人中国残留孤児援護基金『孤児によりそい25年　財団法人中国残留孤児援護基金25年史』財団法人中国残留孤児援護基金

第4章 地域社会と多文化共生
――新宿の小学校事例を中心として

善元幸夫

問題提起

　今、日本は外国人が急増している。1970年代は65万人の外国籍の人が、ここ30年激増して今や200万人を超える。その多くは1980年代以降、新たに来日した人たちである。この傾向は続き2050年には日本の労働人口が2000万人も減少するといわれる。

　国際化の日本社会は「物の移動」だけではなく、人も移動する。日本はアジア的規模で外国人労働力移動が多くなった。この先どうなるか。日本は「3・11東日本大震災」以降、社会の不安の中で排外的な状況も生まれている。「ニューカマー」の人たちに対し偏見や差別により「日本を出て行け！」などというデモも見られる。この先日本はどのように国際化していくのか問われている。本章では子どもに注目してみたい。子どもは親の都合で日本に来る。子どもにとって日本はまったくの異国である。住み慣れた母国から日本に来ることで子どもたちの失うものは大きい。私たちはこの子どもたちとどんな出会いを築けるだろうか。

　従来、外国をルーツに持つ子どもたちに対して日本語をどう教えるかが大きな課題であったが、問われているのは子どもたちが「日本でどう生きるか」である。

1. 自分探しの子どもたち

　東京の新宿区、人口30万の街。ここには131カ国（2012年現在）の外国人が集まり、外国人登録人口は、新宿区の人口の10％に当たる3万人を超える。ここはミニ国連といえるほど多様な国から来た外国人が暮らし、中でもアジア人が圧倒的に多い。急激に進むグローバル化の現在、居住するのは大人だけではない。子どもたちの存在もある。大人の都合で来日し、振り回されている子どもたちは実に多くのものを背負わされているのである。ここには国際化社会の影の部分、「子ども不在の国際化」がある。人間の人格形成の時期にあたる最も多感な幼少年期に「異文化にさらされること」、それは単に言葉ができないというだけではなく、不安感がつきまとう状況なのである。

　子どもたちは自らの意思で日本に来たのではない。異文化で暮らす子どもたちは、民族文化あるいは母語が否定されたり、奪われたりすることで、自己の「民族的同一性の喪失」と出会う。人格形成期の子どもが異なった環境におかれ、自我同一性が損なわれていくことをアイデンティティ・クライシスという。その現れかたは多様で、どの子にも見られる。子どもたちは苦しみ悩む。大切なことは子どもたちが「自尊の感情」を取り戻すことである。

　今、この地域を研究の対象として、研究者が数多くの報告書を発表している。しかし、子どもたちにとって大切なことは「子どもを分析する」ことではない。問題はそれらを通して子どもにどう寄り添うかである。本章では、子ども一人ひとりの生き方、考え方を教育の問題として取り上げ、多文化共生について考えることにする。

表 4-1　新宿区の外国人登録人口の推移

国　　籍	2007 年		2009 年		2011 年	
総　数（人）	30,337		33,555		35,805	
韓国・朝鮮	13,392	(1)	14,515	(1)	14,406	(1)
中国	9,268	(2)		(2)	12,206	(2)
ミャンマー	833	(4)	1,100	(4)	1,236	(3)
フランス	1,016	(3)	1,224	(3)	1,091	(4)
米国	702	(6)	853	(6)	920	(5)
ネパール	272	(11)	580	(8)	881	(6)
フィリピン	833	(4)	896	(5)	821	(7)
タイ	643	(7)	691	(7)	668	(8)

＊カッコ内はその年度の人口順位（2011年1月1日現在　新宿区作成のものを編集）

2．問題の所在──多文化社会の中で生きる新宿・新大久保

1　新大久保[1]の街の光と影

　この街は生きている。1980年代の後半から急激に進むグローバル化の波はこの新大久保にも典型的に現れた。2006年、新宿区は、外国人数が最も多かった大阪・生野区を超えて日本第1位になった。1980年当時、この地域に焼肉店は4軒であったが、現在は150軒を超える。そのほとんどが韓国からのニューカマーの経営であるが、最近ではアジアの飲食店が増えている。

　今、マスコミはこの地域をコリアンタウンというが、実はさまざまな歴史を経てきた。江戸時代以降、この街は徳川家の武士が駐留する古い街であった。また、新大久保は戦災に遭い、戦後商店街の人たちが復興に向けて努力してきた、そしてこの街の風景が、急激に変わりつつある。ここはもともと住んでいた人と新しくきた人との「出会いの街（共生の街）」なのである。

　この街は国際化に伴う光と影の部分、多様性がある。

　1970年代、新大久保駅の山手線の内側は、休憩利用のホテルがひしめく裏通りが何本かあり、大久保通りのメインの通りから比べる

と人通りも少なく薄暗いというイメージがあった。ところが今その裏通りも含め急速に変化してきた。いわゆる「ラブホテル」の多かった通りが韓国を中心として韓国食堂、ショップに変わり始め、近隣住宅の生活環境も大きく変わった。そして、この地域全体が賑わい、そして明るく多くの人が行き交う街になってきたのである。日常的にセールや催しが増え、子どもたちの生活環境も大きく変わった。しかしニューカマーの多いこの街には影の部分もつきまとう。「外国人はうるさい」「ゴミを不当に投棄する、生活のマナーを守らない」などさまざまあり、それらの中にはアジア的偏見による差別や誇張も少なくない。2011年3月11日の東日本大震災のあと、街では「韓国人出て行け！」というデモがあり、2012年には池袋で「中国人帰れ！」というデモもあった。またその数年前にはバス停留所に「外国人　業界追放！」という悪質な差別落書きも見えた。

　このように、国際化が進むことと同時に外国に対する排外的な状況も生じており、そのことが子どもたちにも微妙に影響を与えている。私は2002年から新宿区立大久保小学校・日本語国際学級を7年間担当してきた。1973年に大学を卒業して中国、韓国の残留孤児の子どもたちへの教育に14年間携わり、教職の最終校としてニューカマーの子どもたちの多い学校を選択したからである。この学校は日本語を母語としない子どもたちは全校児童の実に7割を超える。これは外国人数ではなく国際結婚などで日本国籍の子どもを含めた数であり、そこにはさまざまな問題が生じている。子どもの未来を考えるとき、もはや「外国人」「日本人」という単純な国籍の区別では子どもたちを理解できない。たとえ日本国籍であっても自らのアイデンティティ（帰属意識）に悩む子どもがいるからである。

　2　親と子どもの微妙な揺らぎ

　家族は、子どもが自己形成される最も基本で重要なものである。今、

ニューカマーの家族には親子間に揺らぎが生じている。

　親はアジア的な労働力の移動で国境を越えて日本を居住の地として選択する。日本人の労働人口の激減もあり、日本の経済成長を持続させるために外国人労働力への依存はますます増え続け、将来はヨーロッパのような「10人に1人が外国人」になる時代が到来することも今後の日本人の外国人労働の未来図の一つとして浮かび上がる。労働力の移動が、そのように推移するならば子どもの教育の問題が深刻になる。子どもは自らの選択で日本を選んだのではない。しかも外国から来た親は、日本で昼夜に、さらには深夜にわたって一所懸命働く。しかし親はそうまでして日本に来るが、それは子どもの意思とはまったく関係がないのである。

　子どもはある日突然日本に来ることになるのが多いのだ。子どもたちを受入れる日本の社会にはさまざまな問題が生じている。アフリカから来た、サッカーの得意なある6年生の男の子がいた。ボランティア団体が行っている日本語支援学習のおやつの時間、お菓子を配るのをその子に頼んだ。するとその子はちょっと躊躇して自嘲気味にこういった。「先生、ボク手がきたないから他の人に頼んでよ！」。日本社会の中で皮膚の色による差別。民族差別を敏感に感じ取り彼はそう言ったのだろう。自国にいればそんなことは決してない。

　子どもたちは来日後の不安な状況、日本人にいじめられたことを自分の心の中にしまい込んでしまう。多くの子どもはそのような出来事を親には話さない。子どもは苦労しながら働く親を前にして、とても自分の悩みは言えないのだろう。子どもを愛さない親はいない。しかし現実には子どもはさまざまな理由により、日本の社会で追い込まれているのだ。その一つに、親と子に軋轢が生じるという親子の問題がある。来日により、親子には新たな問題が生じるのである。「日本語しか話せなくなった子ども」と「日本語がうまく話せない親」でコミュニケーションが取れない。同じ家に住みながら、

日本で生まれ育ったためほとんど「母国語が話せない子ども」が、「日本語がうまく話せない親」をバカにしたり、あるいはそれを恥ずかしく思い、日本の子どもの前で親を隠したりするのだ。また日本語で書かれた「学校便り」が読めない母親を子どもは疎ましく感じることもある。このような問題を、私は「親と子どもの間に微妙な揺らぎが生じている」と捉えている。国際結婚で日本に住むある子どもはこういった。

　「お母さん、あっちに行って！　お母さんいると話下手だから私が韓国人ということがわかってしまうから」

　また、ある親は子どもが学校のことを話さなくなったと心配しこう言った。

　「先生、すいません。私、日本語ができない。子どもが学校のこと話さない」

　ここには家族の絆が途切れるほどの現実生活のきびしさが要因としてある。親は子どものために昼も夜も働く。子どもは放置されてしまうのだ。残された子どもは寂しい思いをし、夜出歩くようになってしまう。児童虐待は単なる親の暴力だけではなく、子どもの放置もあるのである。また、高校進学期に親と一緒に日本に来る子どもの場合、将来の進路がなかなか見えてこないという問題もある。東京では98％高校進学するのに対してニューカマーの子どもの高校進学率は５割を切るという（特定非営利活動法人　多文化共生センター東京（HP）　http://tabunka.or.jp/）。子どもたちは日本でどう生きていけばいいのであろうか？　このようなさまざまな問題があり、「親子の揺らぎ」は実に深刻になることもあるのである。

3．子どもと新大久保
　── 子どもたちはこれからの未来をどう生きていけばよいのであろうか！

　母国で自国文化が培われてきた子どもが、日本に来ることによりそれが遮断され、自分の拠り所が喪失されていく。ニューカマーの子どもたちが異文化にさらされるとき、そこには偏見による差別が生じる。自らの母国の文化が無価値なものと思わされ、時にはいじめにあったりもする。ニューカマーの子どもたちが日本で出会った壁、それは「言葉の壁」だけではない。現実社会の中では子どもたちは「日本のアジアに対する偏見や差別」の中で深く悩み傷ついているのだ。

　1980年代から急増したニューカマーの人たちの社会も現在、格差が生じている。韓国の物産が置いてある店には高級家具や衣服を置いてある。つまりそれを購入する飲食店経営者や事業者などが存在するのである。新宿区の「新宿自治創造研究所」の2012年調査によれば韓国の裕福層が増えたのには「投資・経営者」の増加があるとして「増加を押し上げているもう一つの理由には、『成功例』が知れ渡るようになったことです。実際に『ある韓国の団体組織の平均年齢は60代で、年収1,500万以上の会員が半分以上』」（新宿自治創造研究所，2012）という。

　しかしその一方で、外国人労働者たちの中には不安定な生活状況をかかえている人も存在する。ひとたび日本が経済不況になれば本国に帰らざるをえない。あるいはオーバーステイで在留資格がなくなり本国に送還されたり、保険診療を受けられないという例も少なくない。法務省によれば、2004年、「不法滞在者を半減させる」と明言して、当時21万人を超えた不法滞在を徹底して摘発した結果、2010年にはその数は約11万人になった。また来日後の生活不安もあ

り、人知れず自殺・自殺未遂するニューカマーの人も少なからずおり、引き取りがない遺骨もあると聞く。

　このような現状を「子どもの側」から見たらどうであろうか。不安は大人だけではない。私は本国へ強制送還された何人かの子どもを見てきた。タイから来た子ども（Ｉ子）は、オーバーステイで親が子どもの目の前で拘束され、親とＩ子は分離された。つまり、子どもに関係なく日本の社会のしくみにより、子どもは学校に来られずにいたのである。Ｉ子はどこに行ったのか？　そのとき日本語国際学級でともに学んでいた台湾から来たひょうきんな11歳のＭは、自らの来日当時を思い出しＩ子を心配してこう書いた。

　「Ｉ子よ、あなたはいまどこ。げんき出してがんばって。ぼくのお父さんとお母さんけんかのとき、ぼくは自分の心にがんばってといいました。チャンスあったら学校にきて、みんなあなたのことをしんぱいしている。Ｉ子はやくきて、まってるよ。ぼくも国にかえるかもしれない。だからはやくきて！　Ｉ子のはなし友だちからきいた時、ぼくの心なきたいです。ぼくの心なんかハサミできったみたいです」

　つらいのはＩ子だけでない。Ｍは「心がハサミできったみたい。なきたい」と書く。それは年少期のＭの心に深い傷を残すことになるのだ。また上海から日本に来たＳ子も、自らの根っこが見えず、寂しくて毎晩、故郷中国に電話をすると言い、こう書いた。

　「私のお母さんは三年前に日本に来ました。お母さんは点心（中国料理）を作るのがとても上手です。だからお客さんが日本を紹介しました。お母さんいないときお父がご飯を作りました。私はさびしかった。二年後お父さんが日本に来ます。私の気持ちはと

てもとてもさびしいです。日本はとてもきれいです。私は日本の料理はあまり食べません。今中国の友だちと一週間2回ぐらい電話します。みんな私のことを思ってくれるから私はうれしいです。将来私は日本にいるか中国に帰るかわかりません。今私は日本に住みたいです。将来私はどんな仕事するかわかりません」

「二つの言葉と、二つの文化（バイリンガル・バイカルチャー）」を持つニューカマーの子どもたちの可能性はつきない。しかし大人社会の事情や都合で来日した子どもたちは、異文化の地・日本で本来子どもが通過すべき教育の目的である人格の完成が阻まれている。あらためて教育の問題として確認したいこと、それは「すべての子どもが子ども時代にたっぷりと子ども生活を体験すること」である。

4．日本語学級の取り組み・実践──日本語国際学級へ

1965年日韓条約締結、1972年日中国交回復以降、日本には韓国や中国からの残留孤児たちが集中的に来日帰国した。当時の日本語教育は、学習者の母語を遮断することであった。

「日本に来たのだから中国語を使ってはダメ！」

「中国人同士であつまってはダメ！　日本語が覚えられない！」

教師は善意で子どもたちに母語の使用を禁じ、学校では子どもたち同士が集まらないようにさせていた。しかしその結果、学習者が習得する日本語も歪んでいった。子どもたちは元気が出ず、時には荒々しい関係になった。

私はその経験から新宿の大久保小学校の「日本語学級」を「日本語国際学級」へ名称を変更するようにした。「日本語学級」という日本語ができないハンディを克服するための学級という考え方から、国際感覚を生きる「日本語国際学級」への発想の転換である。外国

の文化を持つことを個性とみる、つまり日本語ができないことも「個性」と見るのである。だから、目的は日本語で日本人と同じ言語生活をすることではない。ある意味ではまったく当たり前のことであるが「人格の完成」という教育の目的の原点に立つ学級経営である。

　大切なのは子どもたちが自分のルーツを意識し、日本で何と出会い、自己実現のためにどう生きるかである。だから日本語学級に「国際」を入れることで、「国際人のための人格形成」をめざした学級なのである。子どもたち自らが身につけている母語・母語文化を活かしながら、自らを生かし日本を生きるという発想である。「子どもたちの母語がしっかりしていると、第二言語の日本語もうまく習得できる」。こう考えたことは、私が日本語学級の教師になった35年前からすれば劇的な教育思想・方法の転換である。また子どもたちの母語を大切にするという日本語国際学級の発想は、大久保小学校全体に影響を与えていくことになった。学校だよりは常に４カ国語（日本語・中国語・韓国語・タイ語）で発行し、４年生以上の子ども参加の「クラブ活動」の時間には、日本の子どもたちも含めて８言語の多言語学習も行った。中国語、韓国語、ギリシャ語、タガログ語、タイ語、英語、台湾の言葉、ウクライナ語である。ここでは多文化主義に立った一人ひとりの子どもを大切にし、子どもの「自尊感情」を育む教育がなされた。当時の校長は国際理解教室を教育の重要な柱と考えていたからである。

5．2人の子ども
　　──「韓国の子どもＲとタイの子どもＳの出会いの物語」

　１　子どもの多様性・自尊感情を培うこと

ここで二人の子どもを紹介しよう。
　Ｒは韓国から来て民族差別に出会った。Ｒは日本人と韓国人のあ

いだに生まれ、「ハーフ」として悩む。私はそこから逃げないで自らの身につけている文化（食文化キムチ）から自分探しをしていくことを考え、Rのための教材（「キムチは日本人に何を語るのか」）を作り授業を行った。

もう一人はSである。Sはタイレストランをしているタイ人の両親を持つ。しかしなぜ彼は今、日本にいなければならないのか、自分の存在の根っこが見えずアイデンティティ・クライシスに陥った。そこで母語維持学習を通じて、自分探しをサポートしたのである。

多様な子どもたちの自分探しにはそれぞれの方法があり、解決の道もそれぞれである。教育にはマニュアルはない、あるのは一人ひとりの学びである。だから私はそれぞれの子どもたちの「学習の履歴（カリキュラム）」を創ることが大切だと考えたのである。RとSにどのようなカリキュラムを創ったのか、具体的に見ていこう。

2　Rの場合——授業「キムチは日本人に何を語るのか」

(1)　目の前にいる子どもを視野に入れ日本語の教材を作る

国際化時代にはさまざまな出会いがあるが、必ずしもいいものばかりではない。Rは来日後こんな作文を書いた。

　「日本にきたとき、ともたちにいじめられた。『かんこくじんばかやろう。』ぼくはとってもやたった。なんでそんなことをゆうのか？　わかりませんてした。韓国じんきらいなのかな？　ぼくはかんこくか大すきです。……日本語タイムのときお母さんがかんこくのたいこをたたきました。ぼくは韓国が大すきたからうれしかった」（R 9歳）

私はこの作文を読みショックを受けた。このことは親にも話していないことだと言う。かつてベテラン教師の先輩からこう聞いたこ

とを思い出した。「善元さん、子どもたちが受けた生々しい現実を生々しく伝えるのは子どもにとって酷である」。Ｒは日本の友だちのちょっとした偏見で深く傷つき悩み、学習意欲がそがれてしまっていた。私はＲが「自分の存在の根っこ、身近な自分たちの故郷を再発見すること」で自身を取り戻し、自尊心をもって日本で生きることを考え、Ｒ一人のために日本語学習の初級のテキスト「キムチは日本人に何を語るのか」を作成した。

　テキストは、「日本人とキムチ」「ぼくとキムチ」「キムチの歴史と健康」「キムチとタクアン」「親が伝えるキムチの作り方」という内容で構成した。キムチの歴史・健康・文化など総合学習の視点で教材を作った。

　1998年ソウル・オリンピックで選手村の公式メニューに認定されて以来、キムチは爆発的に世界に広がったこと、キムチは日本で頻繁に食卓にのぼるほど日本人になじみが深いことから、キムチの食文化に着目した教材を考えた。キムチはうまいだけでなく、優れた健康食品でもある。乳酸菌の含有率はタクアンの約四千倍。整腸作用のほかに、アスパラギン酸などによる疲労回復や体調を正常化する作用もある。元来キムチは唐辛子が入っていないムルキムチであったことには、Ｒも驚いたようであった。Ｒに「なぜ日本人はキムチが好きになったのか」と聞くと、楽しそうにこう書いた。

　　「あまさがあって（キムチが）すきなのかな？　それともかんこくがすきになったのかな？　ぼくはおばあちゃん（ハルモニー）がからだにいいとゆって、すきになったのかな？」

⑵　キムチとトウガラシの出会い

　元来、キムチにはトウガラシの辛さはなかったことは、先ほども述べた。トウガラシは、15世紀のコロンブスのアメリカ大陸到達以

来、「トウガラシの道」を経てペルーからヨーロッパへ、そして中国、日本、韓国にもたらされた。その後、キムチはトウガラシと出会うことで塩分を減らすことができた。さらに、またトウガラシに含まれるカプサイシンは血行をよくするため、ダイエット食品といわれるまでになったのである。

　Rは日本人のお父さんと韓国人のお母さんの間に生まれ、そのことでも悩んでいた。そこで、Rが自尊感情をもてることを願ってこの教材を作ったわけだが、キムチとトウガラシの出会いを知り「物や人が出会うことで生活や文化が変わる」ということをRに伝え、ともに学んだところ、Rは安心したかのようにこう書いた。

　　「日本のおとうさんと韓国のお母さんとであってぼくはうまれました。キムチと同じです。だからぼくはかんにほんじん（韓日本人）です。いいものがいっぱいあるとおもいます」（R 9歳）

　これがこの授業でRが到達した自尊の感情である。初めて彼がつくった造語「かんにほんじん」、私はこの作文を読んだとき身震いした。彼は自らの言葉で「ハーフ」ではない道「ダブル感覚」にたどり着いたのである。

(3) 食文化の多様性を知る

　この授業では最後にキムチを作ったのだが、キムチはクラスの子どもたちの新たな出会いのきっかけになった。それは多様性を受け入れる感性である。「韓国人、キムチくさい！」これは国際理解教育の中でどう克服されるのか、されないのか考えて公開授業で利き味の授業をしたのである。

　子どもたちには、授業公開日にあらかじめ私が用意した「キムチ・ブルーチーズ・納豆」の匂いを嗅いでもらった。Rはキムチの時はニコニコしていたが、納豆の時には少し違和感を感じ、ブルーチー

ズの時には、Rはとびっきり臭いという動作で顔をしかめた。正直な反応である。同じものを参観していた学生にも試した。するとなんとRが強く反応したチーズを「いい匂い！」といったのである。Rは驚いた。しかしここでRは深く悟った。自分が嫌いな匂いを日本人は「いい匂いだ！」と言う。匂いは相対的、文化の違いだ、キムチも同じなのである、と気づいたのだ。Rは、これらの授業から偏見や差別が何に由来するかおぼろげに見えてきたようである。

3 Sの場合

(1) 僕は大きくなったら

　日本の生活に馴染めない子がいる。Sもそんな一人である。両親は日本でタイレストランを始めた。店が軌道に乗りタイでおばあちゃんと暮らしていたSを呼び寄せた。Sは日本に来たがなぜ日本に来なければならないのかまったく理由がわからない。夜は一人で親を待っている。そんな日が毎日続く。タイのビデオを見て笑いながら眠ってしまう時もあると本人はいう。学校には遅刻をしてくるが、そこではすべて日本語の世界だ。新宿では初めて外国から来た子どもには60時間母語のできる指導員が日本語を教える。しかし彼は日本語を学ぼうとしない。タイから来た指導員のヌム先生も「善元先生、この子は学習が遅い子かもしれない」と言い私にもそのように見えていた。性格がとても明るい子なので私も深くは考えていなかった。あるとき彼が宿題を忘れたと言って教室でこんな文を書いた。

　「きのうぼくはにほんごでべんきょうしなかった。せんせいがかなしいかおになった。どうして？　ぼくわるかったです。にほんごができない。おもしろくないです。……せんせいごめんなさいです。ぼくはおおきくなったらタイに帰るかわかりません」(タイＳ・10歳)

日本語国際学級ではよく作文に「ぼくの未来」を書くのだがほとんどの子は程度の差こそあれ「……がしたい」「……になる」とか希望を語る。しかしＳは「……わかりません」と書いたのだ。自分が将来日本で暮らすのか、タイで暮らすのか、あるいは外国に行くのか本人はわからないという。Ｓにとってはそのへんが自分にもわからず日々学習にも身が入らないのであろうか。大人の場合はすでに人格形成がなされており、ツールとして日本語を学ぶ。これに対して子どもが日本語を学ぶのは人格継承の重要な時期に母文化が遮断されるということでもある。多感な幼少年期に「異文化にさらされること」はＳの悩みのように、日本語がわからず、これから先日本で住むのか、タイに帰れるかもわからないという不安が常につきまとっているのではないだろうか。

(2)　「母語維持教室」タイと出会い、奇跡が起こる

　母語維持教室[2]は、日本語国際学級の子どもと学級を修了した子どもも含め、３ヶ国の言語（中国語・韓国語・タイ語、2008年当時）を対象の子どもたちに年６時間実施している。外国の文化的背景を持つ子どもたちは、入学した当初は言葉だけでなく、異国での学校生活に慣れなければならないという問題にも直面する。そこでは精神面においても強度の緊張を強いられる。「言葉さえ通じれば何とかなる」という思いが強い。母語維持教室では、子どもたちが母語で自らの文化を学び、自分自身に自信を持つことを目的とする。また母国の習慣文化を学ぶきっかけ作りもめざしている。

　タイの母語維持教室にＳが参加した。タイ語を忘れかけている子、日本語がまだうまくできない子５人のほか親も参加した。講師はヌム先生、タイの留学生だ。授業はタイの音楽からの言葉探しを行った。その授業でＳは私たちの想像を遥かに越えて、興奮気味に楽しく授業に集中した。ここには担任も私も親もびっくりするようなＳの姿があった。後日、Ｓはその思いをタイから来た２年生のＫにタ

イのすばらしさとして語り、母語についてこう書いた。

　「ぼくたいごいっこわかる。それはこんなじ『ก』。よみかたわからない。やすみじかんにＳさんとあった。たいごではなした。『けわでぃかっぷ（こんにちは）』『たむあらいかっぷ（なにしているの）』いいきもちだった」

Ｓの思いは同じタイから来た子どもに確実に伝わりつつあった。この学習のあと通常学級でのＳの姿が変わった。算数の時間に必死に問題を解く姿、体育のバスケットボールの時間に楽しそうにチームプレイするＳの姿、Ｓはやっと自分の居場所が見えてきたのだ。その後Ｓはボランティアが行っている放課後の学習支援教室にも通うようになった。時々はレストランを手伝ようになった。母親は私にこういった。

　「先生、うちの子の将来は大学を出して、レストラン継がせたいのです。だけど全然勉強しないでいた。この前の時うちの子はまったく変わった！　あんな楽しそうなＳは見たことがなかった。先生ありがとう」

つい最近Ｓの親が経営するレストランでＳを見た。そこには一所懸命手伝うＳのすがたが見えた。私はＳに聞いてみた。
「将来、何をするの？」「先生、僕デザインの勉強する」彼はそれで家を手伝うと言う。それはＳと出会って６年目のことである。今彼は自分探しを積極的に始めている。

6．日本語国際学級と通常学級で授業を創る

　教師は授業で勝負する。そのためには子どもへの理解、そして授業づくりが必要である。授業は決して講義ではなく、対話によって子どもと教師の学びを生かすことなのだ。私は日本語学級で多くの授業を創ってきた。「どうマジョリティの子どもたちと関わるのか」とよく聞かれるが、実際の授業を紹介したい。

　授業「あなたの未来を地球史から考える」

　　――日本語国際学級（４時間）「全球凍結」
　子どもは日本に来ることで失うものがある。それが民族の言葉である。知らず知らずに日本語しか話せなくなる。大久保小学校に韓国の劇団がやってきた。仮面踊りである。韓国から来た子どもたちは大喜びであった。早速感想文を書こうとしたとき「先生、ぼく韓国語で書いていい？」と聞いてきて韓国語で書き始めたが、２行書いたら鉛筆が止まった。

　「先生韓国語忘れちゃった！」日本の社会の中で日本語を速く覚えることは、それだけ速く韓国語を忘れることなのであろうか、と私はつぶやいた。言葉は心、母語は自分のよりどころでもある。子どもは自らの意思で日本に来たのではない。自分の住みなれた故郷の文化、言葉、友だちなどがここでは閉ざされている。母国の文化が異文化にさらされる時、自らの心のよりどころが無価値なものと思わされていくのである。

　韓国からきた５年生のMは１年後こう書いた。
　「韓国
　ぼくは韓国が大好き。一番好きなのは国民だ。国民はやさしいから好き。

ぼくは日本に来て一年たった。でもぼくは韓国語を忘れちゃった。ぼくは悲しい。ぼくはこのままで日本人になるのかな」

　私はこの詩を読んで考え込んでしまった。大人は子どものため、家族のため日本に来て夜も昼も時間を惜しまず働く。しかし同じ家に住みながら親子のコミュニケーションがなかなかとれない。子どもは日本に来て自分の根っこが見えなくなり日本人に同化するかもしれないと書いた。まさしく自尊の感情が失せていくのだ。そこでこんな授業を作った。

（1）ねらい

　Mのもつ悲しみ。私はMの作文を読み、それに答えるため2ヶ月準備して、国際学級で授業を行った。自分の未来を考える授業「あなたの未来を地球史から考える」（4時間）である。

　授業内容はこうである。「無生物の地球」から生物が生じる。生物の進化は海から陸上に這い上がり、やがてヒトにまでなった。しかしその生物の進化の中で地球全体が完全凍結し、生物が絶滅するような時期が、二度（22億年前、8億年前）にわたって発生した。それは生物存続の大危機であった。ところがその時期は生物の大進化にはとても重要であった。「全球凍結」があってこそ現在のヒトがいるのである。私はこの事実を、現在子どもたちが抱えている厳しい現実と重ねあわせて出会わせたかったのである。子どもにとっていやなこと、不利益なことは子どもが生きる上で重要なことでもあるのに気づくこと、そして何よりも学ぶことは楽しいこと、自然科学の中にある「地球進化の歴史」ダイナミズムは、人間の想像力をはるかに超え、私たちの未来を生き抜く力がある。それが今回の授業内容である。

（2）授業の展開

　授業は韓国からきた5年と6年の4人の子どもたちと進められた。

現代を生きる大久保小学校のニューカマーの子どもと、過去の生物の誕生にいたる劇的なドラマとの対話を試みて自らの未来を考える授業であった。それは不可思議で驚きの連続であった。人間と動物とはどこが違うのか、なぜ無生物から生物が生まれるのか、1000メートルも凍る「全球凍結」の中で生物はどう生きてきたのか、陸上に上がりなぜ空を飛んだのか、子どもたちの興味はつきなかった。

　3時間の授業計画が4時間になった。子どもたちは深く考えてくれた。子どもたちの集中力はすごい。「地球大進化（ＮＨＫ制作）」のビデオを見ると地球が一気に凍りはじめていくのがわかった。地上、地下1000メートルが凍結する。22億年前の世界である。そのころの地上には生物はいない。海に単細胞のバクテリアのような生物が生息していた。子どもたちは食い入るようにビデオを見る。生物は滅びたのであろうか。生物は滅びていなかった。36億年の生物の進化は現代までつながっているのである。そこで私はバクテリアからヒトの進化までがわかるパノラマを見せた。海の微生物から魚などの多細胞生物、つぎにワニや亀など水陸に棲むようになり、やがては陸上動物にまでなった。この多細胞生物のきっかけになったのが8億年前の2回目の「全球凍結」であった。このヒトの進化にいたる壮大な物語は、今日本に来る子どもにとって、これから自分はどう生きればいいのかを考える契機になる授業であった。子どもたちは進化には深い関心を持った。

　(3)　なぜ進化は起きるのだろうか

　まずは大進化のパノラマを見せることにある。進化のダイナミズムである。

　「いいかい、サルと人間はよく似ている、だけどサルは絶対に人にならない。では、なぜ人間は進化が起きたのかな？」

　子どもたちは考える。なぜであろうか。6年生のRは答える。

　「生活しやすいから……」といった。後に彼はこう書いている。

「進化した理由は生活しやすくなるために進化したんです。いろんな生物が生まれたあと、陸上動物が生まれました」

進化とは生物がよりよい生存の可能性をもった方向にすすむのである。見方を変えればそうでなく生まれれば長い時間の中で絶滅していったのであろう。バクテリアからヒトまでの進化は決してすんなりといったのではない。「全球凍結」が進化をうながした！　ここがこの授業のクライマックスである。単なる氷河時代と違い地球全体が凍ってしまうのである。現在の地球を見せて子どもたちにきいた。

「昔はこんな建物もないけど、今の地球だったらここまで凍る、どうかな？」

「えええっ……！！」

「地球に生物が生きていけるかな？」

「先生！　寒くてみんな死んだよ！」

「ふつうはそうおもうよネ、学者もそういう考えが多かった、しかし生物は生きていた。36億年前に地球に誕生した生物は生き延びたんだよ」

「スゲエエ……！」

「だからもし地球に全球凍結がなかったらどうだったろうね？」

私は模型図で一気に説明した。地球の生物の進化は生物が発生してから実に30億年間は単細胞であった。その大進化をもたらしたのが「全球凍結」であったのだ。一度目の凍結で単細胞の生物が真核生物になった。70兆個の細胞を持つ人間の基礎がこの真核生物である。そしてその後8億年前に生物の進化は劇的に進んだのである。地球史にもしこの凍結がなかったら私たちはいまだバクテリアのままであるのだ。

(4)　感想　自分探しの子どもたち・自尊感情

Mはどう考えたのだろうか。最後の授業のあと自らを振り返りこう書いた。彼の家はクリスチャンなので人の進化には驚きを持って

聞いていた。

　「進化の学習をして」　　　　　　　　　　　　　　（5年）
　ぼくは進化の学習をしていろいろなことをわかりました。たとえばバクテリアが人間になるのです。その真理はまだわかりません。その理由はこれから習います。このべんきょうは最初興味なかったんですけど、よしもと先生に教えてもらってだんだん興味がありました。サルと人間のちがいは、人間は言葉を話すこと、二足歩行すること、道具を使うことです。サルは言葉も話せないし二足歩行もできないし、道具もつかえません」
　「ぼくはまず地球の生物の歴史についてべんきょうしました。人間はバクテリアなのを知りました。それでバクテリアが生まれたのは、『全球凍結』のおかげなのです。『全球凍結』がなかったら、人間もバクテリアもなくなります。そんなら、ぼくたちは今もいません。ぼくも日本にきて、韓国語をわすれて悲しかったです。これは全球凍結と同じです。ぼくは前『日本人になるのかな』と書いたけど、今の考えは韓国人になりたいと思いました」

「全球凍結の授業」は自らの置かれている状況をラジカル（本質的）に考える契機になった。今起きている苦しみ、悩みなど「無意味に見えたこと」「否定的な現実」はこれから生きるうえでプラスになることがあるということに気がついてもらうことであった。この子どもたちにとって大切なことは自尊の感情を持てることである。Mがさらにはじけた瞬間であった。

7．結び──実践現場を踏まえた現状、当事者意識の理解と問題解決

　教育基本法第1条（教育の目的）に「教育は、人格の完成をめざし、平和的な国家及び社会の形成者として個人の価値を尊ぶ」とあるよ

うに、教育の本来の目的は人格形成であると考える。

　グローバル化社会に生きる子どもたちの教育はどうあるべきであろうか。私は二つの視点があると考える。それは自文化中心主義から脱却し普遍的な教育へという視点と、子どもたちの固有な文化、価値観の形成である。日本語教育で大切にしていることは、母語・母語文化を大切にすることである。私たちはいろいろな国の子どもがともにわかりあい、一つの文化をみんなで学ぶことにより、一つの融合した文化を学んでいる。私は、二つの文化と、二つの言葉を持つ子どもたちの可能性はつきないと思う。これからの未来をどう生きるか子どもたちとともに考えていきたい。

●研究課題●
- 新宿、新大久保では多様な文化を持つ人たちが集まるがその中では棲み分けしているように見える。
  なぜだろうか？　また将来この状況はどう変化するだろうか？

●キーワード●

アイデンティティ

　自分とは何ものであるか、自分が自分であること、自分の所属感などを意味し、自我同一性とも言われている。多文化家族の子どもたちは複数の文化や言語を持つため、文化的な帰属意識とも関連がある。

多文化共生

　「共生（symbiosis）」とは、本来、生物用語（Symbiosis）で別種の生物が同じ場所に住み、相互に助け合い共同生活を営むこと（依光、2005）である。人の場合には、異なる民族や文化が出会

うときに起こる摩擦をどう和らげ、助け合い生きていくのかということである。

親子の揺らぎ

日本で外国をルーツに持つ親世代と日本で育つ子ども世代の意識は微妙なズレが生じている。親は仕事のために来日しており、日本は一時的な仮住まいであるが、子どもは本住まいであると言われている。

[注]
(1) 新大久保の歴史

1945年5月から8月にかけての東京大空襲で、新宿も焼け野原となった。戦災前の戸数は6万3295戸を数えていたが、建物疎開や戦災で9割を失い、人口は約40万人だったが終戦時には8万を切った。日雇い労働者や在日朝鮮人などは空き地や鉄道のガード下に住みつくようになり、現在の大久保界隈にバラック街が形成された。新大久保も焼け出された人が多く、戦後もどってきた人は半数と言われている。1950年ロッテ新宿工場が操業を開始すると、雇用を期待した本国の朝鮮人や在日朝鮮人などがさらに集まった。その後簡易宿所も増え、1960年代には一時、山谷と並ぶ寄せ場となっていた。韓国で海外旅行が自由化された1980年代末以降、いわゆるニューカマーの韓国人の住民が増え始めた。1990年代以降韓国・中国・フイリッピン・タイなど周辺アジア諸国関連の店舗や留学生向けのアパート・日本語学校などが増加した。現在では西アジアの人も多い。

(2) 母語維持教室

大久保小学校の母語維持教室は3言語（韓国語・中国語・タイ語）の各2時間合わせて6時間行っている。基本的には、母語で自らの国の文化や歴史にふれることにより、なによりもまず、子どもたち自身が、自尊感情をもって日本で生きることだ。そうした中で第二言語として日本語を学ぶことが学習者にとってより重要である。日本語教育は単なる言語の指導法のスキルをあげることだけではなく、学習者の母語や母語文化など主体性を大切にしてこそ、学習の意欲が出てくるということなのだ。

そのことを松本茂（東海大学）は次のように述べている。

「異文化社会で生活する子どもたちが、言語の習得と自分自身のアイデンティティの形成をどのように結びつけていくかという問題は言語環境に深くかかわることになります。母語力がしっかりと身に付き、自分化に対して強いアイデンティティが育っていれば、第二言語としての日本語の学習と日本文化への理解も上手くいき、二つの文化にまたがって多様な価値観、ものの考え方や捉え方が養われると言われています」
（文化庁「地域日本語　学習支援の充実」2002年度）

今回対象の子どもたちは、タイに縁がありながら日本で生まれ育ったり、タイから

来て、親とのコミュニケーションに必要な語学力が不十分であったり、タイへの理解を示さない児童もいる中で、そのような児童に対しても、母語への理解を深めることで、自身のアイデンティティ確立を図りたい。また母語を維持し発展させることにより、『バイリンガル・バイカルチャー』〈二言語・二文化〉の教育を行い、国際人としての感覚を養う。そこで日本語教育の課題は子どもたちのアイデンティティを保全しながら、学習者の視点で日本語教育を考えようといていくことを考えた。また、それは単なる言葉ができないということだけではない。自らの培ってきた文化が遮断されることで、子どもたちにとっては自分の拠り所が喪失されていくのではないだろうか。つまり、子どもたちにとって深刻なことは民族的なアイデンティティの形成がうまくできないまま、日々の生活を送るという不安感でもある。最近、児童の母語消失のため、家庭でのコミュニケーションがうまく取れないということが課題となっている。保護者からの要望も受けて、家庭でのコミュニケーション支援のために母語維持の教育を行った。

[参考文献]

日本学校教育学会（2005）『グローバル化およびローカルコミュニティと学校のグランドデザイン』

新宿自治創造研究所（2012）『外国人について分析及びヒアリング』

吉田聖子・善元幸夫（2007）『にほんごチャレンジ3級——ことばと漢字』アスク出版

善元幸夫・押村敬子（1986）『国境を越える子どもたち——"引き揚げ"の親と子の記録』社会評論社

善元幸夫・長尾彰夫（編著）（1999）『地域と結ぶ国際理解——カリキュラム改革としての総合学習』アドバンテージサーバー

依光正哲（2005）『日本の移民政策を考える——人口減少社会の課題』明石書店

第5章 外国につながる子どもたちの困難・サポート・対処行動からみる現状

岡村佳代

問題提起

　私の家の近くに日系ブラジル人の中学生が住んでいる。その中学生としばしば顔を合わせることがあり、あいさつは交わすときもあるが、あまり目を合わせず元気がないように見えることが多い。また、この間、アルバイトで帰りが遅くなって、急いで帰宅しているとき、その中学生がコンビニの前に一人で座っていた。「こんな夜遅くにどうしたの？　大丈夫？」などと声をかけようとしたが、できなかった。家に帰って、それを母に話すと、母も気になっていて、何か一言声をかけたいと思いつつも、あいさつだけでおわってしまうという。どうやって声をかけたらいいのだろうか……。それとも、その中学生自身の問題、または家庭の教育方針の問題なのだから、下手に口を出さない方がいいのだろうか？

はじめに

　最近では、学校や職場、地域社会において、外国人の姿を見ることは珍しいことではなくなった。旅行や短期の仕事などの一時的な日本滞在だけでなく、長期または永住も視野に入れて日本に居住している外国人も少なくない。法務省入国管理局（2012）の統計によると、2011年末現在、外国人登録者数は207万8,508人に上る。筆者が調査を行った東海地区のZ市は、輸送機器等のメーカーの生産拠点があり、派遣労働者として働く外国人が多く定住する地域である。外国人登録者数は市の総人口の3.3％にあたる。昨今の不況や震災の影響もあるためか、外国人登録の総数は若干減少しているもののベトナム、フィリピン、中国籍を持つ外国人登録者数は増加傾向にある。また、帰化や国際結婚等で国籍は日本国籍であるが、外国にルーツを持つ者を含めると、地域社会の中で多文化化が進んでいるといえる。

　それでは、このような地域社会の中に居住するさまざまな文化的、言語的、民族的背景を持つ人々は、来日後にどのような経験をしているのだろうか。本章では、特に子ども、青年に焦点を当て、彼らが「日本で生きていく」というのはどういうことなのかを考えてみたいと思う。さまざまな文化的、言語的、民族的背景を持つ子ども（以下、外国につながる子ども）の現状について、まず、どのようなことが問題とされ、どのような困難を抱えているのかを概観し、次に、その困難の解消のために、どのようなサポートが行われているのか、また、外国につながる子ども自身がどのようにサポートを活用し、どのような対処行動をとっているのかを、質問紙調査やインタビュー調査の結果から見ていく。最後に、外国につながる青年のインタビューから、彼らが日本でどのように成長してきたのか、また、彼らが日本で生きていくうえで必要なことはどのようなことな

第5章　外国につながる子どもたちの困難・サポート・対処行動からみる現状

のか考えてみよう。

1．外国につながる子どもたちの現状

1　外国につながる子どもとは？

「外国につながる子ども」とは、外国籍の子どもだけでなく、国際結婚家庭の子どもも含まれる（佐藤，2008）。つまり、外国籍の両親のもとに生まれた子どもや外国から来日した子どもだけでなく、日本生まれや日本国籍であっても、両親のどちらか、または双方が外国にルーツを持つ子どもも「外国につながる子ども」である。たとえば、1940年代から日本に居住している韓国・朝鮮人の子弟、1970年代以降に入国した飲食・サービス業への就業を目的としたフィリピンやタイからの女性労働者、ベトナム・カンボジア・ラオスからのインドシナ難民、中国からの帰国者、南米諸国からの日系人労働者の子弟があげられる。さらに、ビジネスマンや国際結婚によって日本に居住するようになった外国人の子弟も含め、外国につながる子どもと一口にいっても、その背景やルーツは実に多様である。文部科学省の統計によれば、平成22年9月現在の日本語指導が必要な外国人児童生徒数は2万8,511人（文部科学省，2011）とされているが、外国につながる子どもを包括的に把握したデータは明確には示されていない。

Z市における外国人児童生徒は、日本全体の流れ、割合とほぼ同じような傾向であるが、特に1990年の入国管理法の改正後に、公立の小中学校においても南米からの日系人労働者の子どもが急増した。当時は、就労目的で来日した親に伴って来日した子どもが多かったが、現在は、新たに来日する子どもに加え、日本で生まれ育った子どもも多く、その背景や状況は実にさまざまである。次節では、このような状況にあるZ市で行った質問紙調査から、外国につながる

子どもが日本の学校で過ごすうえで、どのような困難を経験しているのかを見ていくことにしよう。

2　外国につながる子どもの経験する困難

筆者は、2009年7月から9月にかけてZ市にある公立中学校、高等学校に在籍する外国につながる生徒192名を対象に質問紙調査を行った。その結果、大きく6つの困難があることが示された（岡村, 2011）。以下では、このアンケート調査に先立って行われた外国につながる高校生へのインタビューの内容も合わせて、その6つの困難の内容を紹介していくことにする。

まず、1つ目の困難としては、情報やサポートの不足が挙げられる。これは、来日後間もない生徒や、日本語力の低い生徒が抱えやすい困難であるといえる。日本の学校の基本的な情報や教師など周囲からのサポートが不足しているために困難が生じるというものである。たとえば、授業中の行為だけをとってみても、ノートの取り方がわからない、発表の仕方がわからない、先生に注意されても何について注意されているのかわからない、などがある。日本文化や日本の学校文化においては慣例化していることであっても、外国につながる子どもにとっては当たり前のことではない。細かい指示や指導、サポートがなければ、わからないことなのである。中学2年生で来日したAは、「最初の頃は日本語全然わからないし、何をしたらいいかわからないから、授業中は毎日寝て……。テストのときは数学だけやって、他の教科は全部寝てた。起きても全部わかんないから、寝ようかなって思った。1年間ずっと……」と語っている。Aは、中学2年まで過ごした母国では、熱心に勉強し成績もよかったというが、来日後に、細かいサポートもなく、日本語もままならない状況で授業を受けることになったことから、授業に対する意欲が減退してしまったのだろう。

2つ目の困難としては、日本人の友だちとの関係が挙げられる。この困難は、日本人のクラスメイトや先輩、後輩との交友関係において困難を感じているというものである。来日後しばらくは、日本語でのコミュニケーションが難しいこともあり、日本人の友だちに仲間はずれにされたり、勉強のことで友だちにからかわれたりすることがある。また、容姿の差異によりからかわれることもあり、思春期においては、このようなからかいは精神的に大変な苦痛なものであると思われる。さらに、いじめやからかいだけではなく、日本人生徒は親切のつもりであっても、それがかえって外国につながる子どもを悩ませていることもある。中学3年で来日したBは、「Bに教えてあげてって言われたことが……すごい、今でも覚えてる。自分が何もできないみたいな扱いをされたから、もうすごい嫌なんですよね。ホントに、そんなに難しいことじゃないし、私に言ってくれたら、自分でできるし、わからなかったらちゃんと人に聞けるし。わざわざ他の人に頼んで……。それがすごい嫌だった」と語っていた。日本人の友だちから何もできない子のような扱いを受けることは、年齢が高くなって来日した子どもほど、つらく感じるのではないだろうか。外国につながる生徒の表面に見えている部分（Bの事例では日本語能力）にのみ配慮して、これまで積み重ねてきた経験や能力、人格への配慮が足りなかったことが、Bの困難へとつながったと考えられる。

3つ目の困難としては、学校や教師への不信感が挙げられる。本来であれば、学校というのは学びの場であると同時に居場所でもある。この困難は、その居場所であるはずの場所は、居心地が悪く、楽しくない、さらには、学校生活に満足感がなく、味方になってくれるはずの教師にも理解されず、相談もできないというものである。幼少期に来日し中学1年まで日本に滞在、その後、一度母国に帰り中学3年で再来日したCは、「（勉強に）ついていけなくて……。で、

その担任に、『じゃあ、もうそこに座って見てな』って言われて。で、そこからもう学校行きたくなくなって……」と語っている。このことから、どのような意図で言ったのかはわからないが、教師の何気ない一言や態度が、彼らの学校生活や学業への意欲に影響を与え、困難へとつながっていくことがわかる。

　4つ目の困難は、日本の学校内において同化することを求められているように感じるというものである。ここでの「同化」を外国につながる子どもの発言からまとめると、「郷に入っては郷に従え」というような、日本に来たのだから日本語を話し、日本の友だちに合わせ、日本の学校の習慣、文化に合わせるということである。「学校の先生たちができることっていうのは、日本人に合わせるしかないってことを言うだけですね。合わせるのがすごい難しいってことがわからない、先生たちは」と語ったのは、中学2年生で来日したDである。Dの語りからわかるように、ある程度高い年齢になってから来日している外国につながる子どもにとって、日本の学校に合わせるのは容易なことではないのだ。日本の学校がもつ同化圧力は、外国につながる子どもにとっての困難を生むということがわかる。

　5つ目の困難としては、周囲の日本人の異文化への理解不足というものが挙げられる。教師や日本人の友だちが自分の文化や習慣を理解してくれない、理解しようという姿勢が感じられないことで困難が生じる。「先生も外国の、その（外国につながる）生徒の国の文化とか伝統とかも少しずつ興味持って……興味を持ってくれたら（外国につながる子どもは）自然に行動ができると思うんですよ。だから、興味の範囲、関心の範囲を広げて、それで、いろんな面で、いろんな視点で見てもらえると、外国の子どもたちも助かるんですが……」というEの発言から、周囲からの理解がないことで、自分の文化や習慣をさらけ出すことができず、隠そうとするような意識が生まれることがわかる。周囲の日本人が異文化を正しく理解しない

ことで、外国につながる子どもが自分自身を理解してもらえないと感じてしまう困難であると考えられる。

　6つ目の困難としては、日本の部活動の文化への困惑というものがある。これは、高校生よりも中学生の困難度が高い。中学１年生のときに来日したＦが「バスケ部だったけど、毎日行くなんて信じられない。自分の国は部活やらなくていい仕組みだから」と語っているように、部活への参加の強制は困惑するものであることがわかる。それに加えて、部活における上下関係など、自分の国とは異なる習慣に対し、当然のように強いられることに困難を感じている。

　このように外国につながる子どもの困難は、日本の学校文化においては当たり前になっていることに対して、学校、もっといえばホスト社会からの細かな配慮がなされないことに起因していると考えられるだろう。その配慮のなさは異文化への理解や関わり方に関する知識や経験のなさからくるものではないだろうか。私たちホスト社会の人間は、今一度、当たり前だと思い込んでいることを見直してみる必要があるだろう。

　一人ひとりに必要な情報を提供する等のサポートが必要であることと同時に、個々の能力や状況をきちんと把握し、それに見合ったサポートをしていくことが重要であろう。

２．外国につながる子どもへのサポート

1　外国につながる子どもへの公的サポート

　ここまで述べてきたように、外国につながる子どもにはさまざまな問題や困難があるが、その困難に対して、どのようなサポートが行われているのだろうか。まず、文部科学省の外国人児童生徒を対象にした施策をみてみると、1990年の入管法の改正直後は日本語指導中心であったものから、2000年以降は不就学支援、母語を用いた

教育支援と広がりをみせ、変化してきている（栗原，2008）。そのような施策の下で、外国につながる子どもたちに一番近いところで行われている直接的なサポートについて、Z市の地域の取り組みを見ていくことにしよう。

　Z市の各学校の状況に目を向けると、小学校では全体の65％、中学校では全体の84％の学校に1人以上の外国人児童生徒が在籍している（平成23年4月現在）。このように公立小中学校における外国人児童生徒の増加がクローズアップされ始めてから現在まで、Z市教育委員会では外国人児童生徒やその保護者に対して、さまざまなサポートを行っている。

　Z市でのサポートの取り組みを見てみると、大きく「就学前支援」「就学支援」「日本語教室」「母国語教室」の4つが挙げられる。

　まず、「就学前支援」は、小学校や中学校への入り口における支援である。日本の学校に初めて入学する際に、不安に思っていることやわからないことなどを事前に相談し、日本の学校のシステムをある程度理解してから入学できるようなサポートである。主に、保護者が子どもを入学させる際に活用することができるものである。

　「就学支援」は、入学後の生活や学習の支援をするというものである。外国人児童生徒が多い学校では、ポルトガル語（Z市で最もニーズのある言語）のできる支援員が配置され、その他の学校には、週に数回、必要な言語のできる支援員が派遣され、学校生活や学習に関する支援を行うものである。

　「日本語教室」は、日本語の理解、運用が困難な生徒のために行われている。日本語の授業を行うのは、教育委員会に委託されたNPO団体で、学校内、または決められた拠点校に設置された日本語教室で週に数回、日本語の指導を行う。この日本語教室は、学齢期の子どもに対する日本語の教室であるため、生活に関する日本語だけでなく、教科学習の理解ができるようにとの配慮もなされた日

本語指導が行われている。外国につながる子どもへのインタビューにおいて「日本語教室の先生は相談しやすかった」「日本語教室の先生がつらいときの心の支えだった」ということがよく聞かれ、日本語の指導を行うだけでなく、精神的なサポートも担っていることがわかる。

「母国語教室」は、外国につながる子どもの親からのニーズ、つまり、日本語が十分ではない親と日本語中心の生活の中で母国語が話せなくなる子どもとの関係の悪化への危惧、さらには、子どもたちのアイデンティティが不安定なものとなることへの危惧から、行われるようになったものであると思われる。外国人の集住地域であるZ市では、ポルトガル語、スペイン語、ベトナム語の母国語教室が行われているが、キャンセル待ちが出るほどニーズが高まったこともあったという。その理由はリーマンショック後、日本の景気が不安定になったため、帰国する可能性がでてきたためであろうとの関係者の語りがあった。日本生まれや幼少期から日本に居住している外国につながる子どもにとって、日本語は母国語よりも話しやすい言語となっていることが多い。そのため、帰国した際に母国語が話せないことで困ることがないようにという親の考えがあったのだろう。また、母国語が話せないことによる親子のコミュニケーション不全の問題も母国語教室のニーズが高まった要因であると考えられる。

このように多岐にわたるサポートが行われているが、これらの支援が体系的に行われているのは、主に小学校や中学校の義務教育課程においてである。義務教育ではないという理由から高等学校においては、小中学校で行われているような支援体制が整っていないことが多い。何らかのサポートが行われているとしても各々の高等学校の校長や担当の教師に一任され、どのようなサポートを行っていけばいいのか手探りの状態であるというのが現状である。先に述べた外国につながる子どもの困難の一つである学校や教師への不信感

は、中学生よりも高校生の方がその度合いが高いことが調査の結果から示されている。高等学校におけるサポートの不在というものが、学校や教師への不信感を高める一因になっているとも考えることができるだろう。

　また、すべての外国につながる子どもがサポートの対象となり、自ら求めなくてもサポートを受けられる立場にいるわけではない。日本語に不自由のない外国につながる子どもは多くの場合サポートの対象とはならないし、日本語や学習以外の必要なサポートがすべてそろっている訳でもない。そのような状況にあるとき、外国につながる子どもはどのようにサポートにアクセスしているのだろうか。次の項では、外国につながる子どもたちが実際にどのようなサポートを活用しているのかを見ていこう。

2　外国につながる子どものサポートへのアクセスと活用

　筆者は、19歳から25歳の男女6名の日系ブラジル人青年に対し、来日後から現在までの困難やそれに対する対処について、そのときの周囲の人々との関わり、周囲からどのようなサポートがあったかなどをインタビューした。6名へのインタビューの内容について、だれがサポートしてくれたか、そのサポートはどのような内容であったか、という2点について焦点を当て、分析を行った（岡村，2012）。

　まず、困難に対処する際に、だれがサポートしてくれたかについては、大きく「家族」「学校関係者」「地域社会の人々」の3つのグループに分けて考えることができる。「家族」のグループの中には、母親、父親、兄弟が含まれ、「学校関係者」のグループには教師、友人、日本語教室の教師が含まれる。「地域社会の人々」には、ブラジル人の友人、近隣に住む大人（いわゆる近所のおじさん、おばさん）、母親の勤める会社の人、よく行くカラオケ店の店長などさまざまなメンバーが含まれる。このことから、外国につながる子どもは、家

族や学校のように、必然的に関係を持つグループ以外の人からもサポートを受けた、また、彼らの方からも、そのような人たちにサポートを求めたということがわかる。

　次に、サポートの内容について、それぞれのグループごとに見てみよう。「家族」のグループには「相談相手」「心の拠り所」「進路情報提供」「進路選択肢提供」「友人紹介」「ロールモデル」などの機能があり、その機能を持っているのは主に母親である。外国につながる子どもの母親は、相談にのる、精神的な居場所となるなど、心理的な安定に関するサポート（情緒的サポート）と情報提供や生活全般の世話をするなどの物理的なサポート（道具的サポート）の機能の両面がある。父親や兄弟姉妹には、主に道具的サポートの機能がある。

　「学校関係者」のグループには「孤独回避」「気分転換」「相談相手」「状況配慮」「進路アドバイス」「生活・進路情報提供」などの機能が見られた。学校関係者の中の教師からのサポートとしてあがったのは「進路アドバイス」「生活・進路情報提供」「状況配慮」に限られる。つまり、教師は、情報提供などの道具的サポートの機能は果たしているが、情緒的サポートの機能は果たせていないことがわかる。学校の友人からは、「相談相手」「気分転換の相手」「理解者」などの情緒的サポートを中心に受けていることがわかる。しかし、その一方で、いじめられたり疎外感を与えられたりするというように困難の要因となる場合もあり、そのような場合には、友人からのサポートはなかなか望めない状況になってしまう。

　「地域社会の人々」のグループには「相談相手」「心の拠り所」「居場所」「親代わり」「非行の抑止」「気分転換」「話し相手」「進路アドバイス」「情報提供」等、外国につながる子どものさまざまな困難に対応可能であると考えられる多くの機能が見られた。情緒的サポート、道具的サポートの両面の機能があることに加え、地域の人々

の持つサポートの機能は、家族や学校以上に豊富であることが示されている。おそらく、型にはまった全体的なサポートではなく、個々の状況に応じたサポートが行われているからであろう。また、外国につながる子ども自身が、自分の抱える困難を対処しようと、意識的、無意識的に自らサポートを求めた結果なのであろう。

　このように、外国につながる子どもが困難対処の際に活用するサポートはさまざまなリソースによって構成され、さまざまな機能があることがわかる。しかしながら、フォーマルなサポートのみならず、インフォーマルなサポートも得られない状況にある外国につながる子どもも少なくない。筆者の出会った外国につながる子どものGは、親が朝早くから夜遅くまで仕事に出ているなどの事情により、親が困難対処の際のサポートの機能を十分に果たせない、また、学校に馴染めず居場所がない、学校の教師に信頼感を抱けない等の理由により不登校となり、学校関係者からのサポートもなかった。さらに、地域社会におけるリソースも獲得できなかった。このような状況の中で進路選択をしたGは、進路情報の提供者、つまり、進路選択におけるキーパーソンが不在となってしまった。そのため、情報の少ない中で就職を選び、20歳になった現在、高等学校に進学しなかったことを後悔しているそうだ。それでもGに関しては、中学卒業後に就職することができたのでよかったが、家庭、学校、地域社会の中で、どこにも居場所を見いだせないときには、反社会的な行動（非行）につながる可能性も指摘されている（佐藤, 2001）。外国につながる子どもたちが日本社会とのつながりを持つために、公式的、非公式的なサポートは必要不可欠なものであろう。

3．外国につながる子どもの困難対処

　これまで述べてきたように、外国につながる子どもたちにはさま

ざまな困難があり、その困難の軽減のために、公式的、非公式的にサポートが行われていることがわかった。それでは、外国につながる子どもたちは、周囲からのサポートを受けること以外に、どのように自らの困難に対処しているのだろうか。彼らがどのような行動をとっているのかについて、質問紙調査の結果と事例を見てみよう。

1　外国につながる子どもの困難への対処行動

　筆者は、上述の質問紙調査の中で、困難への対処についても質問項目を設け調査を行った。その結果、大きく5つの対処行動がとられていることが示された（岡村，2011）。

　まず、1つ目の対処行動は、何か問題が起きたり、困難に直面したときにも、その困難自体をネガティブに捉えすぎず、自分はそのことからよいことを学んだと考えたり、その困難を解決するために計画をたてたり対策を練ったりするというものである。困難に対して正面から向き合い、前向きに問題を解決しようという行動である。これは、問題自体を解決しようという行動もあるが、自分の考え方を変えることで困難の受けとめ方を変えるという対処も含まれており、外国につながる子どもの柔軟な思考があることがうかがえる。

　2つ目の対処行動は、つらい状況になったとき、周りに人がいるところでも泣いたり、周りにいる人にやつあたりをしたりするというものである。これは、困難に直面した際には感情を表出し、周囲に自分の状況をわかってもらえるようにアピールしている行動である。日本語でのコミュニケーションが難しい状況にある外国につながる子どもは、つらい気持ちになったり、困難な状況に陥ったりしたとき、それを周囲に伝える術がなく、このような対処行動につながるのだろう。しかし、これは重要な対処行動の一つでもあると考えることができる。感情を表出することで周囲にそのつらさを伝えることができるからである。また、この対処行動をとった際には、

それを受けとめてくれる相手がいるということが重要となる。この対処が直接困難解決につながる訳ではなくても、受けとめる相手がいることで解決へとつながる一歩となると考えられる。

　3つ目の対処行動は、テレビを見たり友だちと遊んだりゲームをするといった行動である。これは、困難と正面からは向き合わず、気分転換をすることで対処しようというものである。自分の精神的な状況や困難の質によっては、すべての困難を正面から受けとめることができるとは限らないため、このような対処行動をとることも大切なことであろう。

　4つ目の対処行動は、運が悪いと思ってあきらめたり、そのことから逃げたりするというもので、困難を回避する行動である。この対処行動は、一時的なものであれば大きな問題はないかもしれないが、毎回、常にこの対処行動をとることにより、自分の状況を悲観的に捉えたり、自分自身への肯定感が低くなってしまったりする可能性が考えられる。

　5つ目の対処行動は、問題を解決するためにだれかに助けてくれるように頼んだり、自分のおかれた状況をだれかに聞いてもらったりするなどの、だれかに助けを求める対処行動である。これは、非常に重要な対処行動であるが、この対処行動をとることができるか否かは、周囲にサポートを求められる人がいるか、その人にアクセスしやすいかというような環境要因に左右される。サポート希求しやすい環境があるか、ということが重要になる。

　このように、質問紙調査の結果からは5つの対処行動をとりながら、困難に対処しようとしていることがわかった。では、これらの対処行動は、実際にどのような場面でとられているのだろうか。次の項では、外国につながる子どもは、どのような困難に対し、どのようなサポートを活用し、どのような対処行動をとっているのか、事例を通して検討してみよう。

2 　自ら積極的に問題解決を試みたケース

　Hは、中学2年のときに来日した。父親に渡日することを告げられたとき、「まったく知らない世界だけど、挑戦してみよう」と考え、前向きな気持ちで来日した。しかしながら、来日後の生活は困難が多く、特にクラスメイトや部活のメンバーとの関係には苦労したという。日本語でコミュニケーションがとれないことに加え、容姿についてからかわれたりすることもあったという。自分は仲良くなりたいと思っても、周囲からは避けられてしまう。その苦しい状況について、Hは担任の教師に泣きながら相談した。しかし、教師の答えは「H君からもっと(友だちのほうに)いきなよ」というものであった。「行ってますよ。でも、みんな離れていっちゃうんですよ」と訴えても、教師は真剣に取り合ってくれなかったという。このときHは、異国で暮らす経験をしていない、異国で友だちをつくることを経験していない教師には、自分の気持ちやこの状況の難しさがわからないのだと、担任に相談することをあきらめたという。このような学校でのつらい状況をわかってくれたのは、日本語教室でボランティアをしていた先生たちだった。「自分たちはあなたの良さを理解しているから、大丈夫」と励ましてくれ、この日本語教室の先生たちが心の拠り所となったという。進路の選択に関しても、詳細な情報を与えてくれたり相談にのってくれたり、受験のために必要な勉強のサポートをしてくれたのも日本語教室の先生だった。中学2年で来日してから高等学校に入学するまで多くのことを教えてくれ、相談にのってくれ、信頼を寄せた日本語教室の先生について、Hは「(日本語教室の先生は)自分にとってヒーローです」と語る。

　高等学校進学を果たした後は、これまでのように日本語教室におけるサポートはなく、「これからは、すべて自分でやらなくてはいけないんだな」と思ったという。サポートを受けたければ、自分で

情報を探さなければならないし、受け身でいては何も得られない状況になったのだ。Hは、高等学校入学後にサポートがなくなった状況には困難を感じたが、日本語教室の先生たちが教えてくれたこと（たとえば、物事の捉え方、考え方、実際的な勉強の方法など）をしっかりと自分の中に吸収していたこともあり、それをベースとして、勉強にも人間関係にも自分なりの方法を試みたという。そして徐々にサポートを受けることよりも自分ができることをすることが大切だと考えるようになった。さらには、日本語教室の先生たちは、なぜあれほど熱心に自分と関わってくれたのか、その日本語教室の先生の気持ちを理解したい、自分も同じ経験をしてみたいという思いから、ボランティアの経験もしたという。その後も高校生活やボランティアの活動を通して出会った人との関わりの中で、人と人のつながりの大切さを学び、そのつながりから得られる力の大きさを感じ、その力を得て夢を持ちそれに向かって努力することができたのだという。大学生となった現在は、「自分と同年代の若者に夢を持ってほしい。そして、それを見つける場として利用してもらえれば……」という主旨から、コミュニティカフェをオープンした。高校生だった当時、Hは「自分から始めないと新しい出会いっていうのが出てこないんですね。……中略……（一つの出会いを大切にしていると）僕が大切にしたかった出会い、新しい出会いっていうのがまた出てくるんですね。……中略……でも、まだぜんぜんだめ。本当に、これからいろいろ行動にうつせるか心配」と語っていたが、現在は一つ一つの経験、出会いを大事にしながら、着実に夢を実現している。

　このように、Hは、多くの困難を経験しながらも、その状況や人と正面から向き合い、きちんと把握、理解し、一つ一つの経験を自分のものにして、困難を乗り越えてきた。困難を乗り越えるごとに状況や人への理解が深まり、よりよい環境を作り出しているようである。そして、さらなる夢を描きながら日本での生活を送っている。

3 地域社会に自分の居場所を獲得したケース

ⅠとＪは、幼少期に来日した。小学校では、数ヶ月間日本語教室に通ったりもしたが、特に日本語に困った記憶はないという。幼少期から日本での生活に慣れていたためか、学校における困難というものはあまり感じたことはなかった。ⅠもＪも親が朝早くから夜遅くまで働いていたため、ゆっくり親と対話する時間はあまりなかったという。中学生になった頃、親との関係の希薄さが顕著になった。家族は困難対処のサポートをしてくれるというよりは困難の要因となってしまっていた。学校の友人や教師は、その状況を理解し、配慮してくれてはいるが、積極的にサポートしてくれるとは言えない状況であった。しかし、この２人は地域社会の中に生活面の心配をしたり、相談相手になったりする多くの機能を持った人を得ることができ、心身の居場所を確保することができた。Ⅰが地域社会の中でどのようにリソース（資源）を獲得したかが、次の語りからわかる。「壁はすごい作ってました。……中略……向こうから毎日のように話しかけてくれたりとか、すごいしてくれて。それでだんだん慣れていくうちに、こう、打ち解けたみたいな。それじゃなかったら（地域社会の大人に心を開いて、信頼関係をつくりあげていくことは）もう絶対なかったですね」この語りから、地域社会の大人から当該生徒に熱心な声かけをすることにより、関係を構築していったことがうかがえる。Ⅰに対し熱心な声がけをしたのは、Ⅰがよく通っていたカラオケ店の店長であった。悩みを聞くだけでなく、ご飯をちゃんと食べているのかどうかなど、生活面、健康面の心配もしてくれ、必要なときは食事も出してくれたのだと言う。「（カラオケ屋さんの店長が）面倒は見てくれてたので、そこまであの〜、違う道に走らずにすんだのかなって」というように、相談相手や自分のことを真剣に考えてくれる人を得たことで、日本においても孤独感に苛まれ

ることなく、多感な時期を乗り越えることができたのだろう。

　次にあげるJの語りからも地域社会の大人が熱心に声がけをしたことにより関係を構築したことがうかがえる。「家出とかもしたかったんですけど、(友だちの)父さんとお母さんが絶対止めたほうがいいよって、絶対あとで後悔するよ～って。……中略……ぐれるかぐれないかってときに、うちにおいで～っていっぱい話をしてくれて。それでぐれないですんだのかなって思って」と語っており、ここでも地域社会の大人が当該生徒にアクセスを試みることにより、外国につながる子どもの困難対処のリソースとなり、非行の抑止という重要な機能を果たしていたことが示されている。

　このように、IとJは、家庭や学校からはサポートが得られなかったが、地域社会の中にサポートしてくれる人を見つけることができた。2人の共通点としては、幼少期に来日してから現在まで移動を繰り返すことがなかったことだ。就労を目的として来日した日系人の中には、仕事を求めて日本国内を転々と移動したり、日本と母国を行ったり来たりするケースが少なからず聞かれる。そのような場合には、地域への密着度が低くなり、IやJのような地域社会からのサポートが受けられたかどうかはわからない。ある程度の期間、同じ地域で過ごしたことで、近隣住民がお互いのことを把握しあっているというこの地域の持つ特性をうまく生かすことができ、地域社会の人たちからのアクセスを受けることができたのではないだろうか。そして、家庭や学校という固定化した環境から得られるはずのサポートがなかった場合にも、困難に対処していくことができたものと思われる。

4．地域社会の持つ可能性

　事例や調査の結果から、外国につながる子どもが前向きに困難に

第5章　外国につながる子どもたちの困難・サポート・対処行動からみる現状

対処していくうえで、家族、学校、地域社会、それぞれにおいてサポートが行われており、今後、よりよいサポートをしていく可能性が示されている。家族は心身ともに近い距離感でのサポートが可能であるし、学校は身近な日本人の大人である教師、さまざまな特徴、能力、個性を持つ日本人生徒、同じように多文化的な背景を持つ外国につながる生徒などの多様なリソースを活かしたサポートが可能であろう。地域社会においても、さまざまなサポートが可能であるということは筆者の行ったインタビューの結果でも示されているが、実際のところ、外国につながる子どもにとっては、地域社会というのは最も接点が持ちにくく、アクセスしにくいと考えることもできる。それでは、地域社会には何ができるのだろうか。ここでは、最後のまとめとして地域社会の持つ可能性というものを考えてみたい。

　ここまでに述べてきた事例や調査の結果から地域社会の持つ可能性を考えてみると、「選択の自由」と「適度な距離感」という2点から考えることができる。まず、「選択の自由」について考えてみたい。地域社会の人たちがさまざまな困難対処のサポートの機能を持つことは、すでに3節2項で述べた。しかしながら、上述したとおり、毎日顔を合わせる家族や学校の教師、友人と比べると、地域社会の人たちは接点が持ちにくく、サポートを得られにくい人たちであるとも考えられる。もしかしたら、HやI、Jのように、地域社会の中で自分をサポートしてくれる人と出会えることの方が稀なのかもしれない。それは、家族や学校のメンバーのように出会う必然性が少なく、選択できる余地があるためである。しかし、この「選択の自由」があることこそ、地域社会の持つ可能性なのではないかと考える。この選択には2つの意味があり、アクセスするかしないか、という選択と、だれにアクセスするか、という選択である。この2つの意味で選択ができるという自由が外国につながる子どもに与えられていることで、地域社会の人たちからのサポートをより良

い形で受け取ることができるのではないだろうか。Hの事例では、「日本語教室の先生」という地域社会の人たちに自らアクセスしたが、それはH自身の選択である。IとJの事例では、「近隣に住む大人」という地域社会の人たちからのアクセスを受け、それを受け入れたのはIとJ自身の選択である。このような、地域社会の中でサポートを求める、サポートを受入れるという選択の自由度は、家族や学校においてよりも高いものであろう。

　次に、「適度な距離感」についてである。家族や学校は、言うまでもなく外国につながる子どもにとっては近い存在である。近いからこそ可能になるサポートもあるが、近すぎるからこそサポートを求められないということもある。「親には心配かけたくないから」という理由から学校での出来事を親に話さなかったり、「友だちのことを先生に相談したことがバレたら、ますます友だちにいじめられる」という理由から学校の教師に相談できなかったりする生徒もいる。また、そこに居続ける必要がある学校などでは、「うまくやらなくてはいけない」という義務の意識が生じることもあるだろう。その点、適度な距離感がある地域社会の人たちには、絶対に関わらなくてはいけないという義務はないのである。この「アクセスしてもしなくてもいい」という選択の自由度がある距離感だからこそ、話しやすいということがあるだろう。

　上述したように、地域社会においては、外国につながる子どもたちがサポートを求めるか否かを自ら選択できることと、適度な距離感を保ちながら見守ってくれる存在があることが重要である。それによって家族や学校の網の目をすり抜けてこぼれ落ちそうになったときにも、地域社会がセーフティネットとしての役割を果たし、最終的に受けとめてくれる人がいるという安心感を与えることができる。事例からは、地域のボランティア団体のようなだれもがアクセスしやすい窓口があったことや近隣住民が声がけをしていたことな

どにより、それらが可能になっていることがわかる。地域社会の一人ひとりが、外国につながる子どもへの理解を示し、受容していくことが地域社会のサポート力となると思われる。

まとめと今後の課題

本章では、外国につながる子どもに対するサポートについて、地域社会の持つ可能性に焦点をあてて検討した。今後は、地域社会、学校、家族、というそれぞれのグループの関わり方、連携についても検討しながら、包括的なサポートのあり方を考えていく必要があるだろう。また、地域社会の一人ひとりが外国につながる子どもを理解し、受容していくためには、具体的にどのようなことが必要であるのかも探っていきたいと考えている。

●研究課題●
・事例で紹介したHは、多くの困難を抱えながらもなぜ問題解決に至ったのだろうか。困難の内容や周囲からのサポート、H自身の対処行動を整理しながら考えてみよう。

●キーワード●

外国につながる子ども

外国籍の両親のもとに生まれた子どもや外国から来日した子ども、また、日本生まれ、日本国籍であっても、両親のどちらか、または双方が外国にルーツを持つ子どもの総称。

日本語指導が必要な外国人児童生徒

外国につながる子どもよりは狭義で、文部科学省が「日本語で日常会話が十分にできない児童生徒及び日常会話ができても、

学年相当の学習言語が不足し、学習活動への参加に支障が生じており、日本語指導が必要な児童生徒」と定義し、その人数等の状況を調査している。

日本語能力

外国につながる子どもの日本語能力について考えるとき、第二言語の習得について考慮する必要がある。子どもが基本的な生活に必要な言語（社会生活言語）を習得するのは1～2年とされるが、勉強などの抽象的な事象の理解、思考に必要な言語（学習思考言語）を習得するのには5～7年かかるとされている。また、幼少期・学齢期などの言語の習得過程において言語的な環境が変化する、家庭の言語と学校の言語が異なるなどの要因も絡み合い、言語の習得がより複雑化していることも理解する必要がある。

日本語教室

Z市においては、学齢期の日本語指導が必要な外国につながる子どものための日本語教室は、学校内に設置されている場合と、拠点校とよばれる学校に設置され、そこに通っていくという場合がある。日本語指導が必要な外国につながる子どもが少ない地域や学校においては、日本語教室を設置せずに、支援員がその子どもに付いて通訳等のサポートを行うこともある。

道具的サポートと情緒的サポート

ソーシャルサポート（社会的支援）を機能的な側面から分類したもの。何かを貸すなどの物質的な支援を道具的サポート、相談にのるなどの精神的な支援を情緒的サポートという。

[参考文献]

法務省入国管理局（2012）『平成23年末現在における外国人登録者数について』
　http://www.moj.go.jp/nyuukokukanri/kouhou/nyuukokukanri01_00013.html

栗原真孝（2008）「ニューカマーの子どもを対象にする教育行政の特徴に関する研究——文部科学省の施策に着目して」『早稲田大学大学院教育学研究紀要』別冊 16 号 - 1、177-186

文部科学省（2011）『日本語指導が必要な外国人児童生徒の受け入れ状況等に関する調査（平成 22 年度）の結果』
http://www.mext.go.jp/b_menu/houdou/23/08/__icsFiles/afieldfile/2011/12/12/1309275_1.pdf

岡村佳代（2011）「ニューカマー生徒が経験する学校生活における困難とその対処行動——中学生と高校生の比較を中心に」異文化間教育学会編『異文化間教育』第 34 号、95-105

岡村佳代（2012）「ニューカマー中学生の困難対処におけるソーシャルサポートの活用——日系ブラジル人生徒のソーシャルサポートのリソースと機能を中心に」お茶の水女子大学大学院人間文化創成科学研究科『人間文化創成科学論叢』14 号、37-45

佐藤郡衛（2001）『国際理解教育——多文化共生社会の学校づくり』明石書店

佐藤郡衛（2008）「外国につながる子どもの学習支援ネットワークの構築」『シリーズ多言語・多文化協働実践研究』(4)、66-80

第6章 地域日本語教育とコーディネーターの重要性
―― 共生社会の構築へ向けて[1]

野山　広

問題提起

　「日本人、大嫌い」「つきあいたくない」という国際結婚の配偶者（花嫁さん）の発言が入ったテレビのドキュメンタリーを、大学の講義の中でたまたまみた。その話を家に帰ってから、父と母にしたら、「そんなに、日本人が嫌いで、日本人とつきあいたくないのなら、さっさと離婚して、自分の国に帰ったらいいじゃないか」と、父は少し怒りながら言った。母は複雑そうな顔をしながら「大変だよねぇ。日本人同士の結婚でもいろいろあって大変なんだからさ～」と父の顔を見ながら言って、そのあと黙ってしまった。私は、両親の発言に対して何か適切な感想を言おうとした。できれば、授業で習った「会話」と「対話」の違いの話も含めて、違う価値観を持った人同士が共に生きることの難しさ、そして重要性についても話そうとしたが、うまく頭の中で整理できずに、とても悔しい思いをした。

第6章　地域日本語教育とコーディネーターの重要性

はじめに

　2001年に浜松市で開催された第1回外国人集住都市会議では、特に1990年代以降に来日し、地域に在留する外国人が年々増加していること等を背景に、市町村が、日本人と同様に、外国人住民に対し基礎的行政サービスを提供する基盤となる制度の必要性が高まっていることが指摘された。そして、外国人住民のための住民基本台帳制度の構築が提言された（2001年外国人集住都市宣言〔浜松宣言〕）。この宣言から約8年後の平成21（2009）年7月15日、外国人住民についても、日本人と同様に、住民基本台帳法の適用対象に加え、外国人住民の利便の増進及び市町村等の行政の合理化を図るための、「住民基本台帳法の一部を改正する法律」が第171回国会で成立、公布された[2]。そして、3年後の平成24（2012）年7月9日に施行されたのであった。この一連の動きや法律の成立の背景には、集住都市会議[3]の存在があったことがうかがえるが、この集住都市会議の設立の背景には、2001年のさらに10年以上前の1989年から1990年にかけて改正・施行された出入国管理及び難民認定法（以下、入管法）の影響がある。この1990年代の人口構成（外国人比率）や地域状況の変化に伴った日本語需要の増大により誕生したのが「地域日本語教育」という概念である。

　本稿では、この「地域日本語教育」という概念に焦点を当て、関連データを紹介しながら、以下の1節から4節において、「地域日本語教育」という概念誕生までの経緯、地域日本語教育の展開、地域の状況変化に応じた先駆的自治体の対応と社会状況の変化、リーマンショック（2008年）による変化などに関する解説・概観を通してコーディネーターの重要性について確認する。そして、5節で共生社会の構築に向けた今後の課題について考察し、「おわりに」に

おいて、「共生社会の構築に向けて」の展望をする。

1.「地域日本語教育」という概念誕生までの経緯

　1990年代以降、急激に増えてきた日系南米人や国際結婚の配偶者等の定住者、永住者に対して行ってきたのが、いわゆるニューカマーに対する日本語教育である。入管法の改正により、たとえば、3世までの日系人は日本で就労することが可能となった。彼らを中心に、それ以前に来日した外国人（オールドカマー）とは区別したニューカマーと呼ばれる人々が地域に定住する傾向が強まり、外国人登録者の数は増加してきた[4]。その結果、多様な言語・文化背景を持った人々との共生の在り方が改めて問われ始めたわけである。

　この状況下、多くの自治体では、国際化に向けた基本指針が立てられ、国際交流協会や外国人に対する日本語教室等の機関・施設が設立された。並行して、それまで（先述の）在日韓国・朝鮮人を中心とするいわゆるオールドカマーに対する識字教育を中心とした日本語の支援活動に関わっていた自治体の社会教育や生涯学習に関する担当局課等も、ニューカマーも含めた生涯学習の一環としての日本語教育支援を始めた。一方、入管法の改正・施行以前から、特に留学生が多かった地域（石川県金沢市、宮城県仙台市、栃木県宇都宮市など）では、学生の街ならではの、国際交流活動の一環としての日本語教育の展開がなされてきた。

　やがて、地域によっては、外国籍住民の声や必要性（需要）を聴くためのニーズ調査も行われ、その実態や状況に応じて、住民による日本語ボランティアの活動も徐々に始まり、先述の多様な日本語教育と相まって地域の状況に応じた日本語教育や学習に対する支援活動の輪が拡がってきた。

　このように1990年代以降の社会状況の変化の中、地域の状況や需

要に応じて実施・展開されてきた日本語教育のことを総称して「地域の日本語教育」と2000年前後から呼び始められた。その意味で、「地域日本語教育」という領域は誕生してからまだ10数年ほどであり、新しい概念ということができよう。

2．地域日本語教育の展開
――文化庁の事業と調査結果からみえてくること

　日本の各地域には、すでに述べたように、多様な背景を持った外国籍住民が、長期間にわたって居住している場合が多くなってきている。たとえば、ある地域（集住地域）には、特定の言語背景（ポルトガル語、スペイン語、中国語など）の人々が集中して住んでいる。また、ある地域（分散地域）には、ある共通した背景（中国帰国者、インドシナ難民、日本人の配偶者など）の人が分散して住んでおり、全国的にみるとその状況は多様である。

　ただ、どの地域でも、たとえば、日本語の学習需要[5]に対する支援の充実という観点からみれば、ある程度共通した課題を抱えていると考えられる。文化庁が平成6（1994）年度から平成12（2000）年度まで、全国8地域で展開してきた地域日本語教育（推進）事業の報告によれば、以下の4つが共通課題として指摘されている（野山，2002）。

(1) 日本語学習支援の場（教室や言語生活環境等）の充実
(2) 教室を支える人々（中核的人材やコーディネーター）の研修・育成の充実
(3) 支援に関係する機関・人々・地域などとのつながり（ネットワーク）の充実
(4) さまざまな活動を支える人材・情報等の資源（リソース）を

一定の所に集めて、分類・流通させるためのセンターの設置、充実を図ること

　文化庁では、こうした状況と先述の地域日本語教育事業の報告、課題の指摘を踏まえて、国立国語研究所との協力のもと、平成13（2001）年3月に、同事業のモデル地域（8地域）を含めた全国12地域の日本語教室に通う在住外国人の日本語に対する意識等についての調査を実施した。ここでは、この調査の概要や調査結果の概要[6]に触れながら、地域に在住する（多言語環境下の）人々の言語生活環境の整備や、住みやすいまち[7]づくりへ向けて、どのような課題が想定されるのか、日本語学習支援の充実という観点から解説したい。

1　調査の概要

　平成13（2001）年3月（2日～16日）に「地域の日本語教室に通っている在住外国人の日本語に対する意識等」に関して調査し、その結果を7月に発表した。この調査は、日本で言語生活を送る外国籍住民の日本語に関する意識を全国レベルで行った調査としては初のもので、今後の日本語教育施策の参考資料として資するために実施した。なお、調査票については、多様な言語背景に対応して、日本語版と翻訳版（中国語、韓国・朝鮮語、ポルトガル語、スペイン語、タガログ語、英語）を作成して配布した。

　調査対象は、全国12地域の日本語教室に通っている16歳以上の男女600人、調査の主な項目は、①地域における日本語教育の実態と外国籍の住民の言語生活に関すること（日本語の使用・使用頻度、日本語を聞く・話す・読む・書く力、日本語の学習方法、到達目標、教室の利用、学習の成果、要望など）、②生活言語として必要な日本語（使用場面、言葉遣いや語彙など）に関すること等である。調査方法は、

対象者の自記式法(調査対象者が調査票の質問を自分で読み、その回答を自分で記入する方法)であった。

2　調査結果の概要

581人(男女比:男:3割強、女:7割弱、年齢別の内訳〔回答者の中に年齢に関して無回答の者がおり、その関係で、回答者数と以下の人数は不一致〕:10代=18人、20代=204人、30代=207人、40代以上=143人)から回答があり、全体の約8割(467人)が地域や家の中で日本語を使用していることがわかった。また、日本語が十分にできなくて、困ったり、嫌な思いをした場面に関しては、「病院」「近所付き合い」「職場」「役所の窓口」などが挙げられていた。そして、日本語を読んだり書いたりする力(日本語の文字やローマ字等がどのくらい読めるか尋ねた〔複数回答可〕結果)については、「平仮名」の読み書きができる人の割合は、「片仮名」の場合よりもやや多く、8割を超えており、「ローマ字」の読み書きができる人の割合は、約5割で、意外に少ないことがわかった(図6-1参照)。これらのことから、どちらかといえば、ローマ字よりも平仮名の方が読めることがわかった。さらに、日本語学習の到達目標(意識)に関しては、日本語を日頃何らかの方法で意識して学んでいる人々(521人)の5割近くが「日本人とほぼ同様に会話と読み書きができる」ことを目標としており、「レベルの高い日本語の理解・交渉能力」の必要性や「地域の在住者(住民)としての意識の高さ」がうかがえる結果となっている。なお、「通っている教室に要望すること」については、「通える時間帯を増やしてほしい」(3割強)が最も多く、以下「「日本語学習の相談に乗ってほしい」「生活に関する相談に乗ってほしい」「もっと身近に教室を開設してほしい」等が続いている。

日本語の文字やローマ字を読む力（複数回答可）

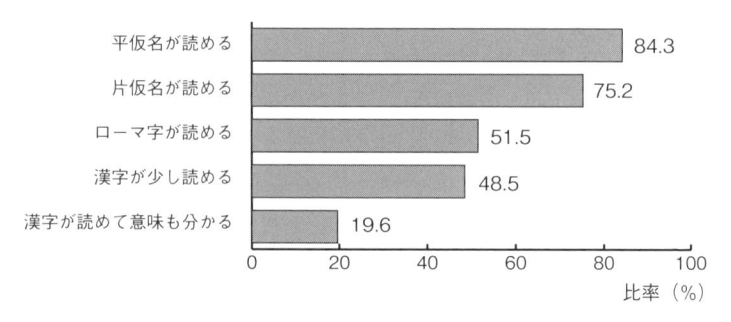

- 平仮名が読める　84.3
- 片仮名が読める　75.2
- ローマ字が読める　51.5
- 漢字が少し読める　48.5
- 漢字が読めて意味も分かる　19.6

図6-1「ローマ字よりも平仮名」

3　今後の課題

本調査結果から、今後の共生社会の充実に向けて、以下のような課題がみえてきた。
(1) お互いの思いを語り合うコミュニケーション言語としての日本語の学習支援の充実
(2) 生活・習慣の理解や地域住民との交流（近所付き合いなど）の促進
(3) 文化理解の促進や日常生活への配慮として、たとえば、看板・広報誌・回覧等の漢字に平仮名のルビを振る等の工夫を図ることなど

この調査から得られた結果を生かしつつ、文化庁では、平成13年度以降これまで、「地域日本語支援コーディネーター研修」「親子参加型日本語教育」「地域日本語教育コーディネーター」「都道府県・政令指定都市等日本語教育担当者研修」「『生活者としての外国人』のための日本語教育事業」「地域日本語教育支援事業」のような事業を展開してきている。今後もますます日本語の学習需要は増大し、多様化することが予想されることから、地域日本語学習支援の充実

へ向けて、成人だけでなく年少者に対する学習支援の問題も含めた、総合的できめ細かな支援方策・事業の展開が期待される。

3. 地域の状況変化に応じた先駆的自治体の対応と社会状況の変化

1 外国人集住都市会議の設立・開催と多文化共生推進プログラム

　自治体の動向に焦点を当てると、まず2001年に、外国人集住都市会議が浜松で開催され、「浜松宣言」が出された。この宣言の中では「日本人住民と外国人住民が、互いの文化や価値観に対する理解と尊重を深めるなかで、健全な都市生活に欠かせない権利の尊重と義務の遂行を基本とした真の共生社会の形成」を提唱している。2002年には、大阪府で、在日外国人施策に関する指針が出された。その中で「すべての人が、人間の尊厳と人権を尊重し、国籍、民族等の違いを認めあい、ともに暮らすことのできる共生社会の実現」が唱えられている。続いて、2004年には、愛知県・岐阜県・三重県・名古屋市が連携して、「多文化共生社会づくり共同宣言」が出された。

　こうした状況下、総務省では、2005年6月に「多文化共生の推進に関する研究会」を設置し、地域における多文化共生施策の推進について検討を進め（山脇, 2005）、2006年3月に、多文化共生推進プログラム[8]を提出した。地方自治体における多文化共生の推進について、国のレベルで総合的・体系的に検討したのは、このときが初めてであり、地域において取り組みが必要な「コミュニケーション支援」「生活支援（居住、教育、労働環境、医療・保健、福祉、防災等）」「多文化共生の地域づくり」「多文化共生の推進体制の整備」の各分野をプログラムとして取りまとめ、具体的な提言を行うとともに、施策に着手する地方自治体の参考となるよう、先進的な取り組み事例を取りまとめた。

総務省の動きも含めて、2005年は、多文化共生元年とも呼ばれている（山脇，2005）が、さまざまな地域で、多文化共生推進プログラムの実現に向けた、あるいは推進プログラムとは別途展開してきていた自治体独自の施策展開がなされている。たとえば、日本語教育支援活動の文化理解や「多文化共生の地域づくり」という観点から、注目される動きとして、長野県の事例が挙げられる。官民学の協働で、総合学習の時間を活用して、地域の実態を知るような授業を展開する中で、共生社会の意味や意義について、子どもたち、家族、地域に伝えていく事業を展開している（熊谷他，2008）。こうした多文化共生社会に対応した政策・施策、連携・協働事業の展開については、国に先駆けて、地域や地方・自治体から、粘り強く発信していくことが期待される。

2　その他の報告書や宣言・提言等からみえてくること

　2001年10月には、先述の外国人集住都市会議が初めて開催され「浜松宣言」が出され、その約半年前の5月には、日本語フォーラム全国ネットにおいて「東京宣言」が採択されたが、両方の宣言において、第二言語として、あるいは生活言語としての日本語の教育と、その支援の重要性が提唱されている。

　2002年5月には移住連（移住労働者と連帯する全国ネットワーク）が「包括的外国人政策の提言」を出し、2003年2月には、外務省が「在日ブラジル人に係る諸問題に関するシンポジウム」を開催し、8月には、総務省行政評価局が、文部科学省に対して「外国人児童生徒の学校への受け入れ推進」を勧告した。また、2004年4月には、日本経団連が「外国人受け入れ問題に関する提言」を、8月には、文化庁が、それまでの地域日本語教育推進事業のまとめ及び日本語学習支援の羅針盤として『地域日本語学習支援の充実～共に育む地域社会の構築に向けて～』（国立印刷局）という本（報告書）を出版し

た。10月には、日弁連（日本弁護士連合会）が「外国人・民族的マイノリティ人権基本法」案を提出している。さらに、2005年4月には、文部科学省が、全国10地域以上で「不就学等の調査」を開始し、2006年2月には、識字・日本語連絡会が「識字・日本語学習推進法（仮称）要綱案」を提出し、3月には総務省が「多文化共生推進プログラム」の提言を、地域における外国人住民の支援施策に関連して行った。その後2009年には、日本語教育保障法研究会が「日本語教育保障法案」を、そして2010年には、日本語教育振興法法制化ワーキンググループ（WG）が「日本語教育振興法法案骨子例」を提案するとともに、同グループの研究会（日本語教育政策マスタープラン研究会）が『日本語教育でつくる社会──私たちの見取り図』（日本語教育政策マスタープラン研究会，2010）を出版した。

　こうした一連の報告書、宣言、提言等から見えてくる共通の課題は、言語・コミュニケーションサービスの充実や、サービスの在り方も含めた人権・学習権の問い直し、言語権の保障へ向けた法的整備や制度構築であった。

4．リーマンショック（2008年）による変化
　──調査の結果からみえてくること

　平成20（2008）年のリーマンショックの影響で、日本で就労する外国人登録者は失業したり、労働時間を削減されたりした者が多かった。そのことにより、地域に定住した外国人住民の中で、特にそれまで日本語を学ぶ必要がほとんどなかった日系人の日本語に対する姿勢に大きな変化があった（野山，2009）。また、この時期に並行して日本語教育学会(2008,2009)では以下の委嘱研究が実施された。

『平成19年度文化庁委嘱研究「外国人に対する実践的な日本語教育

の研究開発」報告書（生活者の日本語に関する実態調査等）』(2008)
『平成20年度文化庁研究委託「外国人に対する実践的な日本語教育の研究開発」報告書（「生活者としての外国人」に対する日本語教育事業）－報告書－』(2009)

1　地域日本語教育システムの構築に向けて

これらの研究の成果を踏まえて、報告書において提示された地域日本語教育システムに関する図が次ページの図6-2である。

ここでは、その地域日本語教育システムに関して、上記の分類（項目）ごとに、よりわかりやすい形で、説明、概観することとしたい（平成20年度の報告書をほぼそのまま引用したが、必要に応じて、一部、筆者が加筆・修正をした）（日本語教育学会，2011，129-130）。

(1)　地域日本語教育（システム）の捉え方

地域日本語教育とは、単に「日本語を教える／学ぶための教室」の範囲を超え、すべての人がよりよく生きる社会の実現のために、それを妨げる問題を問い、日本語コミュニケーションの側面からの働きかけによって多文化共生の地域社会形成をめざす活動や制度、ネットワークなどの総体として捉えられるものである。

(2)　「総体」としての地域日本語教育システム
　　　──入れ籠構造的システム

この「総体」としての地域日本語教育は1つのシステムであるが、総体としてのシステムはカリキュラムなどの要素に関わるサブ・システムから構成されるものであり、同時にそれ自体はまた多文化共生社会形成のための、より大きなシステムの要素またはサブ・システムともなっている。

(3)　システムが対象とする「日本語コミュニケーション」の
　　　位置付け

地域日本語教育システムが主な対象とする「日本語コミュニケー

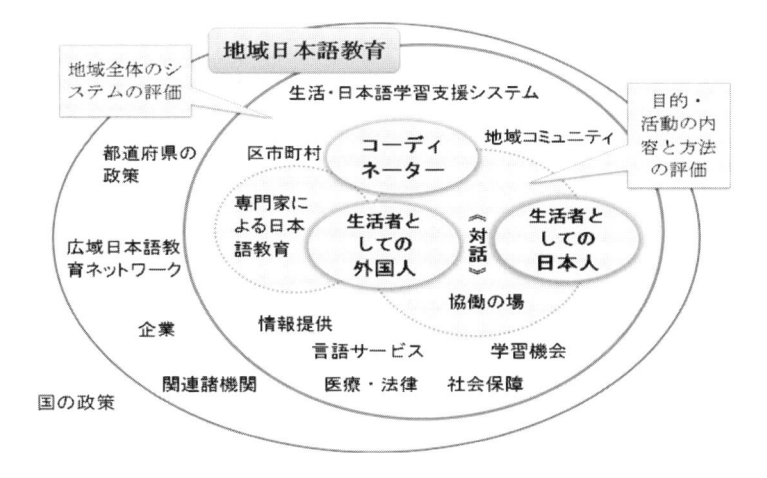

図6-2 地域日本語教育システム（日本語教育学会編〔2008:第1章〕より）

ション」は、「生活者としての外国人」の「生活」全般においてきわめて基本的な部分に関わる。また、地域日本語教育の場は、「生活者としての外国人」が周囲と接触しさまざまなやりとりをする水際であり、人間交流の端緒的な場となっていることから、共生社会形成の取り組みの中で最も重要な位置を占めることになる。

(4) システムが機能する際の必要条件

この「システム」は、縦割りに分断されて役割と権限が割り振られた機械的システムでは十分に機能し得ない。横断的で有機的なつながりのある「システム」構築をめざすこと、つまり、地域に暮らす外国人等の「生活」を軸にして、多文化共生に関連するさまざまな分野や要素が有機的に結び付き、相互に連携をもった1つの大きなまとまり（地域ネットワーク）となって、持続的・発展的に機能することが期待される。

(5) システムがシステムとして機能する際に欠かせない人材
　　（十分条件）

システムがシステムとして持続的・発展的に機能するためには、

その有機的なつながりを作りだし「まとまり」として大きな機能を生み出すことこそが最も重要となってくる。そのためには、適切な権限を持ってそのことだけのために役割を果たす人材や組織・機関の存在が欠かせない。図6-2の中央部に示された生活・日本語学習支援システムを支える「コーディネーター」や、専門家による日本語教育を支える「日本語教育専門家」は、まさにそのような役割を担う存在である。

2　地域日本語教育・支援に関わる人々に求められる資質・能力

4-1で説明したシステムを構築し、充実していくためには、支えるための適切な人材の確保と維持が不可欠である。以下の表6-1は、そのシステムの基盤となる、地域日本語教育・支援に関わる人々に求められる資質・能力について説明した表（日本語教育学会，2011，p.134）である。地域における日本語教育に関する経験や専門性を持った人材である「地域日本語教育専門家」、その専門家をとりまとめてつなぐ役割を持った「地域日本語コーディネーター」、日本語教育の領域・分野だけでなく、全体のシステムや地域・自治体の政策・施策との関係性を構築する「システム・コーディネーター」、そして地域における主に日本語交流の支援に関わる「日本語ボランティア」に分類される。

こうした地域日本語教育に関わる人々に関する名称や分類法等については、いまだ統一が図られていない状況ではあるが、(1)地域日本語教育専門家、(2)地域日本語コーディネーター、(3)システム・コーディネーター、(4)日本語ボランティアについて、その役割に触れつつ、どのような資質・能力が求められているかを、以下に説明する（日本語教育学会，2011，131-133を参照・引用しながら、一部、筆者が加筆・修正を行った）。

第6章　地域日本語教育とコーディネーターの重要性

表6-1　地域日本語教育・支援に関わる人々に求められる資質・能力

		地域日本語教育専門家	地域日本語コーディネーター	システム・コーディネーター	日本語ボランティア
A	日本語教育に関する知識・能力	◎	◎	○	△
B	日本語教育に関する実践能力	◎	◎	—	△
C	"その地域社会"を理解し，生きる力	○	○	◎	○
D	企画立案能力	○	◎	◎	—
E	計画を実行する能力	○	◎	◎	—
F	対人関係を築く力	◎	◎	◎	◎

◎非常に求められる　　○求められる　　△ある程度求められる　　−特に求められない

(1) 地域日本語教育専門家

　仮に「地域日本語教育」を多文化共生社会形成のための重要なシステムの1つと考えるならば、地域日本語教育は多文化共生政策の一環として自治体が中心となり市民と協働で取り組んでいくべき事業といえる。こうした連携協力の推進に向け、地域に居住する外国人住民が日本での生活基盤を確立するためには「地域における日本語教育においては単なる語学習得にとどまらず、地域に暮らす外国人が、医療・福祉・安全・教育・就労・税金等のさまざまな分野に関する知識を併せて習得できるように、日本語教育以外の関係者との連携をとった教育体制の整備」(2008.3、文化庁・日本語教育小委員会報告書から) が必要となってくる。このように、日本語教育の流れは「日本語学習を主目的とする学校型日本語教育から、地域社会と密着し生活を基盤として日本語学習を位置づける社会型日本語教育」へと広がりを見せてきている (石井，1997，p.6)。こうした地域社会の変容や日本語教育の流れを踏まえると、地域日本語教育専門家は、いわゆる「学校型日本語教育」にとどまらず、「社会型日

本語教育」も意識した幅広い視野を持っていることが期待される。

　換言すれば、日本語教育の基礎的な知識や実践能力だけではなく、地域における定住外国人の言語生活を理解し、その地域の特性を理解した上で、日本語学習支援をめざすことが求められる。地域日本語教室には、さまざまなバックグラウンドを持った人々が集う。よって教師の臨機応変な対応力が極めて重要になってくる。もちろん「学校型日本語教育」においてもそれは同様ではあるが、地域日本語教室では、「学ぶスキル」を持たない学習者も存在するし、学習動機、学習目的、年齢、生活環境など実に多様である。地域や教室の状況によって、「学び方を学ぶにはどうすればよいのか」といった「学ぶということ・教えるということ」を根本的に考え、問い直すような姿勢を持つことが、地域日本語教育の専門家には特に求められよう。

(2) 地域日本語コーディネーター

　地域日本語コーディネーターは、地域日本語教室での活動をコーディネートし（人と人、人と機関・団体等、機関・団体等と機関・団体等をつないだり、間をとりもったり、状況に応じてプログラムを企画・運営したりし）、また図6-2の「地域日本語教育システム」にある「協働（対話）の場」でのプログラム作りやファシリテーター役を担う。こうした日本語教育と日本語支援という2つの活動をつなぎ、コーディネートする。それぞれの地域により、また人により、地域日本語コーディネーターへの道はさまざまであると推察されるが、地域日本語教育専門家を経験し、地域日本語教育の全体像を把握した上で、地域日本語コーディネーターの役割を担うというプロセスが一般的であると考えられる。地域に定住する外国人の自己実現、居場所作り、さらには社会参加といった視点で、多様な日本語学習目的に合わせた新たな日本語教室の設置を検討するという活動も地域日本語コーディネーターの重要な役割である。

(3) システム・コーディネーター

(1)や(2)の人々が各自の役割を果たせるシステム作りを担う。そのためには、定住外国人・地域日本語教育専門家・地域日本語コーディネーター間の関係を構築する能力だけではなく、区や市町村、さらには都道府県、国を巻き込んでシステム作りを実現させる（社会変革をめざすソーシャルワーカー的な）能力が求められる。また、医療・法律関係、企業などとの連携も不可欠である。システム・コーディネーターには、日本語教育における実践能力は特に求められない。ただし、日本語教育を俯瞰できる基礎的な知識は求められる。彼らにもっとも重要なのは、地域社会をミクロ・マクロで見ることができる力、問題を発見し適切に解決できる力である。また、何よりも「人をつなぎ、地域社会に有機的なシステムを構築する」という能力が求められるのである。地域社会が多様な日本語を受け入れることができる社会へと変容を遂げるには、システム・コーディネーターは重要な存在であると言える。

(4) 日本語ボランティア

ボランティアをどのように捉えるかは、機関や地域によって異なる。しかし、本来ボランティアとはボランティア行為を行う人をさし、自発性、無償性、公益性、先駆性を大きな特徴とする。地域社会におけるボランティア活動には、日本語の支援、地域社会で共に暮らす隣人としての支援などがある。ここでは、「日本語ボランティア」に特化して論を進めることとする。日本語ボランティアは、「日本語を教える」というよりは、「日本語での対話を楽しむこと」を定住外国人に知ってもらい、自分自身も定住外国人との対話を通して、新たな気づき、自己成長ができることを目的とする。しかし、実際の現場には「教えたいボランティア」「つい教え込んでしまうボランティア」が存在することは否めない。調査（日本語教育学会, 2011）においても「教え込むボランティアの問題」があげられてい

るが、本来地域日本語ボランティアは、日本語での交流や異文化接触をできるだけ楽しみ、同じ生活者（住民）として協力したり、学び合ったりする存在なのである。職掌分担を明確にし、「なぜ、自分は彼／彼女（定住外国人）と対峙しているのか」に思いが至ることで「対話の場」はより意義あるものとなる。

　以上、4つの役割について述べてきた。しかし、実際にはこれまで明確なシステムがないまま、地域日本語教育専門家や日本語教育コーディネーターが果たすべき役割の多くがボランティア任せになっているケースが多く見られる（日本語教育学会，2011）。システム作りが進まないまま、多くの地域社会においてボランティアによって日本語教育・支援が行われているのである。そのことが、地域日本語教育専門家の必要性について真剣に議論する場を遠ざけてきたとも言える。

　今回の地域日本語教育の実態調査結果（日本語教育学会，2011）からも、それぞれの地域によって、いかに異なる形や内容の地域日本語教育が行われてきたかがうかがえる。今後そうした地域性を十分に活かし、地域社会に生きる一人のメンバー（住民）として定住外国人の日本語教育を考えることが重要である。しかし、こうした地域日本語教育・支援を推進するためにも、システム・コーディネーターによる各地域における日本語教育システムの確立、地域日本語コーディネーターによる日本語教室などの企画・運営、地域日本語教育専門家による受講生の目的に合った日本語教育の実現が望まれる。

5．今後の課題

　1　地域の実践事例からみえてくること

⑴　A県B町の事例

現地のＣ学園では、2004年度〜2005年度の２年間、文化庁の委嘱を受けて、親子の日本語教室の開設事業を展開した。ここで紹介する話は、その事業展開の過程で生じたことである。ブラジルから来日し、中３で日本語能力試験１級に合格した少年Ｄ君はその教室主催者であるＣ学園校長（Ｅさん）の勧めで、高校１年になってから、ブラジル人の小中学生や親の世代に対してボランティアで日本語を教え始めた。この経験の蓄積がＤ君の自尊感情をいい意味で刺激した模様で、その教室ではやがて、子どもの進路選択・進学問題に関して、さまざまな好循環が始まることとなった。詳細[9]は紙幅の都合もあるので述べないが、その後、2006年度からは、地域日本語教育支援事業《日本語教室設置運営》の委嘱先として、「集住地域の特性を生かした日本語講座（「目指せ、日本の高校・大学への進学！」）—先輩＝モデルとしてのバイリンガル講師を活かした協調学習と夢の実現—」を実施している。子どもたちの夢の実現へ向けて、コーディネーターとして大きな役割を果たしていたのは、教室主催者であるＥ校長の存在であった[10]。

(2) Ｆ県Ｇ市の事例——年間の行事を通したファシリテーションと対話力育成

　Ｆ県Ｇ市には、ボランティアによる日本語教室Ｈ（日本語学習会）以外、他の地域に存在するような国際交流協会、日本語学校、大学等の日本語学習支援機関が一切存在しない。こうした状況下、1990年代前半から約20年間にわたって、毎週、市内の公共施設を借用して日本語教室を開催している。対象者の大半は当地の国際結婚の配偶者等であり、いわゆる第二言語としての日本語教育を必要とする者である。教室の開設当初は、教室で教える活動で手一杯であったようだが、さまざまな課題を解決しながら、地域に定住する外国人住民に対する日本語学習支援を中心に、状況に応じて、以下のような必然的な場面（年間行事の場）でのコミュニケーション（対話）

活動等も行ってきた。
 (1) 必然性のある場面を作り出す。
 (2) その場面や、状況に応じたコミュニケーションパターンや行動パターンを学ぶ。
 (3) 地域の一流の人に、集中、継続して学ぶ。
 (4) その場面で必要な語彙を学ぶ。
 (5) その語彙の意味、読みを学ぶ。
 (6) その語彙を書けるようになる。

そして、最終的な目標としては、地域の、一人の住民として認知され、交流ができ、社会貢献ができることが掲げられている。この学習会の主宰者であるK氏[11]は、地域の文化資源であるキーパーソンとの関係構築も含めて、多様な巻き込み活動の実践と蓄積を行ってきている。ここで、平田（2010）の定義を踏まえて、「会話」を「価値観や生活習慣なども近い、親しい者同士の（いわゆる）おしゃべり」と捉え、「対話」を「あまり親しくない者同士の価値や情報の伝達・交換、あるいは親しい人同士でも価値観が異なるときに起こるすり合わせ等」と捉えるならば、以下の(1)の教室外活動（事例の詳細は、野山（2012）参照）は、異なる価値観・習慣・文化のすり合わせという意味で、G市という地域で生活する日本語使用者としての「対話」の力を育む活動になっていると考えられる。

 (1) 花見の事例

4月末には、「花見」がある。この行事の際には、教室関係者、家族も含めて大勢でG市内の桜の名所に出かけることになっている。このときには、家族も含めた関係者の関係を深めることが目標であることはもちろんだが、最大の目標は、花見で食べたものなどのゴミの分別の仕方等（ゴミ捨ての方法や習慣の違い）について、実際場面を通して、つまり、参加者と共にゴミを集め、分別し、捨てるまでの共同行為を通して（すり合わせながら）学ぶことである。

第6章 地域日本語教育とコーディネーターの重要性

たとえば、A「このゴミは燃えないゴミで、あのゴミは燃えるゴミです。」B「えー、あれは、燃えないゴミなんですか？」A「そう、燃えないゴミです。このゴミは、Bさんが住んでいる地域では〇曜日に集めていますから、間違わないように(捨ててください)！」というような対話が展開される。

写真6-1 「花見」の際の記念撮影

(2) 年間を通したプログラムの展開

(1)以外にも、バス旅行、盆踊り、料理教室、書道教室などが実施されているが、こうした持続的プログラムの展開の意味は大きい。教室内での学習はもちろん、年間を通じた教室外での地域活動や社会参加を通したさまざまな実際場面を提供している。そのことを通して、学習者自身が持つ文化・風習等とは異なる地域や日本の文化・風習について、実体験として学び、異なる価値観・習慣・文化のすり合わせという意味での「対話」場面の提供につながるプログラムが展開されている。

地域の接触場面における「会話」の場面では、「(当該地域の) 既存の行動規範や規則（ノーム）を知り、それらに一致した行動をとるための能力（competence）」(Widdowson, 1983) が、重要な役割を果たすと考えられる。一方、「対話」の場面においては、「状況の変化に対して適切な対応をしながら、意味を作り出している能力 (capacity)」(Widdowson, 1983) が、さらに大きな役割を果たすことになろう。この、competence と capacity という異質な能力を統合しつつも、状況に応じて使い分ける力を、ここでは、地域の生活者（住民）として必要な「日本語の実力（proficiency; プロフィシェンシー）」と呼ぶこととしたい。

地域日本語教育の現場において、対話のやりとり（コミュニケーション）をその目的として日本語という言語を教える場合に肝心なことは、このcompetenceを育成するための「training」（Widdowson, 1983）と、capacityを育成するための「education」（Widdowson, 1983）という両側面の融合をめざして、工夫をすることであると考えられる。F県G市の教室Hの場合、教室内と教室外の活動を通して、両側面の融合を果たしていると思われる。

おわりに──共生社会の構築に向けて

　改めて確認するが、仮に「地域日本語教育」を多文化共生社会形成のための重要なシステムの1つと考えるならば、地域日本語教育は多文化共生政策の一環として自治体が中心となり市民と協働で取り組んでいくべき事業といえる。今後、こうした地域に住む外国人を共生する者として受け入れ、地域への社会参加を促していくためには、最終的には外国籍住民が自らの思いや声を発することができるような環境作りや支援につながる、力付け（empowerment）としての地域日本語教育の展開が重要となってこよう。また、この力付けを適切に行っていくためには、先述のコーディネーターや教室運営者（地域日本語教育専門家や日本語教育コーディネーター）等のつなぎ役の確保、育成がまずは肝腎である。その上で、この支援活動に関わる学習者や日本語支援に関わる人々に対する、自尊感情（セルフエスティーム）の確認・育成につながるような教室環境作りや、研修の工夫等を総合的に展開・持続できるシステム・コーディネーターの確保、育成、そして配置が期待されよう。

●研究課題●

・「対話」と「会話」の違いについて述べてみよう。また、対話力の育成のために、地域日本語教育の現場がどのような役に立っているか、本稿の内容を踏まえながら述べてみよう。

●キーワード●

地域日本語教育

日本の各地域に居住する外国人や日本語が第一言語(母語)でない人々に対する日本語教育、日本語学習支援活動、日本語交流活動などの総称。

コーディネーター

共生社会の実現に向けて、人と人、人と機関・団体等、機関・団体等と機関・団体等を結び付けたり、仲介したりしながら、多様なプログラムや支援活動を企画・運営する人材。

多文化共生社会

総務省で2004年から使用し始めた用語の1つである。多様な言語・文化背景を持った人々が共生するための方策として、多文化共生推進プログラム(2006年3月)が提出、普及された。

外国人集住都市宣言(浜松宣言)

2001年11月に、静岡県浜松市において、第1回外国人集住都市会議が開催され、外国人政策の充実に向けて、その会議の総括として提出された宣言(入国管理、健康保険、年少者教育等)。

対 話

「対話」とは、「あまり親しくない人同士の価値や情報の交換、あるいは親しい人同士でも価値観が異なるときに起こる価値のすり合わせなど」をめざしたコミュニケーション。

[注]

⑴　本稿は、お茶の水女子大学で行った授業（特別講義）の資料、野山（2002、2008、2009、2011、2012、2013）、日本語教育学会（2008、2009、2011）等を参照・引用しながら、本章の目的に向けて執筆したものである。

⑵　現行の外国人登録制度を廃止し、法務大臣が適法に在留する外国人に対して空港等で在留カードを発行する「出入国管理及び難民認定法及び日本国との平和条約に基づき日本の国籍を離脱した者等の出入国管理に関する特例法の一部を改正する等の法律」が、第171回国会で成立し、平成21年7月15日に公布された。

⑶　「外国人集住地域」とは、日系南米人（大半はブラジル人、ペルー人）が多数定住することとなった（太平洋ベルト地帯を中心とした）地域のことをいうが、こうした外国人集住地域において、外国人住民に関わる施策や活動状況に関する情報交換のほか、各地域で顕在化しつつある様々な問題の解決に積極的に取り組んでいくことを目的として、2001年5月に設立されたのが、外国人集住都市会議（がいこくじんしゅうじゅうとしかいぎ）である。この会議のことを略称で、集住都市会議と呼んでいる。

⑷　外国人登録者数は、平成23（2011）年末現在、207万8,480人で、前年に比べ、5万5,671人（2.6％）減少した（我が国総人口の1.63％：法務省・外国人登録者統計）。この数字は、過去最高を記録した平成20（2008）年末の約222万人から約14万人減少したが、依然200万人を超えている。

⑸　2011年11月1日現在、日本語学習者数は12万8,161人となっている。なお、日本語教師数は3万1,064人でその過半数はボランティアの人々が支えている（文化庁調べ）。なお、それぞれの学習者にとっての日本語の位置付け（例：母語・第一言語・第二言語・継承語・外国語としての日本語）は、その人の言語・文化背景や言語生活の実情によって、外国語、第二言語（第一言語）、継承語なのか多様である。その位置付けを踏まえた上での適切な対応がより期待される。

⑹　「地域の日本語教室に通っている在住外国人の日本語に対する意識等について」（文化庁）の調査結果の概要についての詳細は、以下の文化庁のWebページを参照されたい。http://www.bunka.go.jp/kokugo_nihongo/jittaichousa/zaiju_gaikokujin.html。

⑺　日本人と在住外国人の間に必要以上の文化摩擦や衝突が生じにくく、お互いの文化や習慣に対してできる限り寛容なまち。たとえば，日本語を通した交流（対話）の過程で、少々の摩擦や衝突については柔軟に受け止めながら、新たな気付きや価値観をわかちあえる状況にまで持っていけるような、信頼関係を基盤とした共生・対話型の社会。

⑻　「多文化共生推進プログラム」の詳しい内容については、以下のＨＰを参照されたい。http://warp.ndl.go.jp/info:ndljp/pid/286922/www.soumu.go.jp/menu_news/s-news/2006/pdf/060307_2_bs4.pdf

⑼　詳細については、野山（2011、165-167）を参照されたい。

⑽　Ｅ氏は、日本語ボランティア活動に携わりつつ、二言語環境にある子どもの将来を見据えてさまざまなプログラムを展開しながら、状況に応じて、日本語教育コーディネーターやシステム・コーディネーターの役割を果たしている。

⑾　K氏は、中国帰国者との関わりの中で約 20 年前に日本語ボランティアの活動を始めた。その後、状況に応じて、その県の県庁所在地にある大学や国際交流協会で実施された研修や養成講座に通いつつ、いわゆる OJT（On the Job Training）で、多様な学習者に対する教育の内容・方法を磨いてきた。その意味で、通常は主に地域日本語教育専門家としての役割を果たしている。一方、教室外活動の企画・運営においては、地域日本語コーディネーターの役割を、そして、県や市役所、関連機関との交渉等では、システム・コーディネーターとしての役割も果たしている。首都圏や都市部の日本語教室では、これらの役割を分担する場合が多いようだが、地域の（特に散在地域の）教室の場合、教室の主宰者や設立者が一人二役、三役、四役を果たしている場合が少なくない。持続的な教室の運営・充実に向けた継承者の育成・確保が大きな課題となっている。

［参考文献］

文化庁編（2004）『地域日本語学習支援の充実――共に育む地域社会の構築へ向けて』国立印刷局

文化庁（2008.3）『日本語教育小委員会報告書』

平田オリザ（2010）「対話とは何か――新しい時代に要求されるコミュニケーション能力」（日本語プロフィシェンシー研究会国際シンポジウム基調講演資料，函館，2010）

石井恵理子（1997）「国内の日本語教育の動向と今後の課題」『日本語教育』94 号，pp. 2-12 日本語教育学会

熊谷晃・春原直美・野山広・平高史也編（2008）『共生――ナガノの挑戦（チャレンジ）――民・官・学協働の外国籍住民学習支援』信濃毎日新聞社

Lucas, T., Henze, R., & Danato, R. (1990). Promoting the success of Latino language-minority students: an exploratory study of six high schools. *Harvard Educational Review*, 60, 315-340.

日本語教育学会（2008）『平成 19 年度文化庁委嘱研究「外国人に対する実践的な日本語教育の研究開発」報告書（生活者の日本語に関する実態調査等）』日本語教育学会

日本語教育学会（2009）『平成 20 年度文化庁研究委託「外国人に対する実践的な日本語教育の研究開発」報告書（「生活者としての外国人」に対する日本語教育事業）―報告書―』日本語教育学会

日本語教育学会（2011）『平成 22 年度文化庁日本語教育研究委託「生活日本語の指導力の評価に関する調査研究―報告書―」』日本語教育学会

日本語教育政策マスタープラン研究会（2011）『日本語教育でつくる社会――私たちの見取り図』ココ出版

野山広（2002）「地域社会におけるさまざま日本語支援活動の展開――日本語支援活動支援だけでなく共に育む場の創造を目指して」『日本語学』5 月号 Vol.21 ＜特集日本語習得を支援する＞pp.6-22 明治書院

野山広（2008）「多文化共生と地域日本語教育支援――持続可能な協働実践の展開を目指して」『日本語教育』138 号 pp.4-13 日本語教育学会

野山広（2009）「群馬県太田市・大泉町の場合 日系ブラジル人就労者の言語生活と日本語教育 」『日本語学』28（6）＜特集 多言語社会・ニッポン──定住外国人との共生＞ pp.60-69 明治書院

野山広（2011）「地域日本語教育の展開と複言語・複文化主義」北脇保之編『「開かれた日本」の構想──移民受け入れと社会統合』pp.148-181 ココ出版

野山広（2012）「日本語使用者としての対話力を育てる──地域日本語教育の実践現場から見えてくること」鎌田修・嶋田和子編著『対話とプロフィシェンシー──コミュニケーション能力の広がりと高まりをめざして』pp.74-93 凡人社

野山広（2013）「地域日本語教育──その概念の誕生と展開」『日本語学』3月号＜特集 ことばのデータ集：日本語教育編＞ pp.11-22 明治書院

田尻英三・田中宏・吉野正・山西優二・山田泉著（2004，2007増補版）『外国人の定住と日本語教育』ひつじ書房

山脇啓造（2005）「2005年は多文化共生元年？」『自治体国際化フォーラム』5月号

Widdowson, H.G. (1983) *Learning purpose and language use.* Oxford: Oxford University Press.

第7章 国際結婚家族で母語を身につけるバイリンガル

——社会言語学と言語発達の視点から捉える

藤田ラウンド幸世

問題提起

　国際結婚の家族として育つ、我が家の息子は来年から小学生。生まれたときから、母親の私とは日本語で、父親とは英語で話し、家の中では二言語を使い分けている。保育園では他の子どもと同じように日本語を使い、保育士の先生や友だちと楽しい保育園生活を送っている。ところが、近ごろ急に、お父さんが保育園にお迎えに来るのを嫌がるようになった。友だちやその親御さんの前で、自分がお父さんと英語で話すのを見られるのが恥ずかしいらしい。「ダディはお迎えにこなくていいから、マミィが来て」とお父さんの目の前で言うようになった。確かに、この頃、母親の私も、他の親御さんから「おたくのお子さんは小さいときから自然に英語ができるようになっていいわね」と言われることが多くなった。家族の生活に必要だから日本語と英語を使っているのに、どこか釈然としない気持ちが残る。6歳の息子もそんな空気を感じているのだろうか。

はじめに

　「国際結婚」は、日本語では「国」を越えた結婚、異なる国籍を持つ二人の結婚を意味する。嘉本（2009）によると、「国際結婚」に相当する言葉を、英語圏ではインターマリッジというが「それは必ずしも国境を越える必要はない。社会内部の人種や、宗教、文化という境界線を越えた婚姻である」という。異なる文化背景を持つ結婚を日本では「国際結婚」と考えるわけだが、英語圏や東アジアでは、二人の背景の「異なり」を見る視点は、日本社会で考える「国籍」に軸をおくのではなく、社会内にも存在する人種、宗教、文化という「異文化」に焦点をあてている。

　結婚は、出生家族から出て、自分の意志で新しい家族を作る行為として、成人期に起こる重要なライフイベントの一つといえる。矢吹（2011）は、国際結婚は「密度の濃いコミットメントを異文化出身同士で行い、結婚という形にまで昇華させ、それを何年間にもわたって継続するという行為」であるといい、ここでは、結婚をするカップルが、それぞれ異なる国籍や文化を持ち、家族を構築するのが「国際結婚」であると捉える。

　上記の国際結婚に関する二つの側面を確認しておく。一つは、日本語での国際結婚は「国境を越えた」結婚と、国という境界線が軸に想定されているが、実際には、別の見方をすることも可能であり、異なる背景を持つ者同士の結婚と定義した場合は、英語圏や東アジアのように「異なり」は必ずしも国籍だけではないということになる。また、結婚は、成人期に自分の意志で、ゼロから新しい家族をつくる行為であるが、国際結婚の場合は、特に異文化を背景に持つ配偶者に対してのコミットメント（関わり合い）とコミュニケーション（意思疎通）を通して、カップル二人の努力による新たに作る要素には

第7章　国際結婚家族で母語を身につけるバイリンガル

言語や文化の異なりも加わる。そのため家族を構築するための過程もさらに多様となることだろう。

　本章では、このような国際結婚をした、異なる背景を持つカップルとその子どもを国際結婚家族と呼び、特にこの新しい家族に誕生をした二言語・二文化を身につけるバイリンガルの子どもに焦点を当て、言語からのアプローチを試みたい。

1．家族の「言語」、社会の「言語」

　結婚というライフイベントに続いて、国際結婚カップルのコミットメントとコミュニケーションが多く派生することになるのは、国際結婚家族として新たな家族のメンバーを迎える時ではないだろうか。そのコミュニケーションの中心の話題は、子どもの「言語」の問題ではないだろうか。カップル当事者は、成人期にあり、すでに自分自身の「言語」を持っている。また、お見合いのような第三者によって準備された結婚でない限り、結婚をする意志を持つまでに至る合意形成がなされたと考えられ、カップルは共通語となるコミュニケーションの手段の「言語」をもっているだろう。

　しかし、ここで「言語」について押さえておきたいことは、コミュニケーションが成り立つことと、言語の技能や能力は必ずしも同じではないということである。国際結婚をしている個々人は、国籍や文化が異なるばかりではなく、自分自身の一番使いやすい言語が、自分の配偶者と一致していない場合も往々にしてある。また、カップルのうち、一人は、複数言語を使うことができるが、もう一人は一言語を中心に生活をするという場合もあるだろう。

　子どもの言語発達について考える前に、ここでは国際結婚家族を取り巻く「言語」を広く日本国内における言語の多様性と結びつけて考えたい。それは、家族の「言語」と社会の「言語」の関係性、

つまり社会的な側面が言語の発達にも関わるからである。

1 「言語」の価値

バイリンガルの子育てに関する親のための手引きを書いたハーディング＝エッシュとライリー（2006, p.29）は、「言語」について以下のように捉える。

　現在、世界では3000から5000ほどの言語が話されています。言語の数が曖昧なのは、言語学的根拠だけでは方言と言語を区別することができないためです。私たちは**だれも**がある方言を話し、**だれにも**なまりがあります。加えて、言語による境界線が政治的な境界線や地理的な境界線と一致することはほとんどありません。

著者らは、ノルウェー語、デンマーク語、スウェーデン語は互いに似通っていて、相互に通じ合うことが多いにもかかわらず、「スカンディナヴィア諸言語」というカテゴリーの中の、独立した「言語」として扱われていると指摘する。一方で、少なくとも八つの方言が相互に通じ合わないにもかかわらず、中国語では八つの「言語」は「方言」のままであることに着眼し、「ノルウェー語」や「中国語」の例からも「言語」の扱いは、あくまで政治的な声明により決定し、言語学的ではないと言及している。

「言語」には、このような政治的な側面も関わり、また、社会的な価値も加わる。日本をはじめ、国際化をめざす国々がバイリンガル（二言語を使用する人）というときに、自らの社会言語になぜ「英語」という言語を加えようとするのか。それは、英語が世界の共通語となっていて、国際化のために「英語」を学び、国際社会の中で優位に立つという言説（暗黙の了解）があるからである。世界各地の義務教育の中で、「英語」が「国語」と並列して、教育科目の中

に位置づけられていることをみても、「国際語」としての英語の地位とその言説が世界で流布していることがわかる。ここでの「英語」はもはや一国だけの言語ではない。国際結婚家族に引き付けて考えるときも、この「言語」に対する社会的な価値は、親となるカップルの子どものための言語選択にも影響を与えていることに留意しておきたい。

2　日本社会のバイリンガリズム

改めて、日本社会における「言語」に対する社会的な価値を、バイリンガリズムという視点から概観してみよう。

(1) 日本社会の「国際化」

マーハ・八代（1991）に書かれた、バイリンガリズムの背景となる1989年の12月時点の日本社会は、外国人登録者が98万4,455人であり、その内訳は、70％が韓国・朝鮮人および中国人の永住者であった。日本に居住する当時の外国人コミュニティは、数として在日韓国・朝鮮および中国の国籍を持つ人たちが大多数であったといえる。

当時の日本社会におけるバイリンガルの言語と対象者について、マーハ・八代（1991）は、以下を挙げている。マスメディアにおける英語（たとえば、ラジオのJ-wave）、科学分野の国際語といった英語、先住民としてのアイヌ語といった日本国内の言語の多様性。また、当時の対象となる「バイリンガルとして育つ子どもたち」として、海外で教育を受けた帰国生の子ども、国際結婚家族の子ども、在日韓国・朝鮮の子ども、そして当時の新たな「移民」であったベトナム、カンボジア、ラオスの「インドシナ」難民と中国帰国者（引き揚げ者と帰国孤児）の子どもたちである。

1980年代当時、日本社会全体では「国際化」に関わる議論の声が高かった。それに対してマーハ・八代（1991）は、日本社会には、

国際化が必要であると論議されていた一方で、「明治維新後、日本の言語的民族的独自性が重要な思想として強調され、一般に浸透した。国内だけでなく海外にむかっても、日本が単一民族・単一言語国家であることが主張された」という矛盾を指摘している。つまり、日本社会の中での「国際化」という文脈は、日本という単一民族・単一国家が「国際化」をすることが前提になっていたと考えられる。それ以外の民族や国籍に属する人たちの存在が置き去りにされたままであるが、これは本当の国際化と言えるだろうかという問題提起である。また、このような日本を中心とした認識に対して、当時の日本の国際化の必要性というのは、実際には「思考の柔軟性および多様性が不可欠であるという深い認識から生まれてきている」はずであると、「国際化」の原点を問い直すように促した。「国際化」を短絡的に英語教育と結びつけるのではなく、日本だけでなく世界中で言語と文化の多様性を受け入れられる感覚が求められているのだと、すでに、20年前に現在のグローバリゼーションのもとに拡がった多様性を示唆している。

(2) 日本のバイリンガル教育

マーハ・八代（1991）から10年後の日本のバイリンガリズムは、確実に変化を遂げている。バイリンガル教育からアプローチをした山本（2000）に書かれた背景である、1998年12月末時点では、外国人登録者数は、151万2,116人に増加し、その内訳は、韓国・朝鮮人が42％、中国18％、ブラジル14％、フィリピン7％、米国2.8％、ペルー2.7％であった。山本（2000）の各章に描かれたバイリンガル教育は、日本のバイリンガリズムを、教育を軸に描き出したものである。先住民言語維持のためのアイヌ語教室、在日韓国・朝鮮人子孫のための母語教育、ニューカマーの子どもたちに対する日本語教育が報告され、また、バイリンガル教育の対象者としては、アイヌ語学習者、

第7章　国際結婚家族で母語を身につけるバイリンガル

帰国生、中国引き揚げ・インドシナ難民、外国人労働者、日系ブラジル人、沖縄のアメラジアンの子どもたち（アメリカ人［Amerアメ］とアジア人［Asianアジアン］の両親の間に生まれた人々の中でも、米軍のアジアへの派兵・駐留を出自の背景に持つ）が取り上げられている。本書が出版された時期は、中南米からの日系人を受け入れた、日本の入国管理法の改正後から10年が経過した時期であり、21世紀の初頭に重なる。

　山本（2000）の焦点は、最後には母語教育の重要性に絞られている。国内には、日本語以外の言語を母語とする子ども、日本語を母語としながら同時に継承言語や第二言語も使う子ども、親がそれぞれ異なる言語を母語とする家庭に育つ子どもがいるが、特に日本語の学校で第二言語を身につける子どもに関わる、日本の学校での緊急の課題が、日本語の早期習得であることに留意を促す。それはバイリンガル教育研究の知見からすると、母語と第二言語の習得に関わる逆転の可能性があり、バイリンガルの子どもにとっての母語、つまり初めに身につけた言語も伸ばすことが重要であるという問題提起である。山本（2000）は以下のように述べている。

　　少数言語を母語とする子どもについては、母語が十分発達する前に第二言語の習得が開始されると母語を喪失する危険がきわめて高くなり、また喪失の速度も速いことが指摘されているからである。すなわち、年齢の低い子どもについては、母語と引き替えに日本語を習得させることになる可能性が大きいということなのである（p.268-269）。

「年齢の低い」子どもが、母語と引き替えに日本語を習得するということは、言い換えると、学校では日本語は使えるが、家では家族との言語に影響が及ぶということになる。二言語を同時に習得し、

バイリンガルになるためには、二言語ともに、継続して、習得を続けなければならない。特に、母語の場合は、初めに言語を身につける、親と子どものコミュニケーション言語であり、もしすでに母語を身につけた子どもが第二言語と引き替えに母語を失うことになれば、親子間のコミュニケーションが変容することは想像に難くない。子どもの年齢が、言語の習得に関わることが示唆される。

　国際結婚カップルの場合は、先にカップル二人が努力をし、コミュニケーションを通して新しい価値を構築すると述べた。これは、マーハ・八代（1991）が留意を促した「国際化」の原点である、思考の柔軟性および多様性が不可欠であるという認識を身をもって実践しているといえないだろうか。そう考えると、国際結婚家族は、生活そのものが国際化の実践であるといえるかもしれない。また、カップルである親が自分の母語で子どもに話しかけたり、家族内と社会で複数の言語で子育てをする場合、それは家族内での「バイリンガル教育」だと位置づけることもできる。

　結婚を機に異文化とともに生きることになった国際結婚カップルにとって、子どもの誕生は、自分自身の母語を意識する機会となり、また、自分たちの母語と子どもの母語としてどのように継承するかといった、世代間のつながり、家族のつながりに新たな意味が生じるのではないだろうか。国際結婚家族での二言語使用は、子育てを通して、子どもの言語という未来と親たちの母語の継承という先代からの遺産の両方をつなげることになるのではないだろうか。

2．国際結婚家族の子どもの言語発達

　本章では、国際結婚家族として、国際結婚をしたカップルとその子どもとを「家族」という単位で考えている。それは、家族が時間を共有する場が子どもの言語や文化を育てる環境となるからである。

第7章　国際結婚家族で母語を身につけるバイリンガル

人間の子どもは生まれた時には一人では生きられないので、「育ててくれる人」が必要であり、大人とともに生活をしなければならない。国際結婚をした親から生まれた子どもも、親とともに暮らし、その家族との生活の中で、親の話す言語、また、後に自分のルーツともなる文化を身につけることになる。

しかし、ここで留意をしておきたい点がある。国際結婚家族の子どもがよく受ける誤解は、二つの言語を「自然に」身につけることという点である。家族の中で、二つの言語を使い、身につけるという点では、確かにそのとおりなのだが、ここでの誤解は、「自然に」という言葉にある。本人や家族の努力なしに「自然に」、つまり「自動的」に二言語ができるようになるのかといえばそうではない。言語を「自然に」身につけると考えるときに、「どの程度」二言語ができるのかという点でも曖昧であるために、さまざまな憶測がつきまとうことになる。

本節では、そうした子どもの言語発達に関わる点を確認し、その後で具体的な国際結婚家族の事例を考えたい。

1　言語を身につけるという考え方

バイリンガルにかかわらず、言語発達を考える上では、人間が生まれて3歳くらいに一つの言語を身につけると考えるのが一般的だろう。言語学では、言語の普遍性が関わるときには「言語獲得」、また、3歳以降に新たな言語を身につけるという言語の学びを広く問う場合には「言語習得」と区別をしたり、または、この二つを合わせて広く「言語習得」と呼んだりする場合もある。これは英語のlanguage acquisitionの概念を区別して訳出するからである。

人間が生まれてから初めて言語を獲得するのがおおむね3歳くらいであるという理論上の目安は、バイリンガルにおいては、誕生から二言語を同時に身につける場合を「同時バイリンガル」、3歳以降、

つまり、一つの言語を身につけた上でもう一つの言語を身につける場合を「継続バイリンガル」という区分におくことに反映されている。本章で見る事例では、バイリンガルの言語発達を広く捉えるために「言語を身につける」という言葉を使う。母語・第一言語であれ、第二言語であれ、言語を獲得、習得するということは、子どもが社会化されていくプロセスとも関わり、後年につながる文化的アイデンティティの形成や子どもの人格形成に関わっていると考えるからである。

2　親の言語選択

国際結婚家族の場合は、カップルの母語が異なる場合は、結婚時からお互いの共通語を意識し、したがって、子どもが誕生したときも、親が子どもの母語をどのようにするか、計画をしたり、家族の中で一貫した態度と行動を継続させたりという点が可能になるだろう。つまり、親により、子どもの言語の方策が計画され、環境が提供されるといえる。

家族内での二言語方策について、ここでは、Baker（2011）の「二言語を同時に身につける子ども」の親の言語選択タイプを以下に挙げる。

タイプ1：一人一言語
タイプ2：社会言語ではない弱い言語を家庭内言語とする
タイプ3：二言語混合
タイプ4：二つ目の言語を遅らせて導入する

タイプ1は、親がそれぞれの母語を子どもに話し、「話す人」と言語を一致させるストラテジー（方策）である。タイプ2は、年齢が上がるにつれ、強くなる家の外の社会言語ではなく、両親ともに

弱い方の言語を敢えて家庭内言語として使う。つまり、「話す場」と言語を一致させるというストラテジーである。帰国児童の場合はこのタイプ2が多いだろう。また国際結婚家族でこのタイプ2を実施する場合は、一人の親は社会言語の母語話者、もう一人は母語話者ではないことが考えられる。また、居住地の社会言語が両親の母語ではない場合、社会言語を学校で学び、家庭内言語として親のそれぞれの母語で話すといった、三言語を使用する場合も考えられる。タイプ3は、両親がともに二つの言語を使う場合で、この時に言語を混合したり、言語交替（コードスイッチング）をしたりすることもある。タイプ4は、言語獲得をする2、3歳になるまでは、弱い言語を両親で使い、家庭内でまず弱い言語を身につけさせるという場合である。これは特に両親が継承させたい言語が社会的に使われない言語、Bakerはたとえばアメリカ合衆国での先住民族の言語、ナバホ語を挙げているが、初めの言語としてナバホ語を獲得した上で、もう一つの言語である英語を習得させるわけである。

　タイプ1と2は特に国際結婚家族や「エリート・バイリンガリズム」として中流階層に選択されることが多く、タイプ3と4は経済的に恵まれていない先住民のグループ、移民、労働者階級の家族に選択される場合が多いと見られている。タイプ1がバイリンガルを育てるときの成功率が高いといわれることもあるが、バイリンガルになる環境を作り上げているのは家族だけではなく、子どもが過ごす幼児教育の場や学校、親族間とのネットワーク、マスメディアなどの環境も影響しているので、一人一言語だけが「成功」すると限られているわけではないという指摘（Baker, 2011：p.99）も押さえておきたい。社会的資源が豊かであり、環境整備も整いやすい親の立場から、タイプ1と2は二言語を身につけることに成功する可能性が高いが、逆にタイプ3と4はそうではないという傾向があるという言説に対する留意点でもある。ここにも、言語だけではない、

社会的な要因も関わるため、言語選択は子どもの言語の評価に関わるだけに慎重になる必要がある。

3．日本語・英語の同時バイリンガル、Tの言語発達事例

　バイリンガルの子どもの研究に関しては、研究対象となる子どもや家族は社会階層の中では中流家庭で、加算的バイリンガリズム（additive bilingualism）の事例が多い。一つには、研究方法が理由である。家族の生活の場に入り込み、子どもの実際の発話や生活全体を見渡す研究をすることは難しい。したがって、同時バイリンガルの場合は、研究者自身が自らの家族を研究する場合が多くなるというのが、これまでの研究の文脈につながっている。

　加算的というのは、一つの言語と文化にさらに加えるという意味で、社会的にも経済的にも二つの言語と文化を身につけることがプラスとして、肯定的に受け取られる。逆に、減算的バイリンガリズム（subtractive bilingualism）は、文字どおり、マイナスの意味を持つ。すでに身につけた言語や文化があっても、子どもの意思とは関わりなく、それまでの自分の言語や文化とは違う、別の言語を使わなくてはならないような状況に置かれた、その急な変化と心理的プレッシャーのもとで、両言語を十分に発達させることができないという事象である。これは、言語発達ばかりか、肯定的なセルフ・アイデンティティ、自分のルーツである文化、民族的アイデンティティを持ちにくいことにもつながると考えられる。減算的バイリンガリズムを個々の子どもに当てはめるときのむずかしさは、それが社会の言語政策、教育政策による「同化」を強いるために起こるとも考えられるため、個人個人の言語能力や家族の要因だけではなく、子どもが置かれた環境要因に関わっていることにある（山本，2000；Baker，2011）。

「加算的」か「減算的」か、子どもの「一時的な言語能力」をどのように測ることができるのかは、バイリンガルに関わる教育現場での課題ではある。同時バイリンガル・継続バイリンガルともに、子どもたちはまず、家族内で長い時間をかけて二言語と二文化を学ぶので、一人ひとりの置かれた身につける言語、家族の言語選択、社会の中での文脈が異なる。そのような環境や子どもの母語の力を、子どもの言語履歴として、どのように含め、バイリンガルの「言語の能力」として評価をするのか、学校教育での課題である。

1　国際結婚家族の子ども、T

次にみるバイリンガルの事例もまた、研究者である筆者の国際結婚家族であるため、位置づけは加算的バイリンガリズムとなる。事例の背景を概観しよう。対象者は日本語・英語の同時バイリンガル男児のTで、母親が日本語・日本国籍、父親が英語・イギリス国籍の国際結婚家族に生まれた。国際結婚カップルの当事者である親は、Tが生まれる前に、家族の言語選択について話し合い、それぞれが母語で子どもに話す、「一人一言語」方策を実行することにした。その理由は、1）親と言語を一致させることで、日本に居住してもイギリスに居住しても一貫性が保てる、2）それぞれ日本とイギリスの祖父母や親族たちはモノリンガル（一言語話者）であったため、「家族の言語」として二つの言語を身につける必要がある、3）親にとっても自分の母語である言語の方が、初めての子育ての上で気持ちが楽であることなどである。

誕生前から家族の言語を計画するという意識は、Tの場合は、両親の職業が教師であったことも関わってくるだろう。特に、母親はTの妊娠当時、東京のインターナショナル・スクールで日本語教師をしており、4歳から8歳までの子どもに「外国語としての日本語（JFL, Japanese as a foreign language）」を教えていた。学校で自分と

は異なる立場の、さまざまな国際結婚家族の子どもとその親たちと接していた経験が、親の母語を身につけるバイリンガルを育てる、という意識を形成したといえる。

2 一人一言語方策

一人一言語方策というのは、先述したBaker（2011）の親の言語選択のタイプ1であり親それぞれが母語で子どもに話しかける、一人の親が一言語を担当するという方法である。Tの家族では、日本語母語話者の母親が日本語で、英語母語話者の父親が英語で、それぞれ子どもに話しかける。そして、親同士は英語を使用するので、父親は家族内では「英語」のみで生活をすることになり、母親は子どもとは自分の母語の日本語で話すが、夫とは夫の母語に合わせている二言語を使用する生活といえる。つまり、一人一言語の場合は、親のどちらかが二言語を使用することになるといったバイリンガル状況が生じる。

家族内では基本的には一人一言語は固定されているが、家族全員で移動をした場合は、その一人一言語の方策は、移動した先の場面に合わせ、変則的になることもある。Tの家族の場合は、イギリスに帰省するときには、Tにとっての日本語話者である母親は、イギリスの社会言語の英語でTの祖父母と英語で話し、祖父母にも話の内容を伝えることを優先させる。この大家族状況ではTにも英語で話すという変則パターンが生まれる。したがって、一人一言語方策は基本的に両親と子どもの、家族の日常に限定され、家族が移動をする場合などは、それぞれが社会言語でコミュニケーションを図らなければならない現状もある。

3 Tの言語発達

Tは日本で生まれ、5ヶ月の時に家族はイギリスに移住をした。

第7章　国際結婚家族で母語を身につけるバイリンガル

しかし、Tが1歳8ヶ月（以下、1；8、年：月と略す）の時に再び、日本に移住をしている。Tは同時バイリンガルであり、親は一人一言語という言語方策を誕生時から実行をしている。とはいえ、2歳になるまでに社会言語が日本語から英語、英語から日本語へと二度変わるという移住の経験が背景としてある。

本章では、Tの言語発達と二言語使用について、Tの1；8から2；0までの5ヶ月間の発話録音のデータと0；5から2；0までのフィールドノーツ、また、2；7から4；9までの発話録音のデータとフィールドノーツ、さらに藤田ラウンド（2002）をもとに考察する。

⑴　1歳8ヶ月から2歳までのTの二言語発達

Tの0；5から1；8までのイギリスでの言語使用については、日本語母語話者の母親だけが日本語で話しかけ、父親、保育園の先生、祖父母といった一緒に時間を過ごす人からは英語で話しかけるといった、英語が生活言語となっていた。したがって、Tに対する日本語のインプット量は英語の比ではなかったわけである。社会言語が日本語に変化したばかりの、Tの1；8の時の語彙を岩淵他(1968)に出てくる日本語母語話者のイズミの語彙データ1；6と比較をしてみたい（表7-1）。

イギリスの生活では、Tが家、保育園、公園などで出会う動物は、英語の語彙として発話をしていた。しかし、その中で、牛の鳴き声だけは日本語（モーモー）で、英語（moo［múː］）ではなかったのである。これは、毎朝、街にある家から母親と一緒に牧場を通り保育園に通う時に、バスの2階の窓から見ていた「牛」と母親の日本語「モーモー」が結び付いたと考えられる。

小柳（2004）が「単語レベルで言葉が出始めると、次第に適切なコンテクストで適切な一語を言うようになる」というように、1歳

163

表7-1 T(1;8, 1;9)の動物の鳴き声に関わる語彙

	イズミ 1;6（岩淵他, 1968）	Tの年齢	動物の鳴き声
犬	わんわん	1;8	wof
		1;9	wofwof
猫	にゃんにゃん	1;8	meow
鳥	ピーピー	1;9	baba
牛	モーモー	1;9	モーモー

を過ぎるころから、統語（文法）の発達が活発になる。語彙とも重なるが、一語ではあっても文として機能をする「一語文」は統語の発達として、1歳ごろから活発になる。1歳半ごろから二語文が、三語文・多語文は2歳前後から表出するとされている。これをTにあてはめてみると、Tが帰国をした年齢（1;8）は、この二語文、三語文が発達する時期と重なる。Tの言語発達の事例の発話にでてきた品詞を調べてみると、1;8までは、イギリスで身につけた英語の名詞が一語文として現れ、日本語よりも多かった。1;8までのイギリスでの社会言語の英語の影響である。しかし、Tの統語は、一語文から二語文、三語文と、帰国後の5ヶ月間で急速に発達し、次第に二語文、三語文の中に、動詞が日本語で出現した。統語の発達と弱かった日本語の発達が重なる形である。日本語の動詞とともに助詞も現れたため、統語に関しては、二言語のバランスが変化していった。つまり、一語文では英語が多かったが、二語文、三語文になるにつれて日本語へと移行したことになる。

(2) 2歳から4歳までのTの二言語使用

日本に移住後は、毎年、家族で夏休みにイギリスに帰省した。したがって、Tの日常生活は、一人一言語方策で親とは二言語を家族で話し、保育所では社会言語の日本語を使っていたが、毎年5～6週間は、イギリスの祖父母の家に住み、社会言語を移動して、英語が主となる生活を送っていた。ここからは、夏休みの帰省として一

第7章　国際結婚家族で母語を身につけるバイリンガル

時的移動をしたときの2歳、3歳、4歳、それぞれの二言語使用をコードスイッチング（言語切り替え）から考える。

＜2歳＞2：7に、Tは、日本では英語母語話者である父親には英語で話していた。しかし、夏休みでイギリスに帰省したときにその「英語」がイギリスの祖父母には通じなかった。どのようなことかというと、音声上、Tの英語はアクセントがはっきりせずに、日本語の外来語を発音しているような英語だったからである。祖父母に自分の言葉が通じないことの心理的ストレスは高く、このときは夜泣きやおねしょとなって現れる。二言語を理解し、Tの言語発達を観察し続けている日本語母語話者の母親はそれに気づき、通常は毎晩、親が交互にそれぞれの母語で寝る前に本を読んでいた習慣を変えた。イギリス滞在中、初めの2週は、日本語母語話者の母親が英語の本をTと一緒に読み、英語の発音練習をするようにした。すると、Tは次第に英語を話すことに積極的になり、発話の中に日本語の語彙を残しながらも英語を使おうと努力するようになった。たとえば、「two おじちゃんs」「three おにいちゃんs」といった発話が見られた。

3週目には、祖父母と問題なく英語でコミュニケーションが図れるようになり、4週目に入ってからは、母親と日本語を使う以外は英語で自分の意図どおり話すことができるようになった。夜泣きが止まったのもこのころである。しかし、5週目の帰国前には、「マミィにfor あげる」、帰国後の1週間目にも「ちょっと、T、have a look」「Over there に take it」「Train で play」「I will おさかなさん」といったように三語文、多語文に二言語が混合していた。さらに、このような言語混合（code-mixing）が帰国後も、4週間継続することになった。

＜3歳＞3：7に、イギリスに帰省したときにも2歳時と同様に、心理的ストレスを抱えた。2歳から5歳までの4年間のフィールド

ノーツを比較したときに、この年齢が最も夜泣きの頻度が高く、6週間の滞在中に亘って継続している。一人で行動せず、2歳7ヶ月の時と同様に母親から離れることができなかった。言語の移動と環境の変化に、心理的不安が窺える状況だった。

3歳時で顕著だったことは、6週間の滞在の初めと終わりに、二言語が逆転したことである。滞在の前半、3週間はイギリスの祖父母の家においても、家に入ると日本の家でしたように、くつを脱ぎ、英語話者の祖父母に「ただいま」「いってきます」「ごちそうさま」と伝え、バスから降りるときも運転手さんに「ありがとう」と日本語で挨拶することが続き、日本での日常生活様式が抜けなかった。英語母語話者の祖父母や叔父に「英語でいってごらん」と促されると、1週目には、

T：　　We are a long way 走った。
　　　　［ぼくたちは長い間］
T：　　サンドイッチおしまいしたら、come on outside,please.
　　　　　　　　　［お外にでてきて、ね。］
T：　　…. labels on the other side T君はピンクがほしいな。
　　　　　　［…（おもちゃの）反対側にラベル］

というように、とっさに日本語から英語に切り替える努力はしたが、一貫して英語で発話することができなかった。

2週目にはテレビのニュースを見ていて、事故現場が映ったときに、急に日本語で「事故です、車がぶつかりました」と日本語で解説を始めたり、日本のお友だちの夢を見て、日本語が話したいと懐かしんだりした。3週目には、一人遊びの時に、日本から持ってきたおもちゃには日本語で、イギリスで買ってもらったおもちゃには英語でと、特定のおもちゃと言語を区別していたが、しかし、歌や

言葉遊びをきっかけに日本語に切り替わり、そのまま遊びも日本語に切り替わってしまっていた。このときにもまだ英語の語彙が足りずに、そのいらいらを母親に爆発させることもあった。4週目あたりから、父親や母親から積極的にわからない語彙を学ぼうという努力が見られた。たとえば、

　T：　Daddy, turn to ようふく。
　　　　［お父さん、ようふくに着替えて］
　父：　"get dressed".　［「着替えて」］
　T：　Get dressed, Daddy.　［着替えて、お父さん］

といったように、英語学習者のように新しい言葉の使い方を学んでいった。5週目に入ったころから、Tは母親に向かって日本語で発話を始めても途中で英語に切り替えてしまうということが起きるようになった。「でもね、Nana（日本語のおばあちゃんの「ばば」に相当する語彙）がYou don't like thisっていったからswitch it off.」といった発話がみられ、日本語母語話者の親が日本語で話しかけても英語で答える回数も増えた。6週目においては、日本の祖父母に電話をしたときに「Hello」といっただけで、日本語を話すことを拒否していた。日本語がでてこなかった。帰国後、2歳のときには言語混合が起きたのとは異なり、3歳のときは日本語がまったく出ずに、帰国後3週間、英語のみになってしまった。また、帰国後の5週間まで、心理的不安が継続した。

＜4歳＞4；7で帰省したときには、空港から祖父母の家に向かう車の中で、自分から叔父に英語で話しかけ、祖父母の家に着くと、自分から祖父に抱きつき、祖母の手をとり、祖父母の家にある自分の部屋に一人で直行するといった、自発的な行動が見られた。

二言語使用に関しては、4歳時に滞在した6週間では、Tは初め

から二言語を話者により明確に使い分けることができた。さらに、2歳、3歳とは違い、二言語使用の「言語」だけではなく、「二言語使用」についての意識に関わる気づきがあった。具体的には、日本での日常で確立していた家族内の一人一言語という法則が、イギリスにいったことにより変化したことに気づいたことである。イギリスに到着してから、日本語母語話者の母親は日本語のわからない祖父母がいるときには、Tに英語で話しかけるようになった。イギリス到着3日後、この母親の変化に対して、Tは違和感を隠さなかった。

   母： Isn't that right?［そうじゃない？］
   T： そうだよ。
   母： I see.［そうね］
   T： ちがうよ。「そうだよ」って言うんでしょ。「そうだよ」って。
   母： そうだね、T。

　また、二言語を効果的に使い分け、自分に有利な立場にもっていくという場面も見られた。これは3歳の時には見られなかった二言語使用である。たとえば、「I get some raspberry juiceね。'Cause it's easierね」である。ここでは、Tは、滞在をしている祖母の家の冷蔵庫に祖母がT用に用意をしたジュースがあり、わざわざ母親が麦茶を作らなくても、冷蔵庫のジュースの方が簡単に持ってきて飲むことができるということを、発話の中で意味づけしている。日本では母親はTに麦茶を飲ませ、特別な時以外はジュースを飲ませないという背景があり、ジュースが飲みたいTは、イギリスの祖母に向かって、英語で許可をとり、日本語話者の母親に向かって、日本語の終助詞の「ね」で確認をしているという場面である。もう

第7章　国際結婚家族で母語を身につけるバイリンガル

一つの例は、「I'm coming.（間）Look, Mummyくーん。」であるが、これは、母親に対する親しみの呼称（呼び方）とも考えられ、Tの日本語話者にしかわからないような言葉遊びとも受け取れる。日本語話者にしかわからないという点での親密さと、「君」という呼称はまた、保育園での男の子の遊び仲間を想起する呼称でもある。

　Tの一時移動中に起きた3年間の言語使用の比較をまとめよう。まず、2歳、3歳のときに起きた心理的不安である。2歳、3歳の時は、言語が通じないということが、心理的な不安となったことが挙げられる。それが、4歳ではイギリスに行く前から日本に帰ることを理解し、夏休みという一時的な移動であることを認識していたこともあり、心理的な不安というよりも、夏休みを祖父母と過ごすことを積極的に楽しんでいた。また、二言語使用という点では、2歳と比べて3歳では、文章の中で足りない言葉を対言語の英語で補うことができるようになり、英語話者から「英語でいってごらん」と言われると、完全ではなくとも、本人は努力して英語に切り替えられるようになった。その点では2歳時よりも、二言語を意識的に認識していたといえるだろう。しかし、3歳のときは4歳と比べると、二言語を話者により、自由に切り替えられるようにはなっていない。むしろ、この言語を一致させたくとも、切り替えられないことが不安に転じているように見受けられた。

　社会言語を5〜6週間移動したことによる年齢別の特徴を挙げるとすれば、2歳時には帰国後に日本語と英語の言語混合が起こり、3歳時にはイギリスに行く前と帰国後では完全に優位言語が逆転してしまったことである。2歳、3歳では、滞在中の5週間と帰国後の変化を含めると、社会言語を移動することで約10週間にわたり、Tの二言語は常に揺れ動いていた。ところが、4歳時には、2歳、3歳とは異なり、Tは初めから二言語を話者によって区別し、心理的な不安はほとんどなかった。また、帰国後もスムーズに社会言語

に戻ることができた。

　本章でのTの事例はあくまでも一人の子どもの事例であることを踏まえなければならないが、国際結婚家族の中でバイリンガルの子どもと家族がこのような形で一人一言語を続けたという具体例としては提示できよう。また、2歳から4歳までの年齢による、縦断的な比較をすることで、先述の山本(2000)の問題提起の、「年齢の低い」子どもの母語が第二言語にとって代わられる可能性ともつなげて考えることができるだろう。国際結婚家族の場合は、二人の親がそれぞれの母語を使って子どもに話しかけることを考えた場合、母語話者が一人家族の中にいるわけなので、一つの母語を喪失する状況が起こるとは考えにくい。しかし、Tの3歳の一時移動の事例にあった二言語の極端な動きは、年齢の低い子どもの場合は、二言語の移動に際して、その動き（ダイナミズム）が大きいため、年齢や条件によってはその結果として、言語が逆転するということも考えられるといえる。

　当然のことながら、年齢に即した肯定的な二言語使用として、4歳時の言語の意識や二言語を効果的に用いるなどの例は、青年期や成人期の外国語学習とは異なる点である。つまり、国際結婚家族の子どもの場合は、同時バイリンガルと想定される場合、言語は「外国」語学習ではなく、やはり、母文化の伴う「言語」、つまり、言語とともに文化を身につけながら母語を発達させると考えることができるのではないだろうか。

4．国際結婚家族の母語と二言語のダイナミズム

　国際結婚家族の子どもの言語をどうしたらいいのかを考えるときは、言語の組み合わせや居住地をどこにするのかなど、家族それぞれの考え方や状況があるため、さまざまな選択肢が存在する。した

第7章 国際結婚家族で母語を身につけるバイリンガル

がって、ひとくくりにすべての国際結婚家族が同じ方策をすれば必ずバイリンガルになるということはできない。

それを踏まえた上で、国際結婚家族で二言語が必要となる場合を想定すると、基本的には家族間でのコミュニケーションのための「話しことば」を身につけることが一義的となるのではないだろうか。先に、国際結婚家族としての子どもは「自動的に」バイリンガルになるのではないと述べたが、本章の事例をみればわかるように国際結婚家族の中で親の意志、工夫、そして努力の継続があれば話し言葉のバイリンガルに育てることはできることがわかる。本章でみた0歳から5歳までのTの事例は、中島（2001）のいう言語形成期前期（0-7、8歳）にあたり、言語発達の過程から考えれば、ここでの「言語」は「話しことば」が中心となる。

また、Baker（2011）は、言語の四技能、「聞く」「話す」「読む」「書く」に関して、「それぞれの人の言語の四技能には濃淡がある」という。言語の四技能は、コミュニケーションを図るときにそれぞれ独立しているものではなく、複合的に組み合わせることが必要となる。したがって、本章でみた国際結婚家族の一事例は、言語形成期前期にある子どもの、口頭表現の産出能力である二言語の「話す」技能を伸ばす家族の実践であるということができる。それが言語形成期後期（9〜13歳）に入ると、家族というよりはむしろ学校が中心となり、一言語もしくは二言語の読み書きの産出を濃くする「書く」技能を伸ばす「教育」が加わることになる。

翻って、日本国内に住む、これからの国際結婚家族は、アジアの国々を背景に持つ異文化と関わる家族であるという（嘉本，2009；p.26, 厚生労働省統計，2012）。広く国際化を実践しているともいえる、国際結婚家族の二言語子育てをする家族の子どもが中国語、韓国語、タガログ語の話し言葉の母語を、日本語と同時に身につけ、親がこうした言語選択ができるかどうか。バイリンガルの子どもや国際結

婚家族に対する異文化受容は、さらに身近な日本国内のグローバリゼーションとして考えていくべき課題といえよう。

●研究課題●
・国際結婚家族で、二つの言語を身につける子ども、Tの事例を見たが、これと比較して、あなたがどのように話しことばを母語として身につけたのかを考えてみよう。話しことばなので、そこには方言と言われる「言語」も含めて考えよう。

●キーワード●

バイリンガル

二言語以上を使用する人を指す。さまざまな定義が存在するが、最近では、必ずしも二言語が同等の技能を伴って使用できるといった厳格さでは捉えないようになっている。

バイリンガリズム

二言語併用のことで、二言語以上を併用する個人、または社会について、その二言語使用の事象を広く捉えようとする概念。

同時バイリンガル

誕生時から3歳までに二言語に接触し、同時に身につけるバイリンガルのことを指す。3歳以降から二言語に接触する子ども期のバイリンガルは継続バイリンガルという。

一人一言語方策

それぞれの親が子どもに話す言語の担当を決め、「話す人」と言語を一致させる言語方策。たとえば、国際結婚家族でそれぞれの親が自分の母語を子どもに使う場合もそうである。

第 7 章　国際結婚家族で母語を身につけるバイリンガル

加算的バイリンガリズム

二言語を身につけることが子どもにとってプラスとして捉えられること。この逆の場合は、減算的バイリンガリズムという。

[参考文献]

Baker, C. (2011) *Foundations of Bilingual Education and Bilingualism, 5th Edition*, Multilingual Matters.

藤田ラウンド幸世(2002)「家族が育むバイリンガルの母語」渡戸一郎・川村千鶴子編著『多文化教育を拓く』明石書店

藤田ラウンド幸世 (2009)「バイリンガル教育」「国際結婚と二言語使用」川村千鶴子・近藤敦・中本博晧編著『移民政策へのアプローチ』明石書店

イーディス・ハーディング＝エッシュ，フィリップ・ライリー (2006)『バイリンガル・ファミリー』明石書店

岩淵悦太郎他 (1968)『ことばの誕生、うぶ声から 5 歳まで』日本放送出版協会

嘉本伊都子(2009)「日本における国際結婚」(財)アジア・太平洋人権情報センター(ヒューライツ) 編『アジア・太平洋人権レビュー』現代人文社

厚生労働省統計 (2012)「夫妻の一方が外国人の国籍別婚姻件数の年次推移——昭和 40 ～平成 23 年」『平成 24 年 (2012) 人口動態統計の年間推計』
(http://www.mhlw.go.jp/toukei/list/dl/81-1a2.pdf) (2013 年 3 月 20 日アクセス)

小柳かおる (2004)『日本語教師のための新しい言語習得概論』スリーエーネットワーク

ジョン・C・マーハ, 八代京子編著 (1991)『日本のバイリンガリズム』研究社出版

箕浦康子 (2003)『子供の異文化体験　増補改訂版』新思索社

中島和子 (2001)『バイリンガル教育の方法　増補改訂版—— 12 歳までに親と教師ができること』アルク

矢吹理恵 (2011)『国際結婚の家族心理学』風間書房

山本雅代編著 (2000)『日本のバイリンガル教育』明石書店

第8章 国際結婚の解消
——身近な法律問題

吉野　晶

問題提起

　子どもたちと一緒に勉強したり、遊んだりするボランティアサークルに所属していた【私】は、意外に国際結婚が身近なものであることを実感していた。小学生のPも、日本人の父親と外国籍の母親との間に生まれた子だった。最近Pの様子が落ち着かず気になっていたが、どうやら両親が離婚を考えているらしい。それを知った【私】は、Pが日本人なのかとか、親が離婚してしまったらPは母親と一緒に日本にいられるのだろうかなどたくさんのことが心配になってきた。

　「離婚」という言葉は、婚姻関係を解消することであり、日常の暮らしの中でも遭遇することがある。しかし、「離婚」とは法律用語であり、法律によって規律されるさまざまな効果がある。特に、日本国籍の人と外国籍の人との婚姻が解消される場面では、日本人同士の場合と異なる特有の問題点も少なくない。

　【私】が抱いた疑問、すなわち子どもの国籍決定、離婚後の外国籍の人に対する在留資格の問題などについて、どんな法律がどのような規律を定めているのだろうか。

第8章　国際結婚の解消

はじめに

　平成23年12月末現在における外国人登録者数は、207万8,508人（中国約67万人、韓国・朝鮮約54万人、ブラジル約21万人、フィリピン約21万人等）と公表されている[1]。このうち、在留資格別では、永住者が約98万人、定住者約18万人、日本人の配偶者等約18万人などとなっており、日本国内を日常生活の拠点としている外国籍の人々は、すでに稀ではなくなっている。そのため、外国籍の人たちと日本人たちとの人的な交流も進んでおり、一昔前であればほとんど見聞きすることがなかった国際結婚は、決して珍しいものではなくなっている。

　国際結婚によって築かれた家庭も日本人同士が結婚して築き上げた家庭も、その大半は平穏で幸せな、そして、平凡な毎日を送っている。もっとも、子どもの養育問題や夫婦のいさかいなど、どの家庭でも起こることが一定の割合で生起しているというのも共通である。そして、そのようなもめごとが夫婦の話し合いで上手に解決できない場合には、普段気にかけることがない「法律」が登場することになる。

　そう考えると、「法律」は、私たちの非常に身近にあることに気づかされるだろう。社会生活上の問題を一定のルールに従って解決していこうとするものが法律であるから、当然といえば当然であるが、現実に、法律によって一定の解決が導かれる場合は少なくないのである。

　そこで、身近に起こりうる国際結婚そして離婚にまつわる問題について、この事例を踏まえて、法律の視点から分析的に考えてみることにしよう。

1．二人の間の子ども──国籍はどこに

　国際結婚した二人の間に生まれた子どもの国籍は、どこの国になるのだろう。素朴な疑問ではあるけれど法律を知らなければその答えを出すことは難しい[2]。

　1　国籍を判定するための基準

　そこで、まずは、何が子どもの国籍決定の基準になるのか、考えてみよう。法律を知らないことを前提に、「普通に」基準を考えてみるとどうだろうか。基準になる出来事を考える場合には、その基準ができるだけ明確なものでなければうまく機能しない。あいまいな基準が立てられれば、その基準を読み解く人ごとに、違った意味内容を持つものとして理解されてしまう。これでは、基準としての意味がない。では、白か黒かはっきりさせることができる基準となる事実にはどのようなことがあるのだろうか。

　まず、だれでも思いつくことがある。子どもは、必ず母親の体内から出産される（代理母などの問題は除いて考える）ということである。これは、自然の摂理であり、だれの目から見ても明らかな事象であるから、普遍の事実といえるだろう。そうだとすると、母親の国籍と子どもの国籍を一致させることで、国籍の判定が難しくなることはないと考えられる。これはひとつの基準となるだろう（これを「母系血統主義」という）。

　もうひとつ、子どもが出生するその瞬間の「場所」は、だれの目にも明らかだろう（船旅の途中や旅客機の中などの例外的な場面はとりあえずおいておこう）。そうすると、子どもが出生した場所を基準として、その場所がどこの国に帰属するのかを国籍判定の基準とすることが考えられる。この基準に従えば、国籍の判定が困難となる

ことはないだろう（これを「生地主義」という）。

このように、法律を知らなくても、基準となるべき事実を推測することは可能である。もっとも、例示した基準以外に複数考えることができる国籍判定基準について、それぞれの国は、それぞれの考え方に基づいて法律を定めており、全世界共通の判定基準にはなっていない。たとえば日本は、子どもが出生したときに、「法律上の父又は母」のいずれかが日本人であれば、その子どもは日本国籍を取得することとされている（父母両系血統主義、国籍法2条1号）。他方、アメリカ、カナダ、ブラジルなどの諸国では、自国領内で出生した者を自国民とする生地主義がとられている[3]。

大まかな傾向として、血統主義をとる国々は国土が狭隘で移民を受け入れることが例外的な状況にあることが多いといわれ、生地主義をとる国々は自国内に移住してきた移民の子孫に自国民の地位を与えてその地位を安定させ、定着、同化を促す国策がとられているといわれており、そのような説明を受けると日本が血統主義を採用していることや、アメリカなどが生地主義を採用していることも納得できるだろう[4]。

2 法律（条文）の言葉遣いの重み

さて、国籍の判定基準が国によってさまざまであることは理解できたとして、Ｐが日本国籍を持っているかどうか、わかっただろうか。Ｐの父親が日本人だということからすると、どうやらＰは日本国籍を持っていそうである（先ほどの父母両系血統主義）。しかし実は、より詳細な事実がわからない限り断定することはできない。Ｐが【出生の時に】、Ｐの父親が【法律上の父】でなければならないからである。

括弧つきで表現した箇所には、重要な意味がある。さらっと読み飛ばしてしまいそうな表現ではあるが、法律上の言葉遣いに無駄はなく、一言一句にその言葉のもつ本来の意味が込められている。具

体的にどんな問題が潜んでいるか、想像できるだろうか。

　それは、子どもが生まれたときに「法律上の婚姻」が成立していない可能性である。このような場面で問題になるのは、日本人の（生物学上の）父親が「認知」をしていたのかどうかというような事情も合わせて問題になる。また、このほかにもいくつか法律上の問題が含まれている[5]。

　これらは、きわめてプライベートな内容に関わる事情であるから、このような事情について直接質問することは、設問にある【私】のボランティアとしての関わりを超えてしまうかもしれない。それにここから先の問題は、国際私法や民法の親族編に関するしっかりとした知識が必要になる。国際私法あるいは渉外家事といわれる分野に明るい弁護士に任せるのが確実だろう[6]。

2．夫婦の離婚——さまざまな法律問題が凝縮されている問題

　国際結婚を解消する離婚の手続は、日本人同士の結婚を解消する場合と違いがありそうである。その違いについて、法律の視点から考えてみよう。

1　夫と妻のいずれの国の法律を使うのか

　日本人同士の夫婦が離婚する場合、当然日本法が適用されることになるが、国際結婚の夫婦の場合には、夫と妻の国籍が異なっており、当然に日本の法律を使ってよいことにはならないだろう。つまり、いずれの国の法律を使って夫婦の離婚に関する法律問題を考えなければならないのかが、まず最初に問題となるのである（これを「準拠法」の問題という）。

　この問題については、『法の適用に関する通則法』という名前の法律に従って判断することになる。あまり耳にしたことのない法律

の名前ではあるが、その役割はきわめて重要であって、国内と国外との法律問題が交錯する場面では頻繁に参照される法律である。

そこで、法の適用に関する通則法を見ると、その27条が離婚の準拠法を定めていることがわかる。この27条によれば、準拠法は、まず次の条件をみたすのかどうかによって、確定されることになる。

第1条件：夫婦のうちどちらかが日本人で、日本国内で常に住んでいる場所がある場合⇒日本法が適用される。

冒頭の事例では、父親が日本人であり、日本国内に常に住んでいる場所があることになる（住んでいる場所について冒頭の事例ではあまりはっきり書かれていないが、【私】がこのことを確認することは、それほど難しくなさそうである）ので、日本法がこの夫婦の離婚問題に適用されることがわかる。

この事例では、第1条件以外の条件を検討することなく結論が出たが、場合によっては第1条件を満たさない夫婦もいるだろう（日本人の夫が海外の勤務先に単身赴任をしているといった事情など）。その場合には、第2条件（共通の本国法があるか）、第3条件（共通の常居所地法があるか）、第4条件（夫婦にもっとも密接な関係がある地の法はどこか）をそれぞれ検討していかなければならない（法の適用に関する通則法27条が準用する同法25条参照）。

これらの条件に関する判断には、法律の解釈の問題が生じるので、前記と同様、法律専門家に相談して間違いのない対応をとることが不可欠だろう。

2　夫婦の話し合いによる離婚を認める国、認めない国

日本は、夫婦の話し合いによる離婚を認めている国である。日常的な用語としても、「協議離婚」（＝すなわち、話し合いによる離婚）という表現が浸透している。離婚届を役所に持っていけば離婚できることは、結婚したことのない日本人であっても、成人していれば、

おそらくほぼ全員が知っているのではないだろうか。

　しかし、夫婦の話し合いによる離婚を認めている国が国際的に見て普通なのかといえば、必ずしもそうではない。日本は、国際的な視点に立てば、比較的簡単に離婚ができる国なのである。現実に、世界には、主として宗教上の理念との関わりから、離婚を許さない国がある。あるいは、離婚は許されるが夫婦の話し合いによる離婚は許容されず、裁判上の離婚だけしか認められないという国も多いのである。

　たとえば冒頭の事例で、外国籍の妻がブラジル国籍だったとしよう。日本人の夫は、日本国内で、協議離婚届を出せば役所はこれを受理し、はれて独身男性として再び婚姻することができる地位を得ることは問題がない。しかし、ブラジルでは、宗教上の理由もあり、法的別居を前提とする裁判離婚でなければ離婚は認められない。夫婦の話し合いによる離婚などは論外なのである。つまり、日本国内では有効な協議離婚手続（夫婦の話し合いによる離婚）がとられたからといって、ブラジル国籍の妻がブラジル本国でも独身者になれるかというと、そうではないということになってしまう。

　そうすると、ブラジル国籍の妻にとっては、ブラジル人として独身（＝再度の結婚ができる身分）になることができるかどうかは、本国が日本国内での離婚を承認してくれるか否かにかかっていることがわかる。

　そのため、ブラジル国籍の妻としては、日本人夫との協議離婚をしたとしても、本国では離婚が認められず、結局、意味がないことになってしまう。裁判所による裁判離婚の手続を踏まなければ、本国で離婚が承認される見込みがないからである。

　3　裁判所の手続を利用するとして、「日本の」裁判所でよいのか

　冒頭の事例で、外国籍の妻がブラジル国籍だった場合を考えてみ

たが、裁判離婚をしなければ意味がないことがわかったとして、日本の裁判所を利用することができるのかどうかは、すぐには決まらない。

　日本の裁判所を利用することができるかどうかという問題は、日本人同士の問題であれば生じないことである。冒頭の事例では、外国籍の妻と日本人の夫の問題であることから、検討しなければならないことになるのである（この問題を、「国際裁判管轄」という。「管轄」とは、たくさんある裁判所のなかで、どの裁判所がその事例の裁判を取り扱うかという区割りという意味である）。

　そこで、法律を探してみることになるのだが、実は、この問題を解決する法律は存在していない。

　このような結論をここで書くと、「それでは、問題が解決できない。ルールがないのではどうしようもない」と思われるかもしれない。

　社会生活上の問題を一定のルールに従って解決していこうとするものが法律である、ということは前にも述べたところであるが、そうはいっても、ありとあらゆることを法律で仔細にルール付けることは至難の業であることはおわかりいただけると思う。すべての起こりうる事象に対して法律による規律が存在しているとは限らない。これは、やむをえないことなのである。

　それでは、法律による明文が存在していないとして、ルールは存在しないのであろうか。答えとしては、ルールは存在する、ということになる。そのルールは、不文の法律であり、「条理」と呼ばれる。実際に、最高裁判所で問題となった事例があるが、そこで示された結論は、「条理」に従った法律解釈である[7]。その結論の内容は、裁判で言えば「被告」、家事調停であれば「相手方」の住所地を管轄する裁判所に国際裁判管轄があるというものであった。

　考えてみれば、裁判（調停も含めて）手続を利用するかしないかは、裁判所に手続を利用したいと申出る者（裁判では「原告」と表示し、

調停では「申立人」と表示する)の自由である(裁判を利用するかどうか、利用するとしてどのような裁判をしてほしいのかを決めるのは、利用したいと考える者次第である、という原則を、民事訴訟法上「処分権主義」と呼んでいる)。裏を返せば、裁判手続に呼び出されることになる者(裁判では「被告」と表示し、調停では「相手方」と表示する)は、予想もしていない場面で裁判所からの呼び出しを受けることになるということである。裁判手続で被告や相手方となった者は、突然、裁判手続を受けて立つ必要と手間が生じることになる。そして、裁判手続の中で、自分の意見を表明しなくてはならないのである。そうすると、遠くの裁判所に呼び出されたのでは、その裁判所に出向くことすら難しくなってしまい、裁判手続を受けて立つこともままならなくなってしまいかねない。下手をすれば、外国の裁判所に出向くことにすらなりかねないわけである。そう考えると、最高裁判所の解釈は、条理に従った納得のできる判断であることが理解できるのではないだろうか[8]。

冒頭の事例についてみると、夫婦のどちらから裁判手続を利用することになったとしても、(今のところ)日本国内の同じ住所地に住んでいるようであるので、その住所地を管轄する裁判所に裁判手続を申し立てることになることがわかるだろう。

4　日本の「どのような」裁判手続を利用するのか

離婚に関して利用できる裁判手続は、「家事調停(家庭内の出来事に関する調停全般を指す)」「人事訴訟(離婚など身分関係に関する訴訟全般を指す)」の2つである。それでは、どちらの手続をとるかは、裁判手続を利用したい者が自由に選択すればよいのだろうか。

日本の法律に従うと、「家事調停」か「人事訴訟」を勝手に選択することはできない。原則として、まずは「家事調停」手続を行い、家事調停で協議が調わなかった場合に初めて「人事訴訟」を提起で

きるという仕組みが採用されているからである。

　これは、「法は家庭に入らず」という日本の法律に共通する考え方を反映している[9]。家庭内の出来事には、法律というルールで割り切ってしまうことが必ずしも望ましいとは言い切れない側面があることは、だれしも否定はしないだろう。そこで、離婚という家庭内の問題についても、夫婦2人の協議を先行させ（協議離婚と家事調停）、その夫婦の協議が調わない場合に初めて法律が介入する（人事訴訟）こととしたのである。

　冒頭の事例でも、離婚について、裁判手続を利用するのであれば、まずは、家事調停からということになる。

　家事調停は、家庭裁判所の窓口に出向くことで書式を入手することができる（出向かなくとも、各家庭裁判所のHPから書式が入手できる）。書式に必要な事柄を書き込んでいくことで申立書が作成できるため、弁護士の手を借りなくとも利用できる手続であるといわれている。ただし、実際に書式に書き込もうとするとよく理解できないことがあるものだが、家庭裁判所の窓口では、手続に関する説明も行ってもらえるので、ここで確認するのが無難だろう[10]。申立書類には、住民票や戸籍を添付しなければならないことや、定額の印紙を貼付したりする必要もあるから必要書類などをしっかり確認することが必要だろう[11]。

　家事調停手続は、裁判所を利用した協議の方法ではあるが、当事者双方が同席して協議をする扱いはほとんどない。それほど広くない一室で男女1名ずつの調停委員に対して、一方当事者が事情を説明し、その後、他方当事者と入れ替わって他方当事者もまた調停委員に対して事情を説明するという方式が一般である[12]。

　このような家事調停手続の中で、当事者双方の合意が成立した場合には、「調停調書」と呼ばれる書類が作成され、その合意内容を裁判所が公証することになる。この調停調書に記載された内容につ

いては、正式裁判が確定した場合と同様の効力を有するのであり、単なる当事者の合意内容を確認することだけにとどまらない意義がある。

ところで、ブラジル国籍の妻の場合には、裁判離婚でなければブラジル本国で有効視されないことを確認したが、問題は、調停での離婚が裁判離婚とブラジルで評価されるのかどうかである。この点に関しては、日本国内の法律家の間でも議論がある。裁判所の関与があることから協議離婚とは違うという考え方を基礎に、調停調書にあえて「この調書は確定裁判と同一の効力を有する」との文言を付記する扱いや、調停に代わる審判（家事事件手続法284条）を行う扱いも必ずしも統一されていない。もっともさまざまな工夫がなされているところであるので、裁判所と十分に協議をしてブラジル国籍の妻にとって不利益にならないような扱いを求めることが必要になるだろう。

ところで、家事調停はいつでも調うわけではない。調停手続はあくまでも当事者の協議による解決であるから、当事者同士の意見の食い違いの溝が埋まらない場合や、一方の当事者が自分の意見に固執して一歩たりとも譲歩する姿勢を見せない場合など話し合いの糸口をつかむことができない場合には、合意にたどり着くことができないこともある。

そのような場合、調停手続では離婚が成立しない。そうなると、どうしても離婚を望む一方当事者は、裁判手続（＝訴訟）をとるしか方法が残されていない。

5　訴訟を提起する場合に離婚の理由はどんなものでもよいのか

夫婦の感情は微妙なものである。そもそも愛情の濃淡とか、愛想が尽きることについて、法律がとやかくいうことはできないし、法律が適用されるような問題でもないのかもしれない。そう考えると、離婚を望む夫婦の一方は、どんな理由であっても、愛情が失せてし

まったのであるから離婚を求めて訴訟を提起できるとしてもおかしくはないだろう。

しかし、事実上同居をして共同生活を営んでいるカップルと、婚姻届を提出して法律上の夫婦となっているカップルとでは、社会保険、税金、自治体の事務などさまざまな場面で扱いが違っているのが現実の社会である。

これは、法律上の夫婦になることに特別の効力があるからだと理解されている。この特別の効力については、結婚が夫婦２人だけのことであるのに広く社会全体に影響することから、講学上、対世効と呼ばれている[13]。そして、離婚は、法律上の夫婦を解消することであるから、結婚した場合と同様、広く社会に影響を及ぼす対世効があることになる。

そうすると、単に相手のことが嫌いになったとか、別の人と結婚したいからとか身勝手ともいえるような理由も含めて、どんなことを理由としても訴訟で離婚を請求できるというのは、離婚の効果が社会一般に及ぼす影響力が大きいことを考えると、必ずしも好ましくないことがわかってくる。

日本の民法は、このような対世効を考慮して、訴訟で離婚を請求できる理由を表8-1に記載した５つに絞り込んでいる。

表8-1　日本で離婚訴訟が提起できる場面

【離婚を訴訟で請求できる理由は、次の５項目】
1　配偶者に不貞な行為があったとき
2　配偶者から悪意で遺棄されたとき
3　配偶者の生死が３年以上明らかでないとき
4　配偶者が強度の精神病にかかり、回復の見込みがないとき

> 5　その他婚姻を継続し難い重大な事由があるとき
> 　　　　　　　　　　　（民法770条1項より抜粋）

　法律上の夫婦には、社会生活上も当然のことといえるだろうが、次のような義務が課されている（民法752条）。すなわち、「夫婦は同居し、互いに協力し扶助しなければならない。」のである。これを、同居義務、協力義務、扶助義務という。表8-1にある不貞行為、悪意の遺棄、3年以上の生死不明、回復の見込みのない強度の精神病については、いずれもこれらの義務を果たすことができないか、その義務に違反するものであることがわかるだろう[14]。

　もうひとつの離婚事由である「その他婚姻を継続し難い重大な事由」とはどのような事由なのかは、言葉だけから読み取ることは難しい。しかし、先ほど述べたように、同居、協力、扶助義務の観点から離婚訴訟を提起できる場面を限定したということがわかっていると、これらの義務が履行できないか、そのような義務を負わせることができないような「重大な」事由であれば、すべて含まれていると考えることになるだろう。この「その他婚姻を継続し難い重大な事由」という、いわばある一定の事柄であれば何でもよいという包括条項は、夫婦の同居、協力、扶助義務を期待することが困難な夫婦関係の破綻がある場合を念頭においたものなのである。典型的なものは、家庭内での暴力行為である。

　冒頭の事例で、訴訟で離婚を請求することになった場合には、この離婚請求が認められる事情があるのかどうかをまず検討しなければならない。この問題については、家事調停とは違って、弁護士の助力を必要とするだろう。訴訟段階に至ってしまった場合には、専門家である弁護士に訴訟手続を依頼しなければならなくなるだろう。

6　離婚に付随する問題―― 子どもとの関わり

　離婚をするという目的はともかく、法律上、婚姻関係を解消する際に、ほかに付随する問題について、離婚と合わせて結論を出さなければならないことがあるのかどうか考えてみたい。

(1) 親権者の指定

　冒頭の事例で問題になるのは、小学生のＰに関わる問題である。未成年者については、父母が婚姻期間中は、父母が共同親権を行使する（民法818条3項）。しかし、婚姻が解消されてしまったらどうなるのだろうか。

　日本の法律では、父母が離婚をする場合には、未成年者について、父か母のいずれか一方を、その未成年者の親権者として定めなければならないことになっている（民法819条1項、同条2項参照）。

　しかし、子どもにしてみれば、父母ともに自分の親であるという意識が強いのがごく一般的なケースである。どちらか一方だけが好きなのではなく、父母双方を平等に敬愛していて、父母が仲良くしてほしいと願うのが子どもの心理であり、それは家族の真理かもしれない。そうすると、離婚したあとに、父母のどちらか一方だけに親権を定めなければならないという法律に、問題がある可能性がある。

　世界に目を向けると、親が離婚した場合の親権者の帰趨については、日本法のような考え方ばかりではない。国際的な視点に立つと、親が離婚したあとであっても、父と母との双方に子どもに対する親権を容認している国も少なくないのである（ブラジルでは、離婚時に日本と同様、どちらか一方が親権者になる仕組みである）。現在の日本では、離婚成立後の父母がそれぞれ親権を行使することに関する法整備についても議論されている状況であり、場合によると、近い将来、法律の改正がなされるかもしれない。

もっとも、今の日本の法律はそうなっていないから、離婚するときに、同時に、Ｐについて、父か母のいずれかの親権に服することが決定されることになる。

　実際の離婚訴訟では、子どもの親権者という地位をめぐって、厳しい対立関係が夫婦の間に生まれることが少なくない。そして、父母のいずれも親権者として不適格であるという事情もなく、どちらがより適格かという優劣をつけがたい場合も多く存在する。非常に難しい問題であり、紛争が長期化する原因にもなっていることは否めない。

(2)　面会交流の実施

　もうひとつ、親権をめぐる争いと同様に深刻なのは、子どもとの面会交流をめぐる争いである。父母のいずれかが子どもの親権者となることについては争いがないものの、子どもと同居して監護養育していない親としては、子どもの成長を見守って交流をしていきたいと願うのが通常の親の心情であることから、面会交流の実現を求めることになる。もっとも、監護養育している側の親はこの面会交流の実施を拒絶的に捉えることが多い。離婚をしたのだから、関係の一切を絶ってほしいという思いが強くなるためだろう。ここに双方の相克が生じ、紛争の長期化を招いてしまうのである。

　また、面会交流を実施すること自体には争いがない場合であっても、その実施の方法（子どもを泊まらせるかどうか等）、実施場所、実施する頻度（毎週のように会わせるべきか、子どもの長期休暇期間中だけにするのか等）など、面会交流の細目を決定しようとすると、なかなか双方の納得が得られにくくなる場合も多々ある。

　面会交流に関しては、家庭裁判所のとる立場は非常にわかりやすい。子どもの成長にとって阻害要因がないかぎり、面会交流を積極的に行うという立場である（これを法律用語では、「子の福祉に反しな

い限り」という表現で言い表すことが多い)。アメリカ・オレゴン州における実証的な研究成果としても、父母の離婚後、同居しなかった親と良好な関係を保った子どもについて、心身の成長によい側面があることが報告されており[15]、「子の福祉」の観点に立てば、夫婦の相克はともかくとして、子どもと面会交流を実施することが望ましいといえるだろう。そのため、家庭裁判所は、面会交流に消極的な親に、面会交流の持つ子どもにとっての意義や役割などを理解させるべく説得を行うのが通常となっているのである。

なお、面会交流の問題は、親権者の問題と違って、離婚と同時に決定する必要がない。離婚成立のあとで、問題になることも少なくないのである。

(3) 子どもの養育費用の支払い

さらに、離婚後の子どもの養育費用をめぐる問題もなかなか難しい問題である。

夫婦は離婚したとしても、子どもの成長に必要な経済的な負担は避けて通ることができない。そうすると、父母の経済力に応じて、それぞれが応分の負担をすることは当然のことになるはずである。

しかしながら、理屈はそうであっても、子どもと別居して過ごすことになる親が養育費用を負担していくことについては、難しい問題が付きまとう。毎月の費用を求めるほかに、進学が予想されれば進学費用なども問題になってくるだろう。

この問題を早期に解決するために、家庭裁判所では簡易な試算方法を考案して用いられるようになった。この試算は、毎月の養育費の負担額に関するものであるが、夫婦双方の年収額が判明することでほぼ機械的に月額の養育費が算定できることから、現実の手続においてはこれが汎用されている。そのため、養育費をめぐる紛争については、一定の解決を予測することが可能な状況ではある。

もっとも実際に問題になるのは、養育費用を支払うことを合意したものの、数年、場合によっては数ヶ月でその支払いが滞ってしまい、催促をしても支払ってくれなくなってしまうというような事態である。

　法律上、このような無責任な態度に対する対抗措置は整備されてきてはいるが[16]、実際に不払いを受けた側が裁判手続によるアクションをとらなければならず、事実上の負担はあるといえるだろう。

7　離婚に付随する問題——金銭的な処理

　離婚に伴って、必ずと言っていいほど問題になるのは、金銭的な問題である。

　それは、夫婦が婚姻してから婚姻を解消するまでの期間に形成してきた夫婦共有財産を分配する「財産分与」と、だれでも思いつく「慰謝料」の問題である。これらの問題は、離婚と同時に決着をつけなければいけないというものではないが、離婚紛争と同時に審理されることが多い。

　財産分与に関する問題は、簡単なようでてなかなか難しい。住宅を購入していたとしても住宅ローンが残っている場合にどうするのか、現時点ではともかく10年～20年先に勤務先を退職する場合の退職金（見積額）が分与の対象になるのかなどといった複雑な問題が存在する。

　慰謝料の問題も、実はそれほど単純なものではない。慰謝料は、そもそも夫婦の一方当事者が離婚事由を作り出したこと（有責性）が裁判上明らかにならなければ認められるものではない。法律相談の現場では、離婚になれば必ず慰謝料をもらえると思い込んでいる人がいることを感じるが、そうではない[17]。

　どのような場面で、どの程度の慰謝料が見込まれるのか、慰謝料の請求が時効によって消滅していないかなど、慰謝料についてはいろいろと法律的な課題が多い。そのうえ、金銭的な問題だけに、当

事者の思惑や思い入れが錯綜する度合いが大きい。この問題は、専門家である弁護士に委ねなければ適正に解決することは難しいだろう。

3．外国籍の妻にとって離婚は日本在留に影響がないのか

　さて、離婚の問題とは別の問題、在留資格の問題についても検討してみるべきだろう。外国籍の人たちが日本国内に滞在することができる資格（これを在留資格という。通常の会話の中では、在留資格のことを「ビザ」と呼んでいることが多いので、以下ではこの用語を使うこともある）にはたくさんの種類があるが、日本人の配偶者と婚姻している場合には、「日本人の配偶者等」という在留資格を持っていることが多い。「日本人の配偶者等」という在留資格は、とても安定した在留資格であり、日常生活において日本人とほとんど遜色がない活動をすることができる。しかし、離婚をしてしまえば、日本人の配偶者ではなくなることから、外国籍の妻にとって、離婚をしても日本に滞在し続けることができるのかどうか、それまでの在留資格がどうなるのかということに関心が集まるのである。

　この問題を考える前提として、海外旅行に出向くことを考えてみよう。あなたが日本人であるとして、日本国内を出て、外国に旅行に行くとした場合、その目的とする外国に入国するためにあらかじめどのような手続を踏むのだろうか。

　基本的には、その外国に観光目的で入国するためのビザを申請してあらかじめ取得しておくことになる（日本との交流が盛んな国々との間では、いわゆる観光ビザを不要とする特別な国家間の合意があることも多い）。このビザがなければ、国際空港にかならずある入国管理局のカウンターでチェックされ、入国を許されず、そのまま帰国をさせられる（場合によっては身柄拘束を受けることもあるだろう）。

　これと同じように、日本国内に入国できた外国籍の人たちも、みな、

それぞれにビザを持っている。有効なビザなしに、日本の入国管理局は、外国籍の人を日本国内に立ち入らせることはない。ビザの期限が切れている外国籍の人がいるとすれば、それは「不法残留」という罪であり、日本国内の警察によって逮捕され、裁判手続で有罪判決を受けたうえで、国外への「強制退去」処分を受けることになるだろう。そうであるから、ビザの問題は、外国籍の人たちにとって非常に深刻な問題なのである。

さて、冒頭の事例で外国籍の妻が離婚したとしよう。ビザは、それぞれに有効期限があるため、離婚したとしてもそのとき保有しているビザの有効期限内であれば、そのまま「日本人の配偶者等」という資格で日本国内にとどまることができる。これは問題がない。

問題は、そのビザの有効期間が切れる際に行われる更新手続である。すでに離婚しているとすれば、「日本人の配偶者等」という資格のビザを更新することはできない（さらに別の日本人と婚姻が成立している場合を考えないこととする）。日本人との関係性を尊重して「日本人の配偶者等」というビザでの在留が認められていただけであるから、日本人との関係性を解消した以上、本国へお帰りいただく以外にないというサッパリとした意見を、入国管理局は持つだろう（そして、離婚した本人も母国への帰国を望んでいれば特に問題は生じない）。

ただし、離婚してもなお日本国内にとどまりたいと考える外国籍の人たちも少なくない。冒頭の事例で、離婚後も日本にとどまりたいという場合、ビザの問題はどう扱われることになるのだろうか[18]。

考えられる手だてのひとつは、「永住者」の資格に変更する申請を行うことだろう。「日本人の配偶者等」というビザでおよそ10年程度の長い期間日本に生活の本拠を置いて、平穏な一市民として生活していた場合には、「永住者」への資格の変更が認められる可能性がないわけではない。

もっとも、確実に日本にとどまることができるかどうかは、上記

の方法ではわからない。確実性を期すのであれば、日本人の夫との間に生まれた子どもPとのつながりを根拠にする資格の変更を考えるべきだろう（ここでは、Pが日本国籍を有していたことを前提に考えている）。

入国管理局は、日本人と関係性を有する外国籍の人たちについては、最終的に日本人の利益になるという考え方のもと、ビザを与えていくことが通常である。そして、Pは子どもにすぎず、子どもの日本人であるPには、Pを監護養育する親が必要である。つまり、日本人Pの親権者が外国籍の妻であれば、日本人との強い関係性ゆえに、日本にとどまって日本人Pの監護養育に努めてもらう＝日本国内での滞在を許可するビザを与えることにつながるのである（具体的には、「定住者」という在留資格を付与されることになる）。

そうすると、日本人の夫との離婚の際に決定していたPの親権者がだれであったのかということによって、外国籍の妻がこのまま日本に滞在し続けることができる確実性に差が生じるということになる。確実に日本に滞在し続けたいということであれば、外国籍の妻がPの親権者に選任されていなければならない。

冒頭の事例で、外国籍の妻がPの親権者に選任されていたとすれば、「日本人の配偶者等」のビザを更新する際、その事情を証明して、「定住者」のビザを得て、日本国内への滞在が確実に実現することになるだろう。

おわりに

ここまで、冒頭の事例をもとに、外国籍の妻と日本人の夫が離婚することを念頭に、さまざまな法律問題が生じることを検討してきた。単なる離婚の問題であるのにもかかわらず、たくさんの法律が関係してくることが実感できたのではないかと思う。冒頭の事例で

ボランティア活動をしている【私】としては、ここまで詳細な法律知識を兼ね備えている必要性はないだろう。

　ただ、「離婚の際に、いろいろな局面で法律を知らなければ正しい行動選択ができないことがある」ということを知ることは、非常に大切なことだろう。自分の国を離れて日本で生活をしている外国籍の人たちが、日本の法律を知っているはずもない。自分の国とはルールそのものが違っていることすらあるのであるから、外国籍の人たちが自分の国のルールと同じ感覚で行動するとミスリーディングを犯してしまいかねない。そんなとき、大まかにでも問題となる場面を心得ているボランティアが、その場面を意識して相談に乗ったり事情を聴いたりすることができれば、どんなに有用だろう。

　もちろん、法律的な結論を出すことは、専門家でない立場では慎まなければならない。このような法律問題の解決には、最終的には専門家の助力を得ることが必要になるのである。弁護士を利用することができるということを改めて確認することも大切な意味を持つだろう。

　ところで、体調を崩したり、具合が悪くなったときには、医療の専門家である医師の診察を受けることは一般化している。そのことと比べてみたときに、法律問題を解決する方法として、専門家である弁護士に相談しようという選択肢がポピュラーにならないのはなぜだろうか。

　ひとつは、費用の問題だろう。医療保険は、日本において、国民皆保険が実現していることから、医療費の負担は実際にかかる費用の3分の1程度で収まっている。ところが、弁護士に相談する際の費用は全額相談者が負担しなければならないことから、足が遠のきがちなのかもしれない。そのうえ、明瞭会計の「回転寿司」の店に入るのと違って、高い相談料がかかってしまうという先入観が邪魔をしているのかもしれない。

第8章　国際結婚の解消

　しかし、各地の弁護士会では、法律相談会場を多く設けているうえ、相談内容によっては無料となっているものも数多い[19]。ぜひ、自分の居住している都道府県の弁護士会のホームページを閲覧してみてほしい。地域によって異なるものの、法律相談に関する情報が簡単に入手することができるだろう。

　もうひとつは、悩んでいる問題が「法律」に関係する問題であるとは考えていないということかもしれない。結婚や離婚は日常生活の中でありうる出来事であるから、法律問題がそう深く関わるとはすぐには思いつかない。しかし、その懸案事項が実は法律に関わる問題であり、弁護士に相談することで解決への指針が開けることは少なくないのである。

　冒頭の事例の【私】としても、法律に関係する問題が潜んでいるかもしれないという直感を働かせている場合とそうでない場合とでは、おそらく大きな違いがあるのではないだろうか。弁護士という法律の専門家との懸け橋を担う役割は重要な意味を持つだろう。

●研究課題●
- いまみなさんが参加しているボランティア活動、サークル活動などの仲間に外国籍の人たちがいるとしたら、その人たちの出身母国の法律で、結婚や離婚に関する異同をとりまとめて各人が取り組んでいるボランティア活動や国際交流活動などで役立てられることがあるだろうか、意見を交換してみよう。宗教的な違いや文化圏の違いなども意識してみるとよいだろう[20]。

●キーワード●

国　籍

各国の法律により、生まれた人が自国の国民に属するか否かの基準が決められている。これによって取得するのが国籍である。場合によっては二重国籍となることがあるが、重国籍の解消のための手段も併せて法定されている。

準拠法

どこの国の法律に基づいて紛争を解決するかが法律により決められている。その振り分け基準によって適用が定められる法律のことを準拠法という。外国とのかかわりが生じる紛争（=渉外事件という）では必ず問題となる。

親　権

未成年の子どもに対する監護教育、子どもの財産の管理、子どもの扶養義務を包括して、親権と呼ぶ。「権利」という用語を用いるが、義務の側面が強い。日本では、婚姻中は両親が共同して親権を行使するが、離婚後はどちらか一方のみが親権を行使する制度となっている。

面会交流

離婚後に子どもの親権をもたないこととなった親が、親権者に対して、子どもとの面会交流などを通じて監護教育に携わることを指す。親の権利であるとか、子どもの権利であるなどと諸説がある。

在留資格

外国籍の人が国内にとどまることができる資格のことをいう。さまざまな資格が法律で定められているが、いずれかの資格がない限り国外退去を命じられてしまう。在留資格を付与するかどうかは国家の判断に委ねられている側面があり、しばしば問題が生起する。

[注]

(1) 法務省入国管理局が平成24年6月8日に発表した統計結果による（http://www.moj.go.jp/nyuukokukanri/kouhou/nyuukokukanri04_00021.html）。

(2) 法律を調べるためには「六法全書」を探すと考える人も多いだろう。しかし、「六法全書」は網羅的かつ専門的な書籍であるので、初学者が法律を調べるツールとしてはあまり適さない。法律家も日常使っている「模範六法」「判例六法」などが手に入りやすく情報も適量であるが、初学者には、さらにコンパクトな「ポケット六法」「デイリー六法」などのほうが使いやすいだろう。

(3) それぞれの国の法律がどのように定められているかの詳細については、日本にある各国の大使館に確認することが正確である。書籍としては、木村三男監修『全訂渉外戸籍のための各国法律と要件（上・中・下）』が有用である。

(4) 南敏文編著『全訂Q＆A渉外戸籍と国際私法』p.197参照。

(5) 認知に関係する国籍取得の問題として従来批判の強かった旧国籍法3条に関し、最高裁判所大法廷平成20年6月4日判決は、旧国籍法3条についての事実上の違憲判決を下したものと評価でき、これをきっかけに現行法の国籍法3条へと改正されている。

(6) 各地の弁護士会には、法律相談窓口が整備されているから、これを利用するのが確実である（有償か無償かは弁護士会によって異なるので、あらかじめ電話で確認するのがよいだろう）。経済的に窮している人の場合には、日本司法支援センター（通称「法テラス」）の各地方事務所において無償の法律相談も利用できるが、担当してくれる弁護士が国際私法等に精通しているかどうか確認をしておくべきだろう。また、各都道府県や市町村には、国際交流協会が置かれているところがあり、外国籍の人の日本人との意思疎通や法律家との接点の手助けになる。

(7) 最高裁判所大法廷昭和39年3月25日判決での判断が先例となっている。

(8) 日本の民事訴訟法において、被告の住所地が裁判管轄になるとされており、家事調停でも、家事事件手続法で、相手方の住所地がやはり裁判管轄になると規定されている。

(9) たとえば、窃盗犯人が被害者の親族である場合には、基本的に犯人が処罰されない仕組みを刑法は採用していることなどがその例である。

(10) 平成25年1月1日からは、家事事件手続法が施行され、申立書を相手方に送付する取り扱いが基本となるなど家事調停に関する手続もそれまでと比べて変化していることには、注意すべきだろう。

(11) 平成24年7月1日から、一定の永続する期間日本に在留することができる外国籍の人たちについては、日本人と同じ、住民票が作成されることになった。

(12) ＤＶ事案等特別の配慮を求める事案については、あらかじめ家庭裁判所に申し出ることで、当事者間が裁判所内で出くわすことがないよう配慮してくれるのが通常である。

(13) 通常、当事者間の私的な約束は、部外者に影響を及ぼすことはない。しかし、結婚することの合意は、単なる夫婦の間の私的な約束のように思えるのに、その効力が約

⒁　強度の精神病に関しては離婚事由とすることに異論が強い。
⒂　東京弁護士会弁護士研修センター運営委員会編『離婚を中心とした家族法』(2002年) p.95。
　　25年間にわたる追跡調査の結果として、非監護親との良好な関係を維持できた子どもは自尊感情を保つことができ、抑うつ感情に支配されることがなかった、という内容が紹介されている。
⒃　公正証書や調停調書などで定めた養育費の支払いが滞った場合、強制執行手続が行われることになるが、その場合に給与を差し押さえることができる範囲が養育費などの場合には拡大される等民事執行に関する手続整備がなされている。
⒄　学説としては、有責性を問題とせずに慰謝料請求を認めようという考え方も存在するが、裁判実務ではこれを採用するところとなっていない。
⒅　在留資格の問題については、この問題を取り扱っている弁護士のほか、入国管理局関係業務を取り扱っている行政書士が専門家である。
⒆　筆者の所属する群馬弁護士会では、ちょっとした相談を弁護士にしてみたいという方のために「10分間電話相談」を実施しているし、面談による30分間程度の相談であっても離婚問題など「家事事件相談」については、初回の相談料が無料である。
⒇　各国の法律制度の調べ方としてはその国の大使館に問い合わせることが一番正確である。専門書ではあるが各国法制をまとめた書物も入手できるから、これを参照することも有益だろう。

[参考文献]

法曹会 (2010)『渉外家事・人事訴訟事件の真理に関する研究』法曹会
加藤文雄 (2010)『新版渉外家事事件整理ノート』新日本法規
南敏文 (2010)『全訂Q＆A渉外戸籍と国際私法』日本加除出版
東京弁護士会外国人の権利に関する委員会編 (2006)『実務家のための入管法入門 (改訂版)』現代人文社
内田貴 (1999)『民法Ⅳ (初版)』東京大学出版会

第9章 難民認定申請者（Asylum seekers）の生活とこころ

野田文隆

問題提起

　私（大学2年生）は新聞やテレビのニュースで、戦争や政治的内乱で国に住めなくなった人が国の外に避難することを「難民」になることと思っていた。とても大変で可哀そうなことだと思っている。その人たちが国を出ていく映像などはよく見ていたからだ。つまり、出ていく方の現実は少しは知っていた。

　でも、難民になった人はいったいどうやって異なる国に受け入れてもらえるのだろう？　もし、受け入れてもらえなかったらどうなるのだろう。出ていく方の現実ばかりに目がいっていたけれど、入ってくる現実のほうはまったくといって知らない。

　日本ではいったいどうなっているのだろう？　果たして日本には難民は来ているのだろうか？　もし、来ているのなら彼らはどう暮らし、どのような困難に出合っているのだろう？

(Kevin Carter,1993, Roiter Sun)

はじめに

　この1枚の写真にでてくる少女を考えてみよう。この娘は飢えでやせ細り、もう立つ元気もなくしている。そこにハゲワシが襲いかかろうとしている。

　この写真はアフリカのいくつかの地域で起こっている現実を示している。部族紛争、戦争による家族の崩壊、飢饉、貧困、飢え、子どもの死、人身売買、そして難民化という現実である。この少女が運よくハゲワシの餌食にならなかったとすれば、この子とその家族（もしいるとすれば）は難民という運命をたどる可能性が高い。このような人たちが難民として、たとえば、国境沿いにある難民キャンプに入りそこから海外へ出ていく。

　難民の背景にある現実はさまざまであるが、1951年に制定された難民条約（難民の地位に関する条約）では「人種、宗教、国籍、政治的意見やまたは特定の社会集団に属するなどの理由で、自国にいると迫害を受けるかあるいは迫害を受ける恐れがあるために他国に逃れた」人々と定義されている。現在世界には1,537万人（2011年末、

国連高等弁務官事務所発表〔UNHCRホームページ〕）の難民がいる。

難民はどの国へ行ってもすぐに難民として認定され受け入れられるわけではない。本当に難民条約を満たす難民かどうかという厳しい審査を受ける。その審査の期間にある難民を「難民認定申請者（Asylum seeker）」と呼ぶ。日本は、先進国の中では難民認定申請者を難民と認める難民認定率はきわめて低い（2011年で約1％、カナダでは44％、アメリカでは30％、イギリスでは23％）（UNHCR, 2011 Global Trends）。つまり世界の先進国に比べ、日本は難民として認められることがきわめて厳しい国であり、難民認定を求めて日本にやってきた人のほとんどは難民と認められない生活をしている。それがどのような現実であるのか、難民認定申請者の実際の語りも交えて、本稿では触れていきたい。

1．日本の難民受入れの歴史

1　インドシナ難民の受入れ

1975年4月ベトナム戦争が終結した後、日本にも1975年5月、最初のボートピープルが上陸し、一時滞在を認められた。その後もボートピープルの到着が相次いだ。難民条約に加盟していなかった日本政府は、1979年7月インドシナ半島から出てきた難民に限り受け入れるという特例を作り、ベトナム、カンボジア、ラオスからの出国者を「インドシナ難民」と呼んだ。インドシナ難民に限って受け入れるという考え方は世界では例外的なことであった。当初、受入れ人数は500人と制限していたが、欧米諸国の外圧によって徐々にその枠を広げ、1994年には1万人であった枠も外し、インドシナ難民であれば制限なく受け入れ始めた。また1980年から2005年までは、合法出国計画（ODP：Orderly departure program）、に基づき呼び寄せ家族も受け入れた。インドシナ難民に対しては長崎県の大村

にレセプションセンター、東京都の品川、神奈川県の大和、兵庫県の姫路に定住センターを作り、数ヶ月滞在させ、日本語教育と就労支援を行った。その頃は、インドシナ難民以外の難民、いわゆる条約難民の数は少なく、少数に限り人道的な立場で受け入れる姿勢をとっていた。

2　条約難民の移入

難民が増加する国際情勢の中で、1982年、日本は難民条約に加盟し、難民認定制度を導入した。インドシナ難民受入れ時は国際法に準じない超法規的難民受入れだったといえる。インドシナ難民の受入れの終わった2005年以降は、条約難民として申請してくる難民認定申請者（Asylum seeker）が急増した（図9-1）。しかし、日本政府にとってインドシナ難民で終結したと思った難民がこのように急増することは予期せぬことであり、正式な予算化もコミュニティベースの適

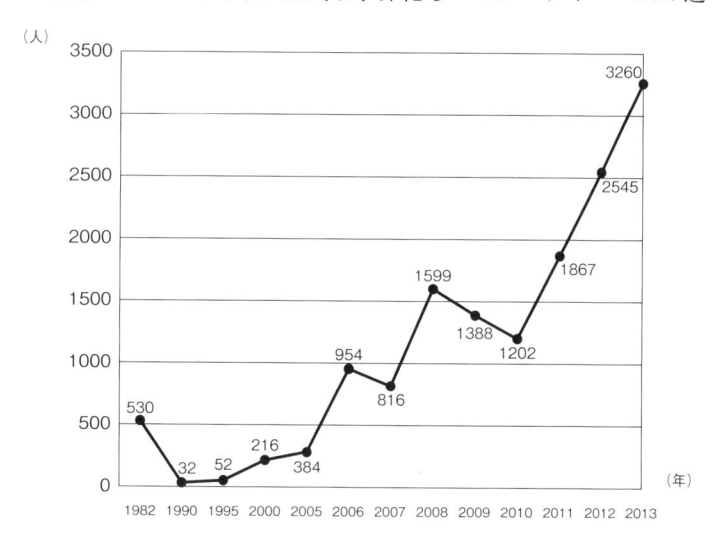

図9-1　難民認定申請者数　（出典；法務省ホームページ「平成25年における難民認定者数等について」）

第9章　難民認定申請者（Asylum seekers）の生活とこころ

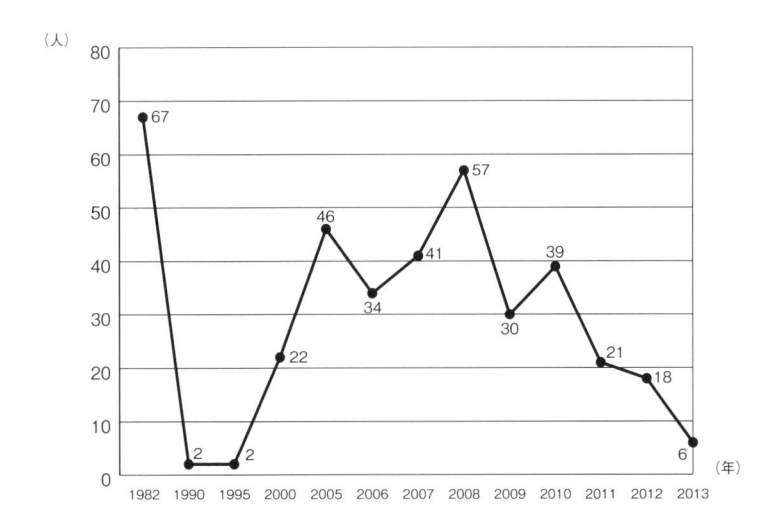

図9-2　難民認定数　（出典；法務省ホームページ「平成25年における難民認定者数等について」）

応援助もほとんど用意しておらず、その状態は今日まで続いている（2012年11月）。実際、難民認定申請者は1990年に32名、1995年に52名だったものが、2011年には1,867名、2012年には2,545名、2013年には3,260名と増加している。一方、難民認定される数は、2011年で21名、2012年で18名、2013年で6名ときわめて少数である（図9-2）。これでは国際社会の動きに協調していないことから、新しい方策として、2010年から第三国定住という制度が開始された。第一次庇護国であるタイのメーラ・キャンプに滞在するミャンマー難民を一年に30名、3年間で90名受け入れ、定住支援を行うというプロジェクトである。国連難民高等弁務官事務所（UNHCR）や国際移住機関（IOM）の協力を得て、キャンプサイトでミャンマー難民を選定し日本で定住難民として受け入れることとした。2010年は5家族27名、2011年は4家族18名がやってきたが、2012年は希望者はいなかった。個別に流入してくる難民認定申請者数に比べれば希望者数は少なく、

期待したほど成果があがっていない現状である。

２．難民認定申請者の現実

1　日本の難民認定申請者

　難民になりたいと申請した人は日本ではどのように扱われるのであろうか。たいていはお金もなく、住むところもない人たちである。外務省の外郭機関の難民事業本部（RHQ）により、原則として４ヶ月間「保護費」というものが支給される。１日の生活費は1,500円、住居費は上限「月４万円」である。この申請期間中は働いてはならず、生活保護を申請することも許されず、日本の医療保険に入ることもできない。ただし、必要な医療費については審査を経て後払いで払われる。問題は４ヶ月の間に法務省が結果を出すことは少なく、難民申請に関する判定は平均１年８ヶ月かかることである。保護費による生活費は月額約4.5万円であり、生活保護よりずっと安い。また、医療費は出るとはいえ、領収書をRHQに持っていっての後払いであり（保険がないので自費負担となる）、医療機関で払うお金のない人はほとんど医療を利用できない。つまり、難民認定申請者は申請期間中、極度の貧困の中で、飢えをしのぎ、病苦と戦いながらひたすら判定を待つということになる。

　しかし、それだけ待っても難民申請は却下されることが多い。異議申立ての申請に挑戦する人が多いが、また、待たされて却下されるとそこからは違法滞在となる。その時点で逮捕され法務省入国管理局の収容施設に収監される人も多い。２回目の難民申請はできるが、その場合はもう「保護費」の適用はない。しかも、就労はできず、日本の社会保障を受けられない状態は続く。法務省の却下の判断は難民の資格を満たさない、偽装難民であるということなのであるが、それはUNHCRの判断と食い違うことも多い。欧米の難民認

定率が高い事実を見ると、難民認定申請をするなら欧米のほうが有利であるという国家間格差が生じている。

　もう数年間、仮放免（収監された後、不法滞在の罰則から放免されている状態であり、いつでも拘束し、強制送還する権利があるというステイタス）の状態にあるスリランカ出身の男性（30代後半）は、「働くことも許されない。お金はない。食べるものも周りの厚意で分けてもらっている。国に帰れば殺されるかもしれない（実際銃撃をうけた古傷をもっている）。なのに日本は私の言うことに耳を貸してくれない。イギリスにいる弟も、アメリカにいるいとこももう難民になって定住している。なぜ、日本は私の難民申請を認めてくれないのか」と嘆き、怒る。また、現在、仮放免者の強制送還は本人の同意を伴わないと行われない状況にはあるが、仮放免という状態であればいつなんどき、逮捕され入国管理局の収容施設に入れられるかわからない。難民認定申請者であり仮放免者である人はいつもこの影に怯えている。

　一方、彼らの中には上陸してすぐに難民申請しないものがいるのはなぜか、また、収容されたら帰国しないのかという素朴な疑問もあるであろう。その事情を定住を得たミャンマー難民（50歳代、男性）の言葉で説明する。

　「1993年頃の自分の行動は遅かったと思う。自分と同じように政府が間違っていると判断した人たちの多くは、海外に移住した。自分も早くに国の外に出ていければ良かったとは思う。今でもデモ活動に参加したことは、間違えたとは思っていない」「日本に来たあと、難民申請できることはわかっていた。すぐには難民申請しなかった。自分は難民申請したくはなかったからしなかった。お金もなかったし自分は今後、どうすべきかわからなかったから。来日後、ビルマ（ミャンマー）に家族がいるから帰りたかったけれど、彼らは貧しいし、日本で頑張って稼いでみようかと思った」「（不法滞在で）つか

まって大村までいった。(難民認定申請は) 2回却下された。なんで申請したかというと、x年y月にアパートのミャンマー人が全員つかまった。それで入管の中で難民認定申請した。つかまった後、品川入管に入れられた。そのあとすぐに、仮放免で出た。でもまたお台場で調べられてつかまって、入管に入れられてしまった」「途中でも帰りたい気持ちはあったけれど、今の軍事政権が管理している国に帰っても居場所はない。だから帰っても仕方ないという気持ちがあった」「結局、5年経って申請して、次の年に認定された」

他のミャンマーからの難民認定申請者（男性20代）は語る。

「デモに参加したので帰れない。逮捕されて弟の友人が殴られて死んでしまった。日本を選んだのは、おばさんが病気なのでお見舞いに来た。1ヶ月の滞在の予定。自分たちがいない間に家に警察が来た。母が帰ってくるなと言ったので帰らなかった。帰れなくなり、難民申請した。本当なら朝起きてから、ミャンマーに帰りたい気持ちはある。日本で生活していかなければという気持ちが80％。日本はいい国だけど、ミャンマーは貧乏な国だけど帰りたい」

アフリカ、東欧、中東、アジア各地からの難民認定申請者は「できれば母国へ帰りたい」という気持ちを持っている。でも「帰れない」という現実のジレンマの中で申請が遅れたり、違法滞在になってしまうこともある。

2　カナダ難民認定申請者の現実

日本との比較のために難民受入れに積極的なカナダの場合を、筆者がインタビューした難民の体験から考えてみよう。イラクから難民を申請したA氏（20代後半）は難民申請では苦労したが、こういうことを言っている。「カナダで難民を申請すると、そこから、労働ビザをもらえて、ともかく仕事を探せということとなる。どうしても仕事を見つけられない場合、生活保護を申請できる（これは

1年だけ）」「健康面ではバンクーバーには難民のためのcommunity bridge clinic（難民心身クリニック）があって健康面（メンタルヘルスを含め）をケアしてくれる」「"Immigrant Service Society（ISS）"（移住者・難民サービス協会）という専門の支援機関があり、ついたばかりの難民はそこを頼ることができる」「難民コーチのようなボランティアベースで難民を支援する人がいて難民認定申請者を支えている」。また、自身ベトナムからの難民で長年、難民のケアに携わっているB女史（50代後半）は、週5日はコミュニティで、2日は教会をベースに難民の女性グループをサポートしているという。「このような継続的なサポートがカナダに根付く人々には必要なのです」と言っている。このように難民を国の資産として定住を支援している国もある。

3．難民認定申請者のこころの問題

1 難民認定申請者の持つメンタルヘルス上のリスク要因

上に述べてきたような状況に置かれている難民認定申請者はメンタルヘルス上の問題を持ちやすい。難民認定申請者の持つメンタルヘルス上の問題はさまざまであるが、おおまかにその発症のストレス要因は難民になる前、脱出しているとき、難民申請あるいは認定されたあとの3期に分かれる。発症のリスク要因を以下に挙げる。

（1）難民になる前に生じている問題

1）難民化に先立つさまざまな身体的、精神的外傷

多くの人は本国での迫害、弾圧を経験しておりその際に投獄や拷問、強姦を受けた人がいる。また、近隣での裏切り、密告があり、虐殺・略奪・強姦の目撃などの外傷的体験を持っている。

2）脱出による喪失

難民は故郷、土地、家財のみならず、本国での社会的地位などさ

まざまなものを喪失し、家族も散り散りばらばらになっているケースも多い。

(2) 脱出中に生じている問題

1) キャンプや海外への逃走体験

追われつつ逃げる場合、パスポート入手の困難や、ブローカーによる詐欺などの被害にあう。また、一つの国でも安心できずいくつもの国を転々とする場合がある。難民キャンプをいくつか移されたり、逃亡途上では略奪、強姦、虐殺体験、家族離散を経験している人も多い。

2) 難民キャンプでの体験

難民キャンプでは、飢餓、不衛生、絶えざる死の恐怖、喧嘩、家族・同朋の死、病気体験、薬物依存、売春、子どもの非行など、ありとあらゆることが起こっている。

(3) **難民申請あるいは認定された後での問題(受入れ国での問題)**

1) 受入れ対策上の問題

難民認定までの年余にわたる待機期間があり、生活支援の薄さ(コミュニティサービス、言語教育サービスなどは存在しない)、社会の偏見・差別等が存在する

2) 生活上の問題

貧困、非正規雇用の恐怖、職場での待遇の悪さ（賃金の低さ、地位の低下、敬意のない扱われ方など）、周囲とのコミュニケーションの問題（言語力の不足）、福祉や保険制度を利用できない苦労、また、情報が得られないジレンマ等が存在する。

3) 家族の問題

異文化適応速度の違いによる家族内分離（夫、子どもの適応速度は早く、主婦が取り残される傾向）がある。夫婦の問題、嗜癖・薬物依存の問題（キャンプでの習癖を持ちこむ例など）、思春期世代の非行、また、家族離散後のトラウマ（単身者の孤独、呼び寄せができないこと）

第9章　難民認定申請者（Asylum seekers）の生活とこころ

の問題などさまざまな負の要因に囲まれている。

2　難民認定申請者の示す精神疾患

このようなメンタルヘルス上の危険要因にさらされている難民認定申請者はメンタルヘルスの問題を持つことが多い。彼らの精神疾患で最もよくみられるものは、うつ病、心的外傷後ストレス障害、統合失調症である。そのプロフィールを紹介する。

(1)　うつ病の現れ方

（症例B）

　アフリカS国から来日、難民申請しているBさん（45歳男性）。日本に到着して6ヶ月たっている。入管での質問にほとんど答えないか、か細い声で「わかりません」としか言わない。「どこか具合が悪いのか」と尋ねると「頭が痛い」「お腹が痛い」と訴える。あまり食べておらず体重も減ったとのこと。朝早く目が覚めて寝付けないとも言う。付き添いの家族によると、いつもは陽気で歌が好きなのにまったく音楽に興味を示さなくなったという。いつもはワンマンな父親なのに家族に「みんなに迷惑をかけている」というようなことを言っているとのこと。サッカーをしていたというわりには動きが鈍く、ひどくふけて見える。面接の1週間前、薬屋でネズミ捕りの薬を買おうとした。日本には今ではそんなものがないと知らなかったらしい。アフリカでは自殺の常用剤であることは知られている。

うつ病は2週間以上の抑うつ気分のもとに、睡眠障害、食欲低下、集中力欠如、意欲の減退、自責気分、動きの緩慢さを示す。自殺念慮を伴うことが多い。この症例Bもすべての標的症状がそろったうつ病である。多くの難民認定申請者は上記したようなメンタルヘルス上のリスク要因を抱えており、それが引き金となってうつ病を発

症することが多い。とりわけ収容されている難民認定申請者はその危機にさらされている。ただ、難民認定申請者のうつ病を治療する時いくつか留意しなければいけない点がある。

(2) うつ状態に関する留意事項

① アジア・アフリカ系難民は「心理的表現」を用いないことが多い

こころが「うつ」であると表現できることは欧米系民族の文化的特徴であり、アジア・アフリカ系民族は心理的困難を心理的用語（たとえば「落ち込んでいる」）を用いて表現することは少ない。ミャンマーの難民（女性、30代）は「ミャンマーではセイチャイヨーガは気持ちが落ち込むとか（いう意味）、そういう精神的に今ちょっと具合が悪いっていうのは、みんな言わないの。言うとそれは多分、恥ずかしいことっていうんです」。また、カンボジアでは「うつ」にあたる言葉がない、すべては「ビバーチャット（大変だ）」と表現される。その意味で精神科医にかかり、「自分はうつです」と表現することはアジア・アフリカ系難民では稀である。つまり、うつ病であっても自分が何で苦しんでいるかわかっていないことが多いと言える。また、イスラムの文化では、神との約束で死ぬことは禁じられているし、自分がうつであることは弱い自分を認めることとして容認されないことが多い。

② うつは身体に表現される

彼らのうつの表現は頭痛、腹痛、喉が詰まる、体が重いというような身体の愁訴として表現されることが多い。人類学者マーク・ニヒター（Nichter M）はこれを各民族固有の"Idiom of Distress（苦悩の慣用表現）"と称している。これが彼らが直接精神科医のもとに来ることの少ない原因である。まず、内科医を歴訪し、その医師から紹介されて精神科にたどりつくことが多い。その頃には重症化している場合も少なくない。難民認定申請者の身体的愁訴はうつ病の

サインであることもある。

③　薬物療法に関する抵抗が大きい

　一般にアジア・アフリカ系民族難民はそもそも、精神疾患というものに偏見を持っている人が多い。鵜川によると、ベトナムで精神を患うことは「運の悪い星回りに生まれた」、もしくは本人や両親、先祖が前世で起こした悪事によると捉え「恥ずべきこと」とされ、問題を隠しきれなくなると僧侶のもとに連れていくこともある。そのような認識のもとに西洋医学的な薬物療法は精神を損なうもの（怖いもの）という思いがある。日本で受け入れられる治療が受け入れられないことが多い。まず、じっくりと相手の話を聞き、精神疾患をどのように捉えているかを理解し、彼らにとって、最も納得できる治療法を選択することである。つまり、うつ病であるということを認めさせるより、現実的に眠れない、食べられないなどの最も困っている部分に援助を与えることが重要である。治療協働ができればそこから治療者の考えとのすり合わせをしていけばよい。

(3)　心的外傷後ストレス障害（PTSD）の現れ方

（症例C）

　アジアM国から来日、難民申請しているCさん（35歳女性）。入管での面接場面でも落ち着きがない。道路での工事の音が響いてくると耳を押さえてしまう。申請書によるとM国のビルの一室の中で拷問を受け、性的暴行も受けたという。入管でも面接が個室で行われると聞くと、「行けない」と言い続けていたとのこと。男性面接官にはほとんど目を合わさず、時々ぶるぶる震えている。拷問の内容を聞こうとすると興奮し、大声を出して泣き始める。日本に来てからはぼんやりしていてなんのやる気も示していないとのこと。夜はひどい夢をみるらしくうなされて大声をだすことが多いとの証言がある。

心的外傷後ストレス障害（PTSD）は忘れたいトラウマ体験が繰り返しフラッシュバックする、悪夢を見る（侵入）、トラウマを受けた場所に似たところには行けない（回避）、いつもびくびく、イライラしている（過覚醒）、また、トラウマを受けた後いかなる人生の価値も認められなくなる（麻痺）を特徴とする疾病である。トラウマ体験の後、年余にわたって続くこともあり、生活の質が落ちてしまう。拷問、強姦、拘束を受けたり、虐殺や瀕死の逃亡体験をした人によく起こる。難民認定申請者のPTSDを診察する際に留意すべき点である。

(4) PTSDに関する留意事項

① 絵に描いたようなPTSDは少ない。PTSDとうつ状態は混合することが多い

大変なトラウマ体験を持っているから、難民認定申請者には絵に描いたようなPTSDがみられると思われがちであるが、そういうわけではない。筆者の体験でもPTSDのみがみられる患者はわずかである。むしろ、うつ病との合併症状として現れることが多い。実際、大きなトラウマを受けた人の10～20％ぐらいにPTSDは発症すると言われる。難民であるからPTSDがあるという予断を持って臨むことは注意すべきである。

② トラウマの概念をもたない民族にPTSDをあてはめるのは危険である

PTSDは欧米的概念である。前述したカンボジアのように、心理的愁訴を表す言葉をもたない民族に果たして単純にPTSDの診断を与えていいか、注意を要するところである。カンボジア人精神科医ソテアラ・チム（Chhim S）はポルポト政権によって大虐殺を体験したカンボジア人は欧米の研究者によればたくさんの人がPTSDを患っていると言われるが、彼らが患っているものはカンボジア語で"Baksbat（バスバ）"というメンタリティだと言う。"Baksbat"は

PTSDとは異なる土着の概念で、英訳するならば"Broken courage（打ち砕かれた勇気）"という病態だと言う。このような文化的に固有な感情や病理が存在する側面を考慮せずに、症状をステレオタイプ化してみてしまうことは慎まなければいけない。

③　トラウマを持つことを恥と思う人々には配慮がいる

多くの人はトラウマを持つことを異常なことと考えがちである。たとえば、イスラム圏の男性はトラウマを持つことを恥として表現したがらない。そのために診察に協力的でなく、防衛が大きくなる。筆者はチェチェンの元兵士とのやりとりで経験した。トラウマを持つことは正常の現象であり、恥ではないと合意されるまで、いたずらに相手がPTSDだといわず、現在の状態を受容的に受けとめることが必要である。

⑸　統合失調症の現れ方

（症例Ｄ）

アジアＴ国から来日、難民申請しているＤさん（25歳男性）。申請の要旨は「国でひどい拷問にあった」というものである。内容を聞くと「政府が電波で僕を操作する」「家を盗聴する」「夜中に諜報部員が家に入ってきて冷蔵庫の食べ物に毒を入れる」という。日本にも諜報部員が派遣されていて自分を見張っている。「助けて欲しい」という。そのわりには会話に深刻さが足りず、途中きょろきょろしたり、一人でへらへら笑ったりしている。面接官が席をはずすと、なにか独り言を言っている。夏なのに黒いコートを着ていて、髪はぼさぼさで、体臭がひどい。面接中にも体を左右に揺するのでなにをしているのかと聞くと、「政府の仕掛ける電波をよけている」と答える。

統合失調症は人口の約１％の人に見られるポピュラーな疾病である。幻覚（特に幻聴）と妄想（被害妄想が多い）を主症状として発病

する。内面の異常体験に基づき行動しているため、奇異な言動が目立つ。病識が薄く、受療行動をしないため、ケアギバーは苦労することが多い。このケースのように統合失調症の妄想に基づき難民認定申請を行うケース、もともと統合失調症であった人が難民化のプロセスで再発するケース、新しい異文化環境で発症するケースなどさまざまであるが、難民認定申請者には比較的多く認められる疾病である。収容施設での拘禁反応も統合失調症様の症状を伴うこともある。難民認定申請者の統合失調症には以下のような、診断と治療に難しい点がある。

(6) 統合失調症の留意事項

① 妄想と事実の境界が難しいので自国での常識をあてはめないこと

たとえば、アフリカ出身の難民認定申請者が「村の宗教指導者の呪いを受けた」と言った場合、日本では妄想と受け取られやすいが、それが事実であるかないかはその言辞だけでは判じがたい。話の文脈を確かめ、その国の文化的風土などを注意深く調べる必要がある。

② "狂気"はどの国でもスティグマの対象なので診断告知には気をつけること

統合失調症の診断は注意深く与えなければならない。どの国においても統合失調症の症状は"狂気"と捉えられることが多い。それが病気であるとした場合、コミュニティで想像以上のスティグマの対象となることがある。特に同国人が通訳の場合には十分な注意が必要である。

③ 十分に服薬の説明をしないと続かないか周囲がやめさせてしまう

統合失調症の治療には服薬がきわめて大切であるが、十分に説明しないと服薬が続かないことが多い。特に家族や親戚にも理解を得ていないと「薬を飲むことは健康によくない」という一般論でやめ

させられてしまうことがある。

④　今後の方針をよく本人、家族と話し合うこと

統合失調症は治療経過の長い病気であり、長く医療とも付き合わなければならない。また、回復のためにはリハビリテーションも必要である。生活が苦しく、経済的にも恵まれず、また、文化的にもそのような治療があるという認識に乏しい難民認定申請者とその家族にその現実を理解してもらうのは大変なことである。粘り強く説明していく必要がある。

4．難民認定申請者への支援とは

1　行政の在り方について

包括的施策の不在

少子高齢化が急速に進む日本において、今後の人口問題を考えることは何より重要である。その際、現在のように外国人の流入をできるだけ抑えるような国策が正しいのかという問題に遭遇する。世界に広がるグローバル化とボーダーレス化の動きに日本も否応なく巻き込まれている。その情勢の中で正しい多文化共生社会の成立をめざしていくことは喫緊の問題ではないであろうか。難民を受け入れるのもその焦点の一つである。難民は決して貧しくて無知な「二級市民」ではない。そのように見せているのは日本の施策の構造にある。欧米では難民から社会のリーダーになっている人が数多くいる。今の日本の政策のもとでそのようなことが実現するとは到底思えない。

ここに述べてきたように日本の難民認定申請者は三重の苦しみを負っている。

第1は、難民認定までに長い時間がかかることである。第2はその間、困窮に瀕し、原則として労働もできないことである。第3は、

言葉を学んだり、仕事をしたりする（就労を許される難民認定申請者もいる）ことに対する公的サポートがまったくないことである。もし、認定までの期間が短縮されれば難民認定申請者も違う生活の選択肢を取りうるかもしれない。長い待機期間に日本に定着してしまい、家族も増え、もう帰国するとか他国へ行くというような選択肢を取りえなくなっている。また、認定までの時間が短縮されるならその間だけ、生活保護を支給し、健康保険を与えるというような施策が考えられてもしかるべきである。また、難民条約の精神にのっとり、難民認定申請者は「違法滞在者」ではないという考えを採用すれば申請中の就労を許可してもよいのではないか。現在、就労を許可しない代わりに、難民認定申請者に支払われているものが保護費である。保護費は外務省が管轄しているが、それは予算化されておらず、緊急対応としての経費として扱われている。そのため、財源がなくなると打ち切りという事態が起こる。2009年4月、突然約100人の難民認定申請者の保護費が打ち切られた。そのため、住む場所がない、電気、ガス、水道、電話代が払えない、食料、粉ミルクがない、洋服がない、病院の受診ができないという事態が起こった。難民支援諸団体のアピールでなんとか保護費は回復したが、保護費という財政基盤はきわめて脆弱である。生活支援は本来は厚生労働省が管轄すべきものである。難民対策をすべて外務省に集中させてきたひずみがここにある。また、難民認定申請者が最も訴えるのは日本語を勉強する場がない、仕事をしたくてもどこへ行けばよいかわからないということである。現実には日本語は自力で勉強し、仕事は仲間の紹介で違法就労をせざるをえない。現在、難民認定申請者を支えているのは民間のNGO団体である。この団体も決して潤沢な予算を持っているわけではない。難民認定申請者に公的社会保障が与えられればNGO団体の活動も楽になるはずである。現在の日本は難民がやって来るという事態を「例外」とし、なんら包括

的な施策を考えていない。結果として、彼らは孤独と貧困にあえぎ、メンタルヘルスの問題を持ち、治療も受けられず、社会的に生産的な存在となっていない。難民認定を受け持つ法務省、社会保障を受け持つ厚生労働省、現在の保護費を担当する外務省の横断的な話し合いがないと、ここに述べた問題は解決しない。しかし、行政以上に政治がどういう姿勢を持つかが決定的である。

　まったく異なる考えを持つ、カナダの政策を前述したが、難民も国の「資産」となりうるという考え方があれば難民認定申請者をいたずらに待機させ、根無し草化させることもなくなるであろう。また、莫大な国費を要する、入国管理局による難民認定申請者の収容拘束も激減するはずである。つまりは難民の流入を「既定の事実」と捉え、彼らを国益に資する生産的な存在として支援していくか否かという国の政策にかかっている。

2　多文化共生社会のメンタルヘルス

　現在日本には1.71％の外国人人口があると言われる（法務省入国管理局，2010）。外国人の多くを占める移住者・難民がホスト社会と共生するためにメンタルヘルスの維持はきわめて重要なことである。

　国際的コンセンサスとして、移住者・難民が抱えるメンタルヘルス上のリスクファクターは以下のようなものであるといわれている（Canadian task force on mental health issues affecting immigrants and refugees, 1988))。

1．移住に伴う社会的・経済的地位の低下
2．移住した国の言葉が話せないこと
3．家族離散、もしくは家族からの別離
4．受入れ国の友好的態度の欠如
5．同じ文化圏の人々に接触できないこと
6．移住に先立つ心傷体験もしくは持続したストレス

7．老齢期と思春期世代

この人たちのメンタルヘルスの維持・向上を図るためには、満足できる雇用を与えること、日本語教育を提供すること、家族を呼び寄せること、同国人コミュニティを支援すること、スティグマを低めること、トラウマを受けてきた人や、思春期・老齢期の人々への特別なケアが必要である。

また、外国人支援についての調査でも、「言葉が通じない」「診察に手間暇がかかる」「医療費がとれない」などの理由で精神保健専門家の間でも、外国人診療を躊躇する人が多い。

そのため、外国人の側からも治療に大きな抵抗を示すことになる。多文化社会のカナダでも移住者・難民の精神科医療への抵抗は小さくないと言われる。それは、彼らの本当の声は「私は薬がほしいのではない。もっと聞いてほしいのだ」というところにあるからだという。

多文化共生時代の精神医療とは決して、目新しく、やっかいな医療が加わるということでなく、すべての治療者にもう一度治療の原点の見直しを迫る医療の登場ということである。移住者・難民が治療への抵抗を持たない精神医療が実現すれば、それはだれにとっても、使いやすい精神医療であり、なかんずく、精神医療そのものへのスティグマや抵抗が薄れている証となるであろう。その意味でも、すべての人がこの自覚を持ち、多文化共生時代に対し、適切な理解と態度と技術を身につけていくことがなにより大切なことと思われる。

●研究課題●

- この論文から示された日本の難民認定申請者の生活とこころの問題を踏まえて、現在難民支援機関（国連難民高等弁務官事務所：UNHCR、国際移住機関：IOM、アジア福祉教育財団難民事業本部：RHQ、難民支援協会：JAR、日本国際

社会事業団：ISSJ等）が行っている活動を調査し、何が足り、何が足りないかを考察してみよう。

●キーワード●

難 民

難民条約で認定された難民もいれば、難民申請をしつつ認定を待っている難民認定申請者がいる。また、最近では難民キャンプに暮らす難民からホスト国が選定して難民として認定する第三国定住難民もいる。

移住者

母国から他国へ移住する人々のこと。自文化から他文化の世界へ移り住むので、いろいろな適応の問題に遭遇する。難民は広義には移住者であるが、自発的意志による移住でない点が異なる。

メンタルヘルスヘルス

こころの健康ということ。生活上の困難、貧困、拷問、離別、失業、無国籍などの問題にさらされている難民はメンタルヘルス上の危険を抱えやすい。

トラウマ

精神科では心の傷のことを言う。症状名としては心的外傷後ストレス障害（PTSD）が有名である。トラウマを受けると、その思い出が蘇って苦しくなり、情緒が不安定になり、外傷体験の受けた場所にいけなくなるなどの大きな生活の障害が出る。

NGO（Non-Governmental Organizations）

非営利の非政府組織。ビジネスとしてはなりたちにくいが社会にとって必要な事業を政府に代わって運営する組織。途上国支援、難民支援、こども支援などの仕事も多い。世界規模の組織

は国際NGOと呼ばれる。

［参考文献］

Canadian task force on mental health issues affecting immigrants and refugees (1988) *Review of the literature on migrant mental health in Canada*

Chhim S (2010) Ethno-cultural response to trauma in Cambodia: Baksbat(broken courage) a Cambodian version of PTSD, presentation at International Conference on Transcultural Psychiatry, Amsterdam, June 13-16

法務省入国管理局（2010）「登録外国人統計表」

金吉晴編（2006）『心的トラウマの理解とケア 第2版』東京：じほう

Nichter M：Nichter M. Idioms of distress-Alternatives in the expressions of psychosocial distress: A case study from south India. *Cul Med Psychiatry* 5(4): 379-408, 1982

野田文隆（2002）「難民とトラウマ」『臨床精神医学31（増刊号）』152-157

野田文隆（2009）『マイノリティの精神医学』大正大学出版会

野田文隆（2012）「文化と精神医学」神庭重信・松下正明編『精神医学の思想』247-257、中山書店

鵜川晃・野田文隆・手塚千鶴子・松岡秀明・Soma GANESAN（2010）「日本に暮らす外国人のメンタルヘルス上のHelp-seeking行動の研究（第2報）――ベトナム人のメンタルヘルスの概念と対処行動」『こころと文化』9(1): 56-68

Whitley R, Kirmayer LJ, Groleau D (2006) Understanding immigrants' reluctance to use mental health services: a qualitative study from Montreal. *Can J Psychiatry*, 51(4): 205-209

第 10 章

多文化共生と障害の文化モデル
―― 一人ひとりへの合理的配慮

長瀬　修

問題提起

　電車の中で、手話で話している人たちがいる。手話で話す人は、感情が豊かだと思う。だってあれだけ表情が強烈だから。駅に電車が着いたら、一人は降りた。電車はなぜか止まったままだ。手話の会話は電車の中と外で窓をはさんで続いている。意外と便利かもしれない。そう思っていると、他の駅で事故があったから、しばらくこの駅で電車は止まるという放送があった。でも、聞こえない人にはこの情報は届いていない。音が聞こえなかったら困ることも多いだろうなと思う。電車が最近よく止まるけど、アナウンスは音声だけだ。やはり、聞こえる人間中心の社会だから。それは仕方がないことだろうと思う（たぶん）。でも、手話ができたら便利だろうなとも思う。そしたら、少し離れていてもスマートに話ができる。第一、カッコいい。生まれつき自分は音がある世界を当たり前に思っている。声で話すのも。でも、たとえば生まれつき、聞こえなかったらどういう感覚になるんだろうか。

はじめに──「障害者」とはだれか

「障害者」という言葉を目や耳にすると読者の皆さんは、どういった人を思い浮かべるだろうか。車いすを使う若い女性、白い杖を使う高齢の男性、手話で話す子ども、独り言のように話している若い男性といった人たちかもしれない。ご家族、友人、そして自分を思い浮かべる方もいるかもしれない。「障害者」と呼ばれる人たちと、そうでない人たちはどこが違うのだろうか。

同じ状態だったら、どの国でも「障害者」とされるのだろうか。日本で障害者と呼ばれる人と、たとえばオーストラリア、中国、韓国、ネパールそれぞれの国で障害者とされる人たちは同じだろうか。それとも、違うのだろうか。数字を見ると、障害者の比率（パーセント）は、日本では、5.8、オーストラリアではとても多く18.5、韓国では5.6、中国では、6.3、そしてネパールでは非常に少なく0.5である（ESCAP, 2012）。

目が見えない人を例にとろう。盲人は障害者だろうか。障害者だとすると、目が見える人と見えない人の違いは何だろうか。違いがあるとして、違いを生み出しているものは何だろうか。

そして、違いを考える際に、文化や多様性、文化的多様性という観点から見ると、何が得られるのだろうか。障害者と他の少数者はどういう関係にあるのだろうか。本章では、こうした疑問について、障害学（disability studies）や合理的配慮を手掛かりに考える。

1．障害学（ディスアビリティ・スタディーズ）と「社会モデル」

障害学は、障害を社会が築いてしまっている障壁の問題として考える。これが、障害学が生み出した「社会モデル」と呼ばれる考え

方である。ここでのモデルとは、見方という意味で使われている。つまり、私たちの社会のあり方が特定の「身体」(精神を含む) を持った人たちに不利益をもたらす仕組みであるとする見方である。

　障害学を生み出した人たちは車いすを使う人だった。段差などの物理的障壁によって社会から排除されていると感じた車いす利用者は考えた。「さまざまな場所に自分たちが移動できないのはなぜか」。自分たちが足を使って移動することができないせいだろうか。それとも、段差があったり、通りが狭かったりするために、車いすを使っている自分たちは困難を経験させられるのだろうか。

　「障害は社会にある」という答えを得たのは車いすの障害者である。そして、こうした見方を「社会モデル」(social model) と名付けたのである。したがって、障害は社会の障壁によってもたらされる不利益や抑圧であり、障害者とは、そうした不利益や抑圧をもたらされている人となる。「障害者」は害のある人ではないからという理由で「障がい者」という標記に変える動きがあるが、社会モデルからは、「障害」のままで構わないのである。

　社会モデルは、2006年に国連総会で採択された障害者の権利条約 (Convention on the Rights of Persons with Disabilities) の基本的な考え方となっている。同条約の目的（第1条）が、

　　障害〔ディスアビリティ〕のある人には、長期の身体的、精神的、知的又は感覚的な機能障害〔インペアメント〕のある人を含む。<u>これらの機能障害は、種々の障壁と相互に作用することにより、機能障害のある人が他の者との平等を基礎として社会に完全かつ効果的に参加することを妨げる</u>ことがある。（川島聡・長瀬修仮訳、2008年5月30日、下線筆者）

としているのは、社会モデルの反映である。

この障害者の権利条約の批准に向けた日本の障害者制度改革が進められている。その一環として行われた障害者基本法の改正（2010年7月）においても、この社会モデルは採用されている。改正前の障害者基本法第2条は障害者を以下のように定義していた。

　　この法律において「障害者」とは、身体障害、知的障害又は精神障害（以下「障害」と総称する。）があるため、継続的に日常生活又は社会生活に相当な制限を受ける者をいう。

生活の相当な制限は、障害者とされる人個人が持っている身体障害や知的障害、精神障害がもたらすという理解がされていた。こうした見方は、社会モデルと対比する形で、個人モデルや医学モデルと呼ばれる。
　しかし、改正された障害者基本法第2条は以下のように定義を変えたのである。

一　障害者　身体障害、知的障害、精神障害（発達障害を含む。）その他の心身の機能の障害（以下「障害」と総称する。）がある者であつて、障害及び社会的障壁により継続的に日常生活又は社会生活に相当な制限を受ける状態にあるものをいう。
二　社会的障壁　障害がある者にとつて日常生活又は社会生活を営む上で障壁となるような社会における事物、制度、慣行、観念その他一切のものをいう。（下線筆者）

このように「社会的障壁」による生活の制限を、障害者の定義に明記したのである。これも障害者権利条約と同様に社会モデルに基づくものであり、日本の法律として画期的な進展だった。
　なお、内閣府の「障がい者制度改革推進会議」の一員として私も

作成に加わった、知的障害者向けの「わかりやすい改正障害者基本法」では、社会的障壁については以下のように表した。参考にしてほしい。

> 第2条　定義（この法律で使われている言葉の意味）
> 障害のある人とは、身体障害や知的障害のある人や、発達障害を含めた精神障害のある人、その他の障害のある人で、障害や社会的障壁（社会のかべ）によって、暮らしにくく、生きにくい状態が続いている人をいいます。
> 社会的障壁（社会のかべ）とは、障害のある人を暮らしにくく、生きにくくする社会にあるもの全部で、つぎのようなものです。

○ことがら（たとえば、早口で分かりにくく、あいまいな案内や説明）
○物（たとえば、段差、むずかしい言葉、手話通訳のない講演、字幕のないテレビ番組、音のならない信号）
○制度（たとえば、納得していないのに入院させられる・医療費が高くて必要な医療が受けられない・近所のともだちと一緒の学校に行くことが認められないことがあること）
○習慣（たとえば、障害のある人が結婚式や葬式に呼ばれないこと、障害のある人が子ども扱いされること）
○考え方（たとえば、障害のある人は施設や病院で暮らしたほうが幸せだ、障害のある人は施設や病院に閉じ込めるべきだ、障害のある人は結婚や子育てができない）

2．障害差別と「合理的配慮」

社会モデル的に考えて、社会の障壁をなくす一つの方法が障害に

基づく差別の禁止である。たとえば、障害者であることを理由とする利用禁止は直接差別である。障害者の権利条約はさらに踏み込んで、「合理的配慮」(reasonable accommodation) の欠如を差別であるとしている。合理的配慮とは障害分野において、障害者一人ひとりに応じた変更や調整を意味している。具体例は後述する。

前述の改正障害者基本法も差別禁止に関する条文（第4条）で、合理的配慮について規定している。また、政府は2010年6月の閣議決定で、障害を理由とする差別の禁止に関する法律を制定するという方針を明らかにしている。この方針に基づいて、2012年9月に、内閣府の障害者政策委員会差別禁止部会がまとめた意見は、障害を理由とする差別の禁止に関する法律では、不均等待遇と合理的配慮の不提供を障害に基づく差別として定義すべきだとしている。日本でも、過重な負担を提供者側にもたらさない限り、合理的配慮がないことが障害者に対する差別であるという認識を定着させなければならない。

以下、合理的配慮の例を障害グループ別に紹介する。なお、合理的配慮に関して肝心なのは、障害者であるその個人個人に合わせた変更や調整である点である。たとえばひとくくりに、「視覚障害者」とされる人たちにも、まったく見えない人がいれば、弱視の人もいる。必要な合理的配慮は、その障害者一人ひとりによって異なることに注意してほしい。

視覚障害者の場合には、点字の資料や、拡大文字資料、テキストデータなどの電子ファイルがその例である。私の教室に弱視の学生がいたことがある。その学生には、他の学生にはA4判で配布した資料をA3判に拡大して提供した。これは拡大文字資料である。パソコンが使える視覚障害者の場合には、電子ファイルで講義資料を送る場合もある。受け取った学生は、自分のパソコンで読み上げソフトを使って、パソコンに朗読してもらったり、ピンディスプレイ

といって、パソコンのキーボード上に点字で打ち出して読んだりできる。パソコンが使えない場合は、朗読する人（朗読者）も合理的配慮になる。

ろう者の場合には手話通訳、**難聴者**の場合には筆記・文字通訳、字幕だったりする。補聴器を使用している人の場合には、磁気ループという補聴器を聞きやすくするための設備の場合もある。一概に聴覚障害者と表現してしまうが、聴覚障害のある人でも、視覚言語（目で見る言葉）である手話を話す人と、音声言語（口頭で話す言葉）を獲得していて筆記、文字通訳を必要とする人の合理的配慮は非常に異なっている。手話か文字どちらかがあれば、十分であるというのは誤解である。

身体障害者の場合には、車いすや松葉づえで移動できるスロープ、車いすで使えるトイレなどが考えられる。細かく考えると、車いすの高さに合わせた洗面台や机、グラスやコップを持てない人が飲む際に使用するストローも合理的配慮となる場合がある。また身体障害者の中でも、脊髄損傷者の場合には、排せつに時間がかかる場合があり、トイレのための時間の配慮が必要になる場合もある。

社会学者の石川准と私が編著者として1999年に刊行した『障害学への招待』は、石川が全盲者であることもあり、当初は、視覚障害読者だけに向けた合理的配慮としてのテキストデータ引き換え券だと考えていた。しかし、他の障害でも必要な読者層に思い至った。本をめくって読むことができない人たちである。ベッドで寝たきりながら、パソコンの画面でなら読める人たちがいる。そのため「視覚障害、肢体不自由などを理由として必要とされる方に」という表現に最終的には落ち着いた経緯がある。

精神障害者の場合、体調に応じた勤務時間の変更、調整が特に含まれる。服薬のために起床時間に影響を及ぼす場合があるためである。2003年に設立し、私が初代事務局長を務めていた障害学会の大会を

静岡県立大学で開催した際に、精神障害の会員から要請があったのは、休憩室だった。勤務時間の変更、調整や休憩できる環境は、精神障害者だけに限るものではないことは言うまでもない。休憩室の利用者には、疲れた他障害の会員も実際、見受けられたのである。

知的障害者の場合、資料や説明をわかりやすくすることも一例である。単に振り仮名を振れば十分な人もいれば、表現自体をわかりやすくしなければならない人もいる。前述の「わかりやすい障害者基本法」は後者の一例である。また、まったく文字を読めない人もいる。そうした人の場合には、その人が理解できるように、さまざまな絵で表現する場合もある。労働場面では「ジョブコーチ」と呼ばれる仕事に慣れるための支援者をつけることも知的障害者への合理的配慮である。

発達障害者の場合も、その特性に応じた調整や変更が必要である。たとえば、自閉症などで待つことが苦手な人がいる。そうした場合には、待たせないことが合理的配慮となる。ディズニーランドは2008年に、待たずにアトラクションを利用できるカードを待てない障害者向けに発行していたことがあった。しかし、非障害者の悪用が多いという理由で、廃止になっている。障害者の権利条約が「文化的な生活、レクリエーション、余暇及びスポーツへの参加」について規定しているように、こうしたレジャー活動も私たちの生活の中ではとても大切な位置を占めている。障害者の文化的生活に参加する権利を保障するためには、こうした合理的配慮も重要である。

東日本大震災では、被災地の障害者の死亡率は住民全体の２倍という悲痛な数字が出されている。私たちの社会がいかに障害者の最も基本的な生命の権利をないがしろにしているのかが明らかになってしまった。その東日本大震災時の発達障害者の合理的配慮に関する避難所でのエピソードを紹介しよう。

その子は自閉症で食べ物へのこだわりがあり、菓子パンではアン

パンしか食べない。その避難所ではアンパンと他の菓子パンの配給があり、たまたまその子はアンパンがもらえなかった。しかし、目の前にはアンパンがあった。親は、事情を説明してアンパンに変えてもらおうとしたが、わがままだと見なされてしまった。その子は我慢できず手を伸ばしてしまい、手をたたかれてしまった（内閣府，2012）。敏感さを示す自閉症の人がよく見られるが、それは食品の好みにも表れるのである。それはわがままという問題ではない。

3．合理的配慮の起源──宗教から障害へ

　合理的配慮の概念は当初、宗教との関連で生み出された。たとえばユダヤ教の安息日などの宗教戒律と勤務日の葛藤や、イスラム教のお祈りをする時間や場所の確保を職場でどうするか、宗教的な服装を職場で認めるかどうかという問題である。現在も、合理的配慮は宗教的多様性との関連で重要な位置づけがある。

　1964年の米国の公民権法は、人種や皮膚の色、宗教、性、出身国による差別を禁止した。そして宗教差別に対応するために1972年に改正された同法が、宗教に関する合理的配慮（reasonable accommodation）がないことが差別だとしたのである（長谷川，2010）。

　障害分野への合理的配慮概念の導入は、米国のリハビリテーション法という障害者への差別を禁止した法律によって行われた。詳しく述べると、障害に基づく差別を禁止した1973年リハビリテーション法504条の施行規則（1977年）によって行われたのである。合理的配慮の欠如を差別とする同法の対象は連邦政府から補助金を得ている団体だけだった。その後、1990年に制定された世界で初めての包括的な障害差別禁止法である米国人障害者法（Americans with Disabilities Act: ADA）によって合理的配慮義務は、連邦政府の補助金の有無にかかわらず、米国社会全般に広められた。

合理的配慮が宗教差別の防止という文脈で生み出されたという点は、多文化共生という観点からは実に興味深い。配慮（accommodation）という言葉が当該社会のマジョリティとマイノリティの関係を反映しているからである。

なお、同じ北米でもカナダでは米国とは逆で、マケニア（McKennia, 2012）は合理的配慮の概念は障害分野が宗教分野よりも先行したとしている。1971年以来、多文化主義を導入しているカナダでは、人権法と雇用平等法が人種、民族的出自、肌の色、宗教、年齢、性、性的指向、結婚の状態、障害等に基づく差別をなくすために、合理的配慮を義務付けている。

そのカナダでは、2006年に最高裁の判決が宗教に関する文脈で合理的配慮を取り上げた。シーク教徒である生徒（事件当時12歳）が教義によって常に着用を義務付けられている「キルパン」と呼ばれる短剣を学校で着用することを認めるかどうかが争われた事例において、最高裁は宗教上の理由による儀式用短剣の着用を学校において認めるべきだとした。

この判決と社会的反響が一つの大きなきっかけとなって、2007年にケベック州政府が合理的配慮を中心的テーマとする「文化的差異に関する配慮実践に関する協議委員会」を設け、翌2008年に報告書が刊行されている。この過程において、「合理的配慮」は議論の核心部分として、それまでの雇用場面だけでなく、社会全般で通用する言葉となり、多様性と多文化主義の言説に中心的存在となった（Beaman, 2012）。

ジェラール・ブシャールとチャールズ・テイラー（2011）が編者となってまとめたこの報告書は、宗教を中心とする多文化主義における合理的配慮に焦点を当てながらも、障害に関する合理的配慮についても数か所、言及している[1]。興味深いのは、次のように宗教的合理的配慮に関して寄せられた批判的意見が、障害に関する合理

的配慮は選択の余地のないものであるから当然であるとしている点である[2]。

　障害というものはやむをえず生じたものであるゆえに、障害者の利益になる「配慮」には、正当化される理由がある。しかし宗教的な理由による「配慮」は、信仰、すなわち個人の選択や好みにもとづいたものである。(p.115)

これに対して、この報告書は、個人の生を根幹から構成する信教の自由と個人の選択を同列に扱うのは適切ではないとした。つまり、良心の自由に含まれるものとしての信教の自由の大切さを指摘したのである。

なお、日本でも、宗教や文化に基づく合理的配慮が国際交流の現場では提供されている。具体的には、お祈りに関するものだったり、食事制限に関するものだったりする。ただ、あくまで「気をつけること」や「注意」という形で記述されているのが通例である。たとえば、日本政府の青少年の国際交流を実施する財団法人日本国際協力センター（2008）は、イスラム教、ヒンドゥー教、キリスト教、仏教それぞれについて宗教上・習慣上の注意として取り上げている。このように、合理的配慮や配慮という言葉は使われてはいないが、実態としての合理的配慮の提供は国際交流の場面で行われている例がある。

4．障害の「文化モデル」

　社会モデルと並ぶ、障害学の視点として文化モデルがある。これは、障害者の生きる形や行動形式を、非障害者のそれとは異なる、広い意味での「文化」、「異文化」として位置づける見方である。「障害

の文化」は個別の盲文化、ろう文化、自閉文化などの総称である。これは、視覚や、聴覚や神経的機能等の違いに基づく行動様式の差異を優劣の関係ではなく、対等な関係に置くための見方である。つまり、いわゆる「健常者」のやり方が正常で、障害者のやり方は異常だというのではない視点を提供するものである。以下、いくつかの例を紹介する。

1　盲文化

　盲文化と呼ばれる目が見えない人たちの文化がある。見える人たち――盲人は「晴眼者」とも呼ぶ――の文化とは異なる面がある。盲人たちは、視覚情報ではなく、音声情報や触覚情報を活用する。見える人たちが視覚で本を読む条件を考えてみよう。まず、ある程度の明るさが欠かせない。そして、視界の中に本があり、目から適度な距離がなければならない。では、点字を読む際はどうだろうか。もちろん明るさは不要である。夜、真っ暗なベッドの中でも大丈夫である。視界の中にある必要もない。指先が接触さえできていればいいのである。

　見える者は、移動に関しても視覚情報に依存して見ながら移動する。しかし、見えない者は、頭の中に地図を作る。その地図はメンタルマップと呼ばれる。慣れ親しんだ環境下で、このメンタルマップは緻密に作り上げられていく。いつもの場所でも、急に真っ暗になったとすると、視覚情報依存者は非常に困るが、このメンタルマップは威力を発揮し、その持ち主は困らない。それは、見える者の行動様式と見えない者の行動様式が異なるからである。

　音に対する敏感さも異なっている。視覚障害者の移動の安全確保においても音が果たす大きな役割がある。新たに開発されたハイブリッド車等、静かに走行する自動車に対して、視覚障害者団体から、クルマが音を出さないと視覚障害者にとっては危険であるという指

摘があったという報道を覚えている読者もいるかもしれない。走行しているクルマが発する音によって、盲人は危険を察知しているから、音がなくなってしまうと困るのである。この問題について、国土交通省は2010年に「ハイブリッド車等の静音性に関する対策について（報告）」をまとめ、音を出す装置である「車両接近通報装置」の要件について規定している。

　見える世界と見えない世界の感覚の違いは「晴眼者とつき合うために」というユーモラスなエッセイ（著者不明，2001；p.84-85）が視覚障害者の立場から、見える者（晴眼者）の特徴を次のように示している。世界をさかさまにして見た感じが少しだけかもしれないが伝わるかもしれない。

　　晴眼者は世界を視覚的に見ることに慣れています。つまり、多くの場合、晴眼者は言葉で意思を表すことができず、指で示すなどの身ぶりに訴えてしまいがちです。他人と一緒にいる場合でも微妙な表情で感情を伝えることもあります。

これには私自身にも思い当たる節があり、耳が痛い。実際、視覚障害者がいるとわかっている場面でも、ついつい「ここは」と指差ししたり、表情で感情を伝えようとしてしまうことがあるからだ。

　さらに、このエッセイが「目が自由な人は触覚の発達が十分でない場合が多いのです。点字は晴眼者にとってまったく別世界で、学ぶのにはとても時間がかかります。視覚的感覚によって制約を受けているためです。晴眼者は照明が十分でない環境下では、うまく機能することができません。真っ暗闇の中では、まったく無力になるのが普通です。晴眼者の家は、多くの経費を投じてとても明るくなっています」としているのは、光を得て、視覚情報に依存する見える人間の特徴をつかんでいる。

2 ろう文化

　筑波技術大学というろう者や難聴者、視覚障害者のためだけの大学がある。その前身の筑波技術短期大学の聴覚部というろう者や難聴者の学生に、恥ずかしながら英語を教えていたことがある。「恥ずかしながら」というのは、ろくに日本手話もできないのに教壇に立っていたからである。音声中心でない英語の教え方を工夫するのが大変だった。アメリカ手話（American Sign Language）学習用のビデオについている英語の字幕を活用して教えたものだった。

　教え始めた学期の初め、語学の講義ということでろう者や難聴者の学生たちがお互いの顔が見えるように、机はコの字型に配置されていた。しかし、教え始めるとこの配置は非常にまずいことにすぐに気づかされた。私話し放題なのである。音声で私語をする場合、私語の相手は隣に限られる。しかし、視覚言語である手話の場合、視界の中に相手がいれば、距離は関係ない。私の教室は手話で私語したい放題だった。それこそ、自分の目の前で何を言われているのかわからない状態だった。次の時間から、通常の配置、すなわち、全員が教壇の私の方に視線を向ける机の並べ方に変えてもらった。隣との私語はもちろん可能だったが、最初のように、教室内のだれとも私語し放題という状態は解消された。視覚言語と音声言語の違いが身に沁みる経験だった。

　視覚言語である手話を話すろう者に関する誤解の一つに「表情が豊かだ」というものがある。しかし、ろう者が手話で話す際に顔はさまざまな文法的な役割を果たすために、眉が上下したり、口の形を変えたりするのであって、感情表現とは別なのである。「ろう文化宣言」（1995年）で知られる、ろう者の木村晴美（2007）は、「腕を組む」ことが聴者とろう者では異なる意味を持つ例を挙げている。腕組みをしているときは「手を動かせないから、相手の話をとこと

んまで聞いてあげるという意味になると思う」と受けとめているろう者がいるのである（p.225）。確かに腕組みをすると、手話は話せない。腕組みを集中の姿勢とみなすことは聴者の場合もあるが、「口をさしはさまない姿勢」であるという解釈は、口で話す聴者の場合には考えづらい。

　キャロル・パッデンとトム・ハンフリーズ（2003）という米国の二人のろう者は、ろう者がみずからがろう者であり、聴者という異なる存在がいることを気づく「発見」を次のエピソードで示している。サムは親がろう者で、兄弟もろう者という、デフファミリーで育ち、家庭ではアメリカ手話を使っていた。

　　ある日のこと、サムには忘れられないことがあった。ついにこの友だちは実に変な子だとわかったのである。二人で彼女の家で遊んでいたところ、突然、彼女の母親が二人のところへやってきて口をぱくぱく動かしはじめたのである。魔法にかけられたかのように、その女の子は人形の家を持ち上げて他の場所に移した。サムはキツネにつままれたようになって、母に隣家の女の子の不可解さは何なのか正確に教えてもらうために家に帰った。サムの母は、その女の子は「聴者」で、そのために「手話」を知らないのよ、でもそのかわり彼女やその母親は「話をするの」つまりお互いに口を動かして会話をするのよ、と説明してくれた。サムはその子や母親だけが「そういう人たち」なのかと訊いた。彼の母は、違う、実際にはほとんどだれもがその隣家と同じなのだ、普通じゃないのは自分たち、ここの家のものなのだ、と説明した。それはサムにとって忘れられない一瞬であった。（p.37-38）

自分にとっては当然である手話での会話が実は世の中では珍しいことであり、口を動かして話をする世界があることに初めて気づい

た瞬間が描かれている。

　さらにパッデンとハンフリーズは、「異なる中心」（different center）という表現で、ろう者の世界と聴者の世界を描き出している。「難聴」というアメリカ手話の単語に関する二つの異なる解釈の例を通してである。アメリカ手話でその人は「ちょっと難聴」だから、電話が使えない。他方、「かなりの難聴」の人は電話が使えるという言い方をする、ろう者が多いというのだ。

　「難聴」は聞こえない人と聞こえる人の間の世界を示している。そして、ろう者の視点からすると、聞こえない世界から少しだけ聞こえる世界に向かったところが「ちょっと難聴」である。「聞こえない」ところが中心である。したがって、「ちょっと難聴」はだいぶ聞こえない人である。「かなりの難聴」の人は、相当聞こえる人である。

　聞こえる世界からの視点では、逆になる。聞こえるところが中心である。「ちょっと難聴」は少しだけ聞こえがよくないという意味になるから、電話は使えるだろう。「だいぶ難聴」は、あまり聞こえない人である。

　ろう者と聴者にはこの言葉に端的に示されるように、「異なる中心」がある。それはろう者の世界と、聴者の世界が異なる面を持っていることを示している。木村晴美と市田泰弘（2000）は「ろう者とは日本手話という、日本語とは異なる言語を話す、耳の聞こえない言語的少数者である」と定義している。手話が独自の言語であるという言語学の知見は、障害者の権利条約にも反映され、手話言語が言語であると明確に認知されている（第2条）。

　ろう文化の認識は徐々に社会的に広がっている。たとえば、2008年には日本手話で教育を行う、日本での初めての聾学校である明晴学園が開校している。同校は、私立学校として、日本語と日本手話のバイリンガル、ろう文化と聴文化のバイカルチュラルを教育理念

として掲げている。また、2011年には、「店内は手話が公用語」という手話カフェが東京で開かれている（柳，2012）。

3　自閉文化

自閉症は国によっては障害者の代表的存在とされることも多いほどである。脳に障害がある発達障害の一つであり、社会性やコミュニケーション、想像力の障害と呼ばれる。自閉症には知的障害を伴う場合と伴わない場合がある。近年、特に知的障害を持たない自閉の人自身から、自閉の世界観、自閉の文化が伝えられるようになってきた。まさに、その世界の住人からのメッセージである。

自閉の世界と対比されるのが、自閉を持たない「定型発達」（neurotypical）の世界である。つまり、この世界には圧倒的に定型発達者が多いのである。なお、自閉症の人からは、自閉症者は「自閉っ子」だったり、「自閉者」という言葉で表されているので、そうした名乗りを本章では尊重する。

神経学的少数派である自閉者と神経学的多数派である定型発達者の関係を異文化として捉える視点は、自閉者から発せられる『地球生まれの異星人』（泉，2003）といった書名に典型的に示されている。自閉者であるニキ・リンコはやはり異文化という観点から「自閉連邦在地球領事館附属図書館」というウェブサイトを主宰し、自閉者と定型発達者の違いを分析し、紹介してきた。ニキ・リンコは言葉どおりに受けとめてしまう自閉者の特性を次のエピソードで示している。

　『見えない前提』とか『暗黙の了解』があるのを想像できずに、デジタルに理解してしまう、っていうことだと思います。たとえば、終電間際の駅で、「3列に並んでください」って書いてあると、あと二人だれか来るまで待たなきゃいけない、って心細くなった

り。(略)「3列か。私一人しかいないのにどうしよう」とか思ってしまうのです。(ニキ・藤家．2004；p.203)

また、「クラスメートは教室の備品だと思っていた」と自閉の世界観を次のように述べている。

　家に帰ると親がいます。学校に行くとクラスメートがいます。クラスメートとは、教室にいるものだったんです。まさか一人ひとりにおうちがあって、そこから通ってきているとは思いませんでした。(p.108)

やはり自閉者の藤家寛子は親との関係を、同書で次のように述べている。

　最近になって、父親という存在を知った私は、少しずつ彼との関わりを自分から持つようになりました。
　正直に言ってしまうと、それまでの私にとって、彼の存在は「8時になると家を出ていく人で、たまに突然帰ってきては出ていき、"ただいま"と言いながら、夕方6時ごろ帰ってきて、私が宿題をしている間に寝ているので、私との共演が少ない配役」でしかありませんでした。
　人とのつながりが理解できなかった私には、当然「父親」も配役のひとつで、しかも、自分との共演シーンも少ないがために、相当に興味のない人物だったわけです。(p.166)

感覚過敏と受けとめられてしまう身体的違いについて、藤家は一例として「雨は痛いじゃないですか。当たると。傘さしていても、はみ出た部分に雨が当たると一つの毛穴に針が何本も刺さるように

痛くありません？」と述べている（p.24）。さらに、どこまでが自分の身体なのかはっきりしない身体感覚について、スカートを履いて足が見えなくなくなると、「見えないものはない」のだから、足がなくなってしまったと感じることがあるとしている。

　人間は他人も自分と同じ感覚を持っていると誤解しがちである。しかし、世の中には定型発達者が多く、その定型発達者のルールで社会が運営されていると、成人してから気づいた自閉者は、自分たちはマイノリティなのだということ、そして社会はマジョリティのルールで運営されていることをもっと早くから知りたかったと語っている。そして、自閉者が定型発達者中心の仕組みを知るのに外国人向けの日本文化の説明書が役立つ場合すらある。やはり自閉者の泉流星（2003）も、「日本生まれの日本育ちにも関わらず、自分を取り巻く日本人と日本社会は、私にとって常に謎でいっぱいだった。周囲の人々が自然に身につけて共有している日本的な感性、常識、慣習、言わずもがなの決まりごとなどが私には理解できず、周囲の日本人にも『あなた自身が日本人なのだから、当然わかっているはず』という思い込みから、詳しく説明してもらえる機会がなかったからだ」と述べている（p.9, 10）。

5．配慮の平等

　「配慮の平等」を、初代障害学会会長を務めた石川准は提唱している。石川（2004；p.242）によれば、社会には「すでに配慮されている人々と、いまだ配慮されていない人々」がいて「多数者への配慮は当然のこととされ、配慮とはいわれない。対照的に、少数者への配慮は特別なこととして可視化される」のである。ニキもこうした多数派と少数派の文脈で、障害者を「自分たちを主たるターゲットと想定して設計されてはいない環境に生きざるを得ない人々」と

定義している（ニキ，2008；p.92）。

　多数者が「非障害者」「健常者」であり、少数者が「障害者」である。つまり、社会はマジョリティを基準に設計、運営されているためにマイノリティにだけは特別な調整・変更が必要であるとされる。しかし、マジョリティも配慮されている点は変わりない。ただ、マジョリティに合わせたスタンダードやルールによって、「配慮」は見えなくなり、意識されないだけなのだ。もし、社会の編成や設計が変われば、配慮の対象、形も当然変わることになる。

石川（2004）は例として、

　　たとえば、階段とスロープを比較してみよう。なぜ階段は配慮ではなくスロープは配慮なのか。試しに階段を壊してみればよい。階段がなくても２階に上がれるのは、ロッククライマーと棒高跳びの選手ぐらいのものだ。だったら階段だって配慮ではないか。(p.242)

　経済学者の松井彰彦（2011：p.4）の言う「社会における多数派と少数派の関係」の下に、「多数派が用いる様式に少数派が適応できるか」という問題である。

　このように、「合理的配慮」は障害者をはじめとするマイノリティのためのものという視点ではなく、もっと普遍的な社会の設計やあり方という観点から考えることができる。つまり、そもそもだれのために社会が設計され、社会のルールが設定されているのかが、合理的配慮を考えることで明らかになるのである。

　もちろん、社会のルールが正当な場合もある。前述のケベック州の事例での学校への儀式的短剣の持ち込みに関しても、学校への武器の持ち込み禁止というルール自体の見直しではなく、例外として、しかも安全確保措置を講じるという条件付きで、カナダの最高裁は認めている。ブシャールとテイラーは教室への注射器の持ち込みに

ついての例を取り上げている。

> 実例として、学生の教室への注射器持ちこみ禁止規則をあげてみよう。その規則にはまったく正当な理由があるのだが、しかし糖尿病を患っている学生にとっては、命に関わる事柄である。こうした場合、その規則緩和のための条項をつくってしかるべきである。(p.57)

障害者の権利条約交渉の早い段階で"reasonable accommodation"を川島聡と私は「合理的配慮」と訳出した。すでに訳として定着しているという判断に基づいたものだった。それに対して、もっと適切な訳語はないかという問い合わせを複数回、受けた。「配慮」という言葉の持つ、恩恵的なニュアンスがもたらしたリアクションだった。英語の"accommodation"にも同じニュアンスはある。なお、英国では"reasonable adjustment"（合理的調整）が1995年の障害差別禁止法（2010年からは平等法）において用いられている。韓国では"reasonable accommodation"が「正当な便宜供与」という韓国語の表現で2007年に成立した障害者差別禁止及権利救済等に関する法律（崔栄繁訳）で用いられている。ただ、配慮、調整、便宜のいずれも、恩恵的なニュアンスの多寡はあれ、通常のやり方、慣行、ルールが前提であり、そこからの変更である点は共通である。障害者の権利条約全体を貫く原則は、「差異の尊重」、そして「人間の多様性の一環」としての障害者の受容を規定している。同条約の交渉過程では「差異の権利」という形での提案もあったが、最終的には「差異の尊重」という言葉で認められた。

合理的配慮は、宗教や障害に基づく差異を祝福する多文化共生社会を築くための仕組みである。「合理的配慮に替わるもの」として、ビーマン（Beaman, 2012）は宗教的多様性の文脈で、合理的配慮と

寛容からさらに歩を進め、「深い平等」(deep equality) を模索している。合理的配慮が平等という枠組みではなく、当事者と合理的配慮の提供側との交渉によるものであるのに対して、深い平等はそれぞれの集団間の平等という前提から始まるものだとしている。日本の障害分野では障害者の権利条約の国内実施という文脈で、ようやく合理的配慮を議論し、その定着を法的に進めようとしているところである。障害分野において合理的配慮の法的整備は不可欠だ。しかし、その先を見据えた議論が必要であることも明らかである。その際には、ルール全体の見直しと、個別のニーズに応じた例外や特別扱い両方をバランスよく進めなければならない。

おわりに

　本章では、多文化共生社会の中で障害者が他の集団と結びつく2つの道筋を示した。一つは、障害の社会モデルに基づき、社会的障壁による不利益や抑圧を経験する存在として位置づけられる障害者への差別をなくすための仕組みである合理的配慮である。合理的配慮はそもそも宗教差別をなくすために生み出された概念であり、社会のマジョリティのために作られたルールを、マイノリティのために変更する装置である。

　もう一つは、障害の文化モデルの観点から見た、文化としての障害者の生である。多文化共生社会の中で、障害の文化も差異として祝福される。本章では、身体的機能の違いに基づく文化の例として、盲文化、ろう文化、自閉文化を紹介した。

　冒頭で、「障害者」という言葉を目や耳にすると読者の皆さんは、どういった人を思い浮かべるだろうかという質問をした。皆さんの考えは本章を読んで変わったところがあっただろうか。もしあったとすれば、それはどういった点だろうか。

第10章 多文化共生と障害の文化モデル

●研究課題●

- 今から半世紀後に障害者像はどう変わっているだろうか。これはすなわち、将来の人間像全体を考えることでもある。つまり、どういう人が「障害者」だとされているだろうか。その頃には、そもそも、「障害者」という概念自体があるだろうか。それを社会的障壁と文化の両面から考えてみよう。

●キーワード●

合理的配慮（reasonable accommodation）

宗教や障害に基づく差異を社会が受けとめ、一人ひとりに対応すること。たとえば、安息日に休んだり、休憩時間を調整し勤務時間とお祈りを両立させたり、視覚障害者に言葉で説明したりすることが含まれる。

障害学（disability studies）

障害を社会と文化という観点から分析する学問。「障害」となっているのは社会の障壁であるとし、その除去を重視する社会モデルと、障害による差異を文化として位置づける文化モデルがある。

障害差別（disability discrimination）

障害を理由として不利な取り扱いをすることと、合理的配慮を提供しないことの両方が含まれる。単に障害者でない人と同じ扱いをするだけでは障害差別となることがある。

障害者の権利条約（Convention on the Rights of Persons with Disabilities）

障害者の権利を守るために2006年12月に国連総会が採択した人権条約。教育や雇用、家庭生活、法的能力など生活のあらゆる

分野での差別禁止と障害者の権利保障を規定している。

ろう文化（Deaf culture）

視覚言語である手話を中心として形成されるろう者の文化。英語では、文化的要素を重視して、頭文字は大文字で表記される。聴こえる人間（聴者）が持つ聴文化と対比される。

[注]

(1) 同報告の邦訳（ジェラール・ブシャール、チャールズ・テイラー、2011）では「妥当なる調整」と訳している。
(2) 日本でも、外国人の多文化共生の文脈で、「合理的配慮」について触れている例がある。例えば、近江八幡市多文化共生推進懇話会が「わかりやすい例をあげるならば、聴覚障害のある住民が行政サービスを受けようとする際、手話通訳の配置や筆談等の対応策を何らとらないまま、その住民が耳が聞こえないことを理由に十分な説明をしなかったとすれば、それは「合理的配慮の否定」になるでしょう。同様に、日本語が理解できない外国人住民に対し、通訳の配置や多言語による情報提供等の対応策を何らとらないまま、その住民が日本語ができないことを理由に十分な説明をしなかったとすれば、それも「合理的配慮の否定」になるでしょう」としている。（2009年、7p）

[参考文献]

Beaman, L. G. (2012) "Introduction", Beaman, L.G., (ed), *Reasonable Accommodation – Managing Religious Diversity*, 1-12, UBC Press, Vancouver, Tronto

ESCAP (2012) *Disability at a Glance* 2012, Bangkok: United Nations Publications

長谷川珠子（2010）「健康上の問題を抱える労働者への配慮——健康配慮義務と合理的配慮の比較」『日本労働研究雑誌』601号、独立行政法人労働政策研究・研修機構、46-55

石川准・長瀬修（編著）（1999）『障害学への招待』明石書店

石川准（2004）『見えないものと見えるもの——社交とアシストの障害学』医学書院

泉流星（2003）『地球生まれの異星人——自閉者として、日本に生きる』花風社

ジェラール・ブシャール、チャールズ・テイラー編、竹中豊、飯笹佐代子、矢頭典枝訳（2011）『多文化社会ケベックの挑戦——文化的差異に関する調和の実践　ブシャール＝テイラー報告』明石書店

木村晴美（2007）『日本手話とろう文化』生活書院

木村晴美・市田泰弘（2000）「ろう文化宣言以後」ハーラン・レイン編、石村多門訳『聾の経験——18世紀における手話の『発見』』東京電機大学出版局、396-408

キャロル・パッデン、トム・ハンフリーズ、森壮也・森亜美訳（2003）『「ろう文化」案内』晶文社

松井彰彦（2011）「社会の中の障害者」松井彰彦・川島聡・長瀬修編著『障害を問い直す』東洋経済新報社、1-24

McKennia, I. (2012) *Equality and Accommodation: A Narrative Approach to Canadian Multiculturalism*, Amazon Services International, Co.

内閣府（2012）『障がい者制度改革推進会議東日本大震災被災地調査報告宮城』
（http://www8.cao.go.jp/shougai/suishin/kaikaku/s_kaigi/k_37/pdf/s3.pdf, 2013 年 6 月 18 日閲覧）

長瀬修・東俊裕・川島聡編著（2012）『障害者の権利条約と日本』生活書院

ニキ・リンコ・藤家寛子（2004）『自閉っ子、こういう風にできています！』花風社

ニキ・リンコ（2008）『スルーできない脳』生活書院

近江八幡市多文化共生推進懇話会（2009）「近江八幡市多文化共生推進指針策定に向けての提言書」
（http://www.city.omihachiman.shiga.jp/cmsfiles/contents/0000003/3049/tabunka-teigensyo090323.pdf, 2013 年 6 月 18 日閲覧）

柳匡裕（2012）『Sign with Me 店内は手話が公用語』学研教育出版

財団法人日本国際協力センター（2008）『21 世紀東アジア青少年大交流計画　交流のとびらマレーシア編』財団法人日本国際協力センター

著者不明・長瀬修訳（2001）「晴眼者と付きあうために」『福祉労働』92 号、現代書館、84-85

＊本研究は、JSPS 科研費「社会的障害の経済理論：実証研究」（研究代表者松井彰彦）24223002、及び JSPS 科研費「障害者の権利条約の実施過程に関する研究」（研究代表者長瀬修）243800717 の助成を受けたものである。

第 11 章

企業と研修生
―― 共生に向けた日本語支援の視点から

守谷智美

問題提起

　2013年3月、仕事に向かう電車の中で、テレビ画面に流れるニュースを何気なく眺めていた時、画面に映し出された次のような文字が目の中に飛び込んできた。「広島の殺人事件、犯人は中国人研修生」――。

　「事件」「犯人」「研修生」――。同じような言葉の配列を、これまでに何度か目にしたことがある。「研修生」あるいは「外国人研修生」は、そこでは加害者としてのみクローズアップされ、異質な、顔を持たない存在であるかのように、何かがすっぽりと抜け落ちているのだった。

　「研修生」あるいは「技能実習生」という言葉を聞いたことがあるだろうか。それは、どこで、どのような形で聞き、どのような内容であっただろうか。それらの言葉から、「研修生」あるいは「技能実習生」に対してどのようなイメージを抱いただろうか。日本には現在、どのくらいの「研修生」あるいは「技能実習生」と呼ばれる人たちがおり、どのような環境下でどのような日常生活を送り、実際にどのような問題を抱えているのだろうか。

第11章　企業と研修生

1．研修生・技能実習生とはどのような人たちか？

　日本国内において、開発途上国の青壮年層を受け入れる制度がある。これは、日本の産業・職業上の知識・技術・技能等を学び、自国に持ち帰ることで技術移転を図り、自国の産業技術の発展に貢献する人材を育成しようという国際貢献の一環として実施されている。このような制度が研修・技能実習制度であり、その制度で来日し、日本の産業・職業上の技術・技能の習得と習熟のための活動に従事する人たちをそれぞれ、研修生または技能実習生と呼んでいる。彼らは、その在留資格によって、どのような環境下でどのような活動に従事するのかが異なる[1]。

　まず、在留資格の1つである「研修」とは、日本の公私の機関により受け入れられて行う技術、技能または知識の習得をする活動であり、在留期間は1年以内である。「研修」には、大きく分けて知識の習得を目的とし、実務的な作業を伴わないものと、国・地方公共団体・独立行政法人等が受け入れ、国庫補助金など公的な資金が研修の運用資金の一部となり、知識・技能の習得をめざすものとの2つがある。

　一方、「技能実習」とは、受入れ機関と技能実習生との間での雇用契約に基づき、日本の産業や職業上の技能等の習得・習熟を目的とする活動として規定されている。これは、2009年の入管法改正[2]により創設された。それ以前にも技能実習自体は行われていたが、それは「特定活動」の中の1つであり、1つの在留資格として位置づけられたものではなかった。現行の新制度では、知識や技能を習得する1年目の活動（在留資格「技能実習1号」）と、習得した技能に習熟するための2・3年目の活動（同「技能実習2号」）の2つがあり、1年目の活動終了後、技能検定に合格すれば2・3年目の活

動に移行することができ、通算で3年の滞在が最長である。国際研修協力機構（略称JITCO）がその傘下にある中小企業や組合等の団体による受入れを支援する。

では、現在、どのような人たちが、どのくらい、国内のどのような所で研修や技能実習に従事しているのであろうか。法務省の統計による在留資格別外国人登録者数の推移[3]を見てみると、平成23（2011）年における在留資格「技能実習」での登録者数は14万1,994人、「研修」が3,388人となっており、実に計14万5,382人の研修生・技能実習生が国内で活動に従事している。これは、外国人登録者数全体の約7％にあたる。1980年代には1～2万人台、また、1990年の改正入管法の施行当時は約3万7,000人であったことと比べると、研修生・技能実習生がここ数十年の間に飛躍的な増加を見せ、現在に至っていることが明らかである。

国籍別の内訳[4]では、中国が10万人超と最も多く、「研修」および「技能実習」の在留資格者全体の4分の3を占めている。次いで、ベトナム約1万3,000人、インドネシア、フィリピンがそれぞれ約8,000人と続き、その大部分がアジア出身者によって構成されていることがわかる。図11-1はこの割合を示したものである。

これらの在留資格者のうち、JITCO支援による受入れは計10万人以上であり、全体の約7割を占めている（国際

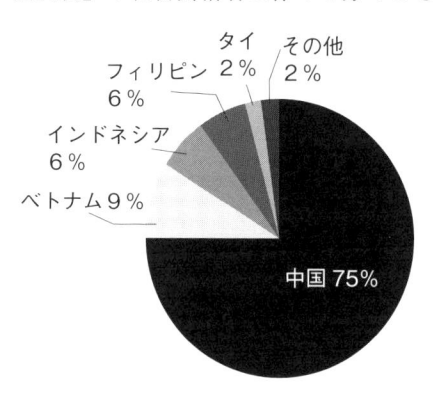

図11-1　国籍別に見た「研修」・「技能実習」在留資格者の内訳
＊法務省外国人統計統計表「2011年国籍（出身地）別在留資格（在留目的）別外国人登録者」より筆者作成。

研修協力機構，2012)。その受入れ業種を見ると、全体として衣服・繊維製品製造業が最も多く、食料品製造業、農業、金属加工業等がこれに続く。受入れ先の規模は従業員20人未満の比較的小規模の企業が最も多く、その受入れ地域は愛知県、茨城県、岐阜県、広島県等、国内の多地域にわたっている。

このように、現在、日本国内において多くの研修生・技能実習生が多地域・多業種で活動に従事していることは明らかである。だが、私たちが日常的にそのことを実感する機会はそれほど多くないのではないだろうか。日本に受け入れられた研修生・技能実習生は、日本でどのような生活をしているのだろうか。

2．研修生・技能実習生を取り巻く問題

研修生・技能実習生の受入れにあたっては、大きく分けて「政府機関型」「企業単独型」「団体監理型」の3つのケースがある。まず、「政府機関型」は、国際協力機構（JICA）や海外産業人材育成協会（HIDA）等の政府諸機関が受け入れ、受入れに関わる研修諸経費の一部に国庫補助金が適用される。また、「企業単独型」「団体監理型」は、いずれもJITCOがその傘下にある企業団体の受入れを支援するものである。このうち、「企業単独型」は、企業が海外の現地法人、合弁企業や取引先企業の職員を受け入れるものであり、「団体監理型」は、商工会や中小企業団体等営利を目的としない団体（監理団体）が受け入れ、傘下の企業等（実習実施機関）で技能実習を行うものである。

だが、研修生・技能実習生の受入れには多くの問題も見られる。法務省入国管理局の発表によれば、平成23年中に「不正行為」が認められた外国人研修生・技能実習生受入れ機関は184機関であり、このうち、企業単独型が2機関（1.1％）であったのに対し、団体監理型は182機関（98.9％）を占めていた[5]。

旗手（2006）・川上（2009）によれば、研修生・技能実習生の受入れに関してこれまでに共通して見られる問題には、主に以下のようなものがあるという。

1）研修計画と実際の活動内容の不一致（研修開始段階での集合研修の未実施や時間数不足・日本語研修の未実施等の不完全実施、対象外業務への強制従事、禁止されているはずの同一単純作業の反復への従事等）
2）賃金・手当の不払い（正当な賃金水準の未実施、監理費等を不当に差し引いて支払う実質的なピンハネ等）
3）送り出し機関による保証金・手数料・中途帰国した場合の違約金制度
4）他企業への転職の禁止
5）さまざまな管理・拘束（受入れ先でのパスポートの取り上げ・必要時に返還する旨の未記載、合意の形をとった強制預貯金と通帳・印鑑の取り上げ等）
6）生活上の制約（携帯電話の所持や電話使用の禁止、外泊・遠出の禁止、行動の監視等）

　研修生・技能実習生がプライバシーや人権侵害の被害者となる事態は、受入れ先での暴行等、他にも後を絶たない。これまでに行われた研修生・実習生への聞き取り調査からも、具体的な問題事例が報告されている（守屋，2011；落合，2010など）。

　このような不正・不当行為の背景には、日本の産業構造が抱える問題や、研修・技能実習制度が確立されてきた経緯が大きく関わる（曙，2004；佐野，2002；守屋，2011）。もともと、1950年代に国際貢献を目的とした活動の一つとして始まった外国人研修生の受入れは、その国の経済発展を担う人材の育成を主な目的としており、当初は

在留資格「留学」の中の一部として扱われていた。つまり、「学ぶこと」としての位置づけが強かったと言える。その後、80年代に入り、少子高齢化による人材不足や内需拡大による好景気を背景とし、特に３Ｋと呼ばれる就労環境の厳しい産業に日系人や外国人労働者が日本国内に流入するようになり、急増する不法就労者も含めた外国人労働者問題への対応を迫られるようになった。そのような流れの中で、89年に入管法が改正され（翌90年より施行）、「研修」の在留資格が創設されるとともに、１年の活動の後、一定の評価を得て技能実習へと移行できる制度が確立した[6]。これにより、海外に拠点を持たない中小企業、団体等にも研修生受入れが可能となり、91年にはその受入れ支援に当たることを主な目的として、研修生に関わる所管官庁（当時の法務、外務、通産、労働、建設の計５省）の共管によりJITCOが発足した。こうして、研修・技能実習制度は、人手不足に悩む国内の中小企業の救援策としての期待を担い、機能するようになっていったのである。

　だが、日本国内において研修生・技能実習生の受入れが中小企業における人手不足の解消のための手段となっていくことによって、「人材育成」の側面は薄れ、研修生・技能実習生が、不十分な受入れ・監理態勢の下で低賃金・長時間労働を強いられるなどの不正が相次ぐようになった。そのため、2009年７月に再び入管法が改正され（翌2010年７月施行）、「研修」は実務研修を伴わない活動や公的機関の受入れによるものと限定されるとともに、１つの在留資格として「技能実習」が創設され、原則として受入れ先との雇用契約の下で活動を行うものと定められた[7]。これは、実質、技能実習生が制度の下で「労働」を行うことを可能にしたのである。

　以上のように、人材育成を目的とし国際貢献の名のもとで始まった研修・技能実習制度は、グローバル化の流れの中で、次第に人手不足に悩む日本国内の中小企業への「安価な労働力」の供給源とな

り、現在もこの社会を底辺から支えている。ここに、研修生・技能実習生をめぐる問題の根源があることは明らかである。

もちろん、すべての受入れ機関において不正が見られるというわけではなく、受け入れた研修生・技能実習生の育成に前向きに取り組むところも少なからずあるだろう。だが、インターネットを検索すれば人手不足解消のために技能実習制度を活用することを堂々とうたった広告が容易に見つかる昨今の状況の中で、可能な限りの低賃金で継続的・安定的に外国人を日本国内へと送り込み、「労働」させようとする仕組みは、新たな制度である「技能実習」の名の下で今後も続いていくものと見られている（守屋，2011）。

研修生・技能実習生もまた、この制度を「日本でお金を稼ぐための手段として」利用していることは否定できないと言われる。それゆえ、多くの場合、自身が置かれた不利・不当な状況にも容易に声を上げることはしないだろう。このような制度と現実とのズレの上に成り立つ関係が、日本社会において研修生・技能実習生の社会的地位を相対的に低いものにしていると言えよう。

3．研修生・技能実習生の日本語習得とその支援をめぐる問題

2項で述べたように、研修・技能実習制度は、国内の経済・産業・社会構造上の事情に合わせて本来の目的をねじ曲げる形で、現在も存続している。それゆえ、研修生・技能実習生の抱える問題を検討するとき、多くの場合、制度のあり方そのものに社会的議論が集中しがちである。だが、そこでは、研修生・技能実習生の日常や、そこに大きく関わる日本語とその支援に関して焦点が当てられることは少ない。研修・技能実習制度の中で、日本語の習得はどのように位置づけられ、当事者である研修生・技能実習生は日本語の習得をどのように捉えているのだろうか。ここでは、日本語習得とその支

第 11 章　企業と研修生

援の観点から研修生・技能実習生の抱える問題を検討する。

1　研修・技能実習制度における日本語習得の位置づけとその支援

　技能実習および実務研修を伴う研修の場合、来日直後の時期に設けられた集合型の講習の中で、日本語や日本での生活に関連する知識等を学習する機会が設けられている。技能実習の場合、1年目の活動予定時間の6分の1以上を日本語学習に充てることが規定されており[8]、これを経てその後の実習に臨むこととなる。それゆえ、集合型の講習における日本語学習の主な目的は、研修生・技能実習生がそれぞれの研修・実習先で安全で健康な生活を送り、産業上の技能・技術・知識を確実に習得できるような日本語力を身につけることである。

　だが、来日直後の短期間の講習で学習できるのはごく基礎的な日本語のみである。実務を学ぶ研修・実習先において周囲の日本人との間で使用する言語は主として日本語であり、研修生・技能実習生の母語が理解できる者や、通訳を担える人材がいるようなケースは限られる。2009年度のJITCOの調査[9]では、研修・技能実習の場における日本人の使用言語は7割以上が日本語のみで、研修生・技能実習生側の使用言語も93％が日本語であるなど、研修・技能実習の場での日本語使用率はきわめて高い。研修生・技能実習生は習得したばかりのごく基礎的な日本語を駆使し、研修・実習先の日本人との意思の疎通を図らなければならない状況に置かれるのである。

　実務的な研修・実習に入ってからの日本語習得やその支援に関しては特に規定はなく、研修生・技能実習生の日本語習得を継続的に支援するかどうかは受入れ機関に一任されている。JITCOの日本語教育実態調査[10]によれば、集合研修終了後も日本語支援を行っていると答えた受入れ機関は過半数を占めたが、その方法は短時間・不定期であるなどさまざまであった。また、支援を行っていないケー

スでは、その理由として、時間的な余裕がない、指導できる人材がいない、研修生・技能実習生の自主性や自然な習得に任せていることなどが挙げられている。確かに、社内に指導できる者がおらず、外部の日本語指導者に委託しようとしても地理的条件から実現が困難なことも少なからずあるだろう。また団体監理型で受け入れる小規模の企業の中には、残業・休日出勤などで技能実習生の日本語支援の余裕がないところも少なくないだろう。

だが、日本語力の不十分さは、研修・技能実習期間中にわたり、研修生・技能実習生にとって多くの精神的・身体的な不安や困難の原因となりうる。既述の調査でも、日本語力の不十分さにより生じる問題として、作業上の危険性が十分に認識できず危険回避ができないこと、病気の際症状を的確に表現できないこと、ホームシックやカルチャーショックなど適応に関わるメンタル的な問題を抱えていても相談できないことなどが挙げられている。また、ゴミ出しなどの社会的ルールや社内規則が理解できないことが日本人社員・地域住民とのトラブルにつながったり、さらには研修生・技能実習生同士、同国出身者同士の間での人間関係上のトラブルが生じたりすることも否定できない。

このように、研修・技能実習制度において、日本語は実務的な研修・技能実習の準備としての一時的な支援対象ではあるものの、研修・実習期間中にわたる長期的・継続的な支援対象としては認識されていない。研修・技能実習では技術・技能の習得が第一義となり、日本語は副次的なものとして扱われるというのがその理由だろう。だが、研修・技能実習における学びと日本語とを完全に切り離してしまうことはできないのではないか。日本語習得に関わる問題は、研修・技能実習における作業効率や技術移転のような成果に関わるだけではなく、この社会において彼らがたとえ限られた期間であれ生活していくことを考えたとき、その「生きにくさ」にもつながるで

あろう。研修生・技能実習生であるという立場ゆえに、彼らが受入れ環境の使用言語に一方的に合わせることを期待され、受入れ側からの調整は期待できないのだとしたら、そのこと自体、研修生・技能実習生と受入れ側の日本人との間の関係構築を阻む大きな要因となっているものと考えられる。

2 研修生・技能実習生にとっての日本語習得とは

ここまでは、研修・技能実習の中で日本語習得とその支援がどのように位置づけられているのかを述べたが、日本語習得に対し、研修生・技能実習生自身はどのように捉え、どう向き合っているのであろうか。彼らから見た日本語習得の位置づけについて検討したい。

筆者は、2000年から約6年間、都内の企業で中国人研修生の日本語支援に携わった経験を持つ。そこでは、実務的な研修を行う中で寸暇を惜しんで日本語を学び、日本人との交流を求めて日々努力を重ねる研修生たちの姿を多く見てきた。だが、一方で、どうしても日本語学習に気持ちが向かないまま研修期間を終えて帰国していった人たちもいた。一人ひとりの声に極力耳を傾けてきたつもりではあるが、彼らの中には、最後まで言葉にすることはなかったそれぞれの事情や理由があったのだと思う。

落合(2010)は、研修生・技能実習生を2つのタイプに大別している。1つは、家族や友人などを思うことによって日本での自身の置かれた不本意な現状を割り切ろうとする「本国志向型」であり、もう1つは、今の自分を国の家族や将来の自分への先行投資的犠牲と考えるだけでなく、制限の多い生活であっても熱心に日本語を習得しようとし、本来的な意味を持つ自分として発展させながら生きようとする「『いまここ』志向型」である。

このような研修生の特色に着目し、落合は、製造業および食品加工業に携わる研修生・技能実習生7名への聞き取り調査の中で、日

本語学習意欲に焦点を当てて検討している。それによれば、研修生・技能実習生が高い日本語学習意欲を持つ理由は、①日本語を身に付けておくことで日本でいざというとき異議を申立てられるというエンパワーメントのツールとして、②将来の留学や日系企業への就職など展開戦略として、③今日的技術の享受（インターネットを通した国の家族との通信等）や日本国内の遠方に住む友人の訪問、日常的な手続きの円滑化など実生活での利便性向上のため、④現在生活している日本で有意義に過ごしたいなど趣味・心理的安息のため、の４つに集約されるという。一方、日本語学習に特別な意欲を示さない理由は、①勉強が元々好きではない・学校卒業後勉強の習慣が薄れている、②仮の居場所であるため経験を広げたいなどの発想が生まれにくい、③仕事や日常で忙しく不必要なことに時間を割くより休みたい、の３つであった。

　これらのうち、注目すべきことは、研修生自身により日本語が日本での研修生活におけるエンパワーメントのツールとして捉えられていることである。研修生・技能実習生と受入れ機関との関係は、「受け入れられる側」と「受け入れる側」、「マイノリティ」と「マジョリティ」、「教わる側」と「教える側」など、いずれも研修生・技能実習生を「弱い立場」に固定してしまうような要素が多い。だが、実際、彼らは受け身の立場としてその枠に収まるのではなく、自ら学ぶ意欲を持ち、自らの意志で行動を起こしているのである。

　落合（2010）は研修・技能実習期間の一時点を捉えたものであるが、実際、日本での研修・技能実習期間中において、日本語学習意欲に変化が生じるのは当然のことと考えられよう。そのため、研修生、技能実習生の日本語学習の位置づけや学習意欲を捉えようとするとき、期間中にわたってその変化を追っていく必要がある。

　守谷（2008）は通信技術分野の企業で研修を受ける研修生６名を対象とし、日本語学習意欲とその変化の要因に対する彼らの認識に

ついて継時的に調査を行った。その結果、6名は研修期間中にわたって日本語学習意欲をそれぞれ変化させながら学習を継続しており、その変化には、日本語学習の成果自体や学習の必要性の捉え直し、モデルとなる先輩研修生の存在や仲間の研修生へのライバル意識、受入れ先の研修環境における日本人との交流や日本語使用機会の有無など、日常のさまざまな出来事やそれに対する個々の認識が深く関連していることが示された。具体的には、研修開始当初は日本語学習に関心がなく、その重要性も感じていなかったものの、先に帰国する先輩研修生の姿を見て自分も帰国時あのようになるのだろうかという危機感を抱き、自身の日本語学習への取り組み方を変えた事例、日常的なストレス・疲労から体調不良に陥ったものの、将来のために日本語学習だけはあきらめたくないという強い意志で学習と向き合い続けた事例、受入れ研修環境において日本語使用機会に恵まれず、学習の意義が感じられなくなり日本語学習の意欲を喪失したが、その後自ら周囲に働きかけを行うことで日本語学習意欲を取り戻していった事例などが見られた。このように、ある期間、継続的に見ていったときの研修生個々の日本語学習との向き合い方とその変化は実に豊かで、多様であった。

　このことが示すのは、研修生は研修過程中のさまざまな出来事や身近な他者との関わりなど環境との相互作用を通して気づき・学びを得ているのであり、日本語はその個々の気づき・学びと切り離すことのできない重要な手段として位置付けられているということである。このような彼らの日本語習得を支える行為は、いわゆる日本語「教育」とは質を異にするものであろう。研修・技能実習における日本語の習得を支援するということは、長期的視野に立ち、研修・技能実習終了後の彼らの飛躍を見据えながら期間中彼らを見守り、支えていけるような成長促進的なものであることが必要なのである。

4．研修生・技能実習生との共生に向けて

　現在の研修・技能実習制度が抱える問題は、制度が確立される過程において「学ぶ」「育てる」という本来の意味が薄れ、結果的に制度自体が安価な労働力の提供源となっていることに起因することをすでに述べた。研修生・技能実習生が「学ぶ」「育てる」人材と見なされていない事実が存在することは、彼らを、短期間であれこの社会でともに生きる人であると認め受け入れていないということである。それが研修生・技能実習生の社会的立場を低下させていることは明らかである。現行の制度の見直しを問う議論は今後も引き続き重ねていかなければならないが、その一方で、すでにこの社会に受け入れられ、この社会で生きている人たちに対し何ができるのかを具体的に検討することで、彼らの置かれた状況を変えていかなければならない。

　研修生・技能実習生の生活は、研修・実習の場と住居との間を往復することに終始し、外部の人との接触が限られたものになりがちである。彼らが期間限定の「安価な労働力」と見なされ、滞在期間が過ぎれば次の人材にすり替えられるという「使い捨て」が積み重ねられるのではなく、一人ひとりが一生活者としてこの社会に暮らす実感を持てるようにすることが彼らとの共生を考える上での第一歩であり、それこそが研修・技能実習における大きな成果にもつながり得るのではないか。

　研修・技能実習における学びは、知識や技術・技能の習得のみではないはずである。日本社会において多様な人々と関わり、多様な価値観に触れる中で得られることは、研修生・技能実習生の将来にも関わるような大きな学びとなるであろう。そのためには、彼らが研修・実習の現場に閉じ込められることなく、外の社会に向け一歩

を踏み出せるような環境を作っていくことが必要である。

　小松（2011）は、受入れ機関や実習企業において継続的な日本語学習の場がない研修生・技能実習生を地域の日本語教室が受け入れることになったケースを取り上げ、その経緯とともに、そこに浮上した課題と、研修生・技能実習生に対し地域の日本語教室が果たす役割について報告している。そこでは、地域の日本語教室が技能実習生にとって単に継続的な日本語学習の場・学習支援を得られる「学びの場」としてだけなく、地域のさまざまな人々や職場の異なる技能実習生同士の間での「交流の場」として機能しており、そこでの交流が研修生・技能実習生の日常的なストレス解消にもつながっている可能性が述べられている。

　そのうえで小松は、地域の日本語教室が「技能実習生を社会的に孤立させない」という役割を果たしていることを指摘している。地域の日本語教室に通ってくる研修生・技能実習生の中には、受入れ機関が彼らの日本語習得や日本語での交流を快く思わないため通ってきていることを内密にしてほしいと頼む者もいるという。また、研修生・技能実習生の言語背景が多様化する中で、受入れ態勢の整備に伴うボランティアの多大な負担、「教わる」ことを期待する技能実習生のニーズと「教える」「教わる」ではない関係をめざす教室の活動理念との離齬、さらには地域の教室任せにしてしまう企業側の態度など、数々の課題が見られることを指摘している。だが、それらを理由に地域の日本語教室のような場が彼らの受入れを拒めば、彼らは完全に社会から切り捨てられてしまうという。

　近年、日本に住む外国人が急増する中で、地域の日本語教室の果たす役割が重要視されるようになってきているが、研修生・技能実習生にとっても、地域の日本語教室は、日本社会に踏み出し、多くの他者との関わりを持つことができる重要な場の一つとなり得るのではないだろうか。もちろん、研修生・技能実習生の受入れに当

たっては、日本語支援を含めた育成をどのように行うのかを受入れ機関が十分に検討したうえで受け入れることが前提である。そのため、研修生・技能実習生の日本語習得に関わる支援を、決して地域の日本語教室に依存すればよいというのではない。だが、技能実習生の多地域・多業種への拡散化が今なお進む中で、受入れ機関内だけで対応できることには限界が生じているのではないだろうか。研修生・技能実習生の受入れ環境を、閉じたものからより開かれたものへと変えていくことが、研修生・技能実習生の存在を社会で受け入れることとなり、ひいてはそれが彼らの抱える現状を変えることにつながるはずである。それが、今後、日本社会と各国・諸地域を結ぶ国際的な人材を育成するうえでの大きな成果ともなり得るのではないだろうか。

たとえ限られた期間であっても、また、知識、技術・技能の習得が主たる目的であっても、研修生・技能実習生をこの社会に生きる一生活者として認めたうえで受け入れ、彼らとの共生と真剣に向き合うとき、日本語支援はその実現のための重要な鍵となる。彼らのエンパワーメントにつながるような支援のあり方を具体的に検討していかなければならないが、受入れ機関と地域との連携・協働を模索することが、これまでの受入れのあり方や受入れ環境を変える大きな方策の一つとなることは確かである。

ただ、そこには、「支援する側」「支援される側」という固定化されがちな関係を超えるためのしかけ作りが必要である。常に受入れ機関・地域が「支援する側」であり、研修生・実習生が「支援される側」であるなら、そこに共生の意識は生まれない。活動を行う中で、役割の転換が生じたり、研修生・技能実習生らと共同で作り出していけるような取り組みが行われたりすることが、彼らを受け入れ、ともにコミュニティを担っているのだという意識を生み出すであろう。加賀美（2007）が互恵的支援活動という語で述べているよ

うな、支援する側・される側の相互の役割の循環は、両者がともにコミュニティの一員であり、それをともに作っていくのだという「コミュニティ感覚」(箕口, 2007)の創出に大きな役割を果たすとともに、対等な関係によるコミュニティ構築の一歩となるものと考えられる。

　この章の冒頭で「研修生」「技能実習生」についてどれくらい知っているだろうかとの問いかけを行ったが、すぐにその答えが見つからなかったとすれば、それこそが彼らの置かれた実態を表しているのだと言えよう。この社会の一部を支える彼らに対し、そこにいることにもさして関心が向けられず、何か事件があったときのみ否定的な注目が集まるような現状を変えるための一歩を、今後踏み出さなければならない。そのことを認識するとともに、ともに社会を作っていくことを見据え、一人ひとりがまずこの問題に関心を持つことから、共生は生まれるのだと考える。

●研究課題●
・最近のニュースや新聞記事から、研修生・技能実習生に関してどのようなことが話題になっているのか調べてみよう。そのうえで、自身が考える実現可能な支援は何か、検討してみよう。

●キーワード●

研修生

「研修」の在留資格で滞在し、1年の在留期間中、日本国内の受入れ機関において産業や職業上の知識の習得、または知識および技術・技能の習得活動に従事する人たち。

技能実習生

「技能実習1号」（1年目）・「同2号」（2・3年目）の在留資

格で滞在し、受入れ機関との雇用契約に基づき、主に技術・技能の習得活動に従事する人たち。

入管法

「出入国管理及び難民認定法」のことであり、日本の出入国者に対する管理と難民認定手続を整備することを目的とする法令。「入管法」はその通称。

入管法改正

これまでに何度か行われた、入管法の改正を指す。現行の研修生・技能実習生の受入れに関しては1989年（翌90年施行）および2009年（翌2010年施行）の改正による影響が大きい。

エンパワーメント

個人が自分たちの問題に能動的に関わり、環境に働きかけながら変えていこうとすること。

[注]

⑴ 以下、「研修」および「技能実習」については、法務省の在留資格一覧表（http://www.immi-moj.go.jp/tetuduki/kanri/qaq5.html, 2012 年 10 月 31 日閲覧）および公益財団法人国際研修協力機構（JITCO）のサイト（http://www.jitco.or.jp/system/seido_ryuuiten.html, 2012 年 10 月 31 日閲覧）を参照。

⑵ 「入管法」とは、正式には、「出入国管理及び難民認定法」のことであり、これまでに何度か改正が行われた。2009 年の入管法改正では、7 月 15 日に公布され、翌 2010 年 7 月 1 日から施行された。詳しくは、以下の法務省 web サイト内の入国管理局「研修・技能実習制度について」（http://www.moj.go.jp/ONLINE/IMMIGRATION/ZAIRYU_NINTEI/zairyu_nintei10_0.html, 2013 年 4 月 16 日閲覧）参照。なお、改正された入管法は、「改正入管法」と略して呼ばれることが多い。

⑶ 法務省「平成 23 年末現在における外国人登録者数について（確定値）」の「第 2 表 在留資格別外国人登録者数の推移」（www.moj.go.jp/content/000094843.pdf, 2012 年 10 月 31 日閲覧）による。なお、「出入国管理統計統計表」時系列表1950〜2005（http://www.e-stat.go.jp/SG1/estat/List.do?lid=000001035550, 2012 年 10 月 31 日閲覧）によれば、「研修」の在留資格での登録者数が表記されているのは 1982 年からである。

⑷ 法務省「登録外国人統計統計表」の「国籍（出身地）別在留資格（在留目的）別外国人登録者」（http://www.moj.go.jp/nyuukokukanri/kouhou/press_020925-2_b02.html, 2012 年 10 月 31 日閲覧）による。

⑸　法務省入国管理局「平成 23 年の『不正行為』認定について」(http://www.moj.go.jp/nyuukokukanri/kouhou/nyuukokukanri07_00051.html, 2012 年 10 月 31 日閲覧) による。
⑹　「研修」から技能実習へと移行した場合の在留資格は、当時、「特定活動」であった。
⑺　法務省入国管理局(平成 21 年 12 月発行)『技能実習生の入国・在留管理に関する指針』(http://www.moj.go.jp/content/000033317.pdf, 2012 年 10 月 31 日閲覧) による。
⑻　法務省「新しい研修・技能実習制度について」(http://www.moj.go.jp/content/000023246.pdf, 2012 年 10 月 31 日閲覧) による。
⑼　国際研修協力機構「外国人研修生・技能実習生の日本語調査」(2009 年度)(http://www.jitco.or.jp/about/data/chousa_houkoku/prompt_report.pdf, 2012 年 10 月 31 日閲覧) による。なお、この調査時点では、2010 年 7 月の改正法施行以前の「研修」在留資格者の受入れ機関も対象となっている。
⑽　国際研修協力機構「日本語教育実態調査」(2006 年度)(第一次受入れ機関対象, http://www.jitco.or.jp/nihongo/nihongotyousa.html, および第二次受入れ機関対象、http://www.jitco.or.jp/nihongo/data/enjo_jittai_dainiji.pdf, 2012 年 10 月 31 日閲覧) による。

［参考文献］

曙光(2004)「不況下の外国人研修生流入を規定する諸要因」関西学院大学産業研究所『産研論集　関西学院大学』31、67-78

旗手明 (2006)「外国人研修・技能実習制度をどうするか──『技能実習』を廃止し、本来の『研修』に純化すべきだ！」外国人研修生問題ネットワーク編 (2006)『外国人研修生　時給 300 円の労働者　壊れる人権と労働基準』明石書店、83-97

加賀美常美代 (2007)「第 11 章　大学キャンパスにおけるコミュニティ・アプローチによる留学生支援」箕口雅博編著『臨床心理地域援助特論』放送大学教育振興会

川上園子 (2009)「制度創設から 15 年、現況と問題点」外国人研修生問題ネットワーク編 (2009)『外国人研修生　時給 300 円の労働者 2　使い捨てを許さない社会へ』明石書店、10-32

国際研修協力機構編 (2012)『2012 年度版外国人技能実習・研修事業実施状況報告』JITCO 白書

小松麻美 (2011)「地域の日本語教室からみた外国人研修生・技能実習生の日本語学習環境」京都外国語大学『言語と文化』第 5 号、31-41

箕口雅博 (2007)『臨床心理地域援助特論』放送大学教育振興会

守屋貴司 (2011)『日本の外国人留学生・労働者と雇用問題──労働と人材のグローバリゼーションと企業経営』晃洋書房

守谷智美 (2008)「中国人研修生の日本語学習意欲と研修環境の認識との関連──実務型研修における日本語教育への示唆」『コミュニティ心理学研究』第 11 巻 2 号、177-193

落合美佐子（2010）「外国人研修生・技能実習生の生活実態と意識——語りの中から見えてくるもの」『群馬大学国際教育・研究センター論集』第 9 号、51-68
佐野哲（2002）「外国人研修・技能実習制度の構造と機能」駒井洋（編著）『国際化の中の移民政策の課題』明石書店、91-129

第12章 大学コミュニティにおける多文化共生

加賀美常美代・小松　翠

問題提起

　最近、わたしの大学キャンパスでは外国人留学生が多くなり授業でもよく見かけます。スカーフを頭からかぶっている人もいますし、いろいろな服装をしている人もいます。お昼休みには留学生は留学生だけで固まって話しているので、何となく近づきにくくて、これまで一度も話したことがありません。どのように話しかけたらよいか、どんな言語で話したらよいか、どんなトピックで話しかけたらよいかもよくわかりません。友だちになれたらいいなあとは思いますが、いっしょに交流したり話したりする機会もありません。話しかけたいのですが、相手が迷惑ではないかと思ったり、失礼ではないかと不安に思ったりして、なかなか話しかける勇気がありません。日本にいる留学生は、日本でどのような生活をしているのでしょうか。また、留学生は、日本人や日本社会についてどんなふうに思っているのでしょうか。また、大学キャンパスや寮の生活では、どんなことに困っているのでしょうか。日本人の友だちをほしいと思っているのでしょうか。

はじめに
──問題の背景：日本における留学生政策の変遷と現状

　大学などで学ぶ留学生については、その数は東日本大震災の影響で若干減少したものの、近年、増加の一途をたどっている。日本学生支援機構（2012）によると日本の大学などの高等教育機関の留学生在籍数は、平成23年度でおよそ13万8,000人に上る。日本の高等教育機関に在籍する学生全体がおよそ300万人（文部科学省, 2012a）であることから考えると、約5％と高い比率で留学生が在籍していることがわかる。しかし、図12-1のとおり、現在のように多くの留学生が来日し、日本で学ぶようになったのは今から約30年ほど前からで、1980年ごろの留学生数は1万人前後にすぎなかった。その後の急激な増加傾向には、当時の中曽根内閣時代に日本政府によって提言された「留学生受入れ10万人計画」が深く関わっている。留学生受入れ10万人計画は、経済先進国となった日本が国際的に果たす役割として開発途上国の人材育成や国際貢献のために打ち立てた政策で、20世紀初頭をめどに10万人の留学生を受け入れることを目標としていた。当時、アメリカが約31万人、イギリス・ドイツが5万人、フランスが12万人の留学生を受け入れていたが、他の先進国に比べ日本の留学生数はきわめて少ないものであったためである。その結果、1993年には5万人を超え、2003年には目標の10万人に達している。しかし、日本では、急速に高度経済成長を遂げたために、コミュニティにおける外国人受入れの社会的基盤が十分にないまま、先進国としての責務として留学生受入れを行ったため、本質的な外国人受入れの議論がなされておらず、その理念が不明確である。

　また、留学生政策は量的増加に貢献したものの質的向上については改善すべき課題も多い。たとえば、2010年には留学生数が14万1,774

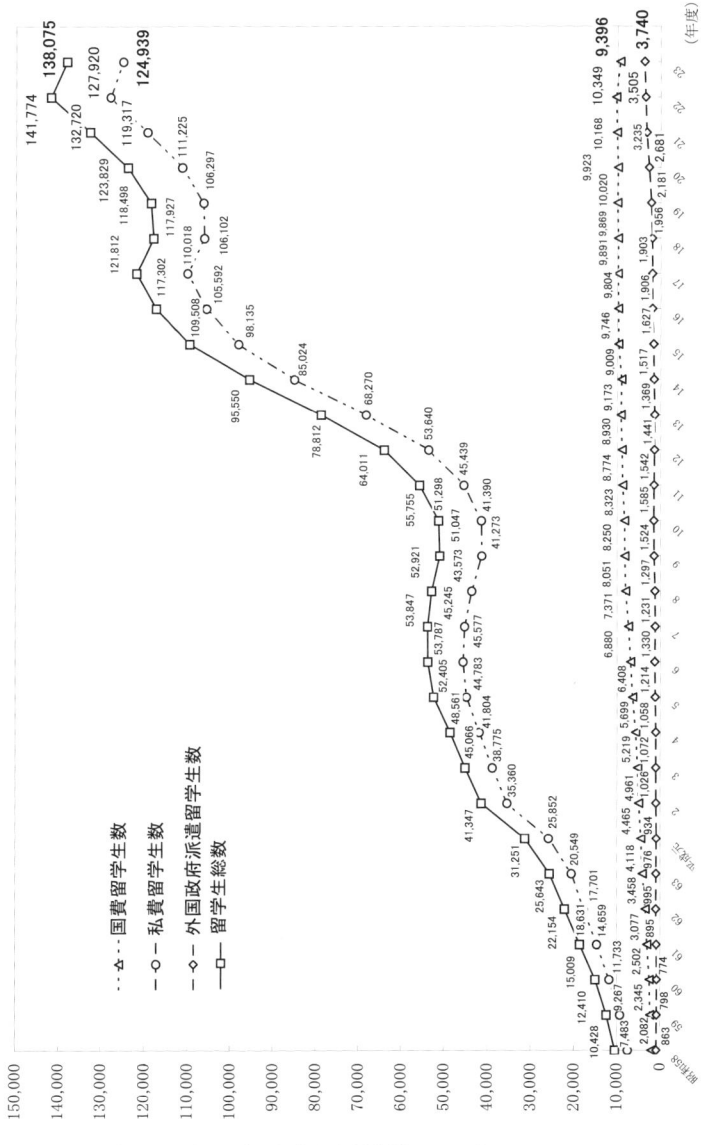

第 12 章　大学コミュニティにおける多文化共生

図 12-1　留学生数の推移（日本学生支援機構，2010）

人となったが、出身地域別に見ると、アジア地域からの留学生が全体の約9割を占め（中国、韓国、台湾の学生が全体の約8割）、私費留学生の割合もほぼ9割を占める（日本学生支援機構，2012）。このことからもわかるように、私費留学生の経済的基盤がぜい弱でアルバイトを前提に日本の留学生受入れが成り立っている点は変わらない。また、対人レベルでの質的な問題も解決に至っていない。そのような状況下で2008年、文部科学省および関係省庁から新たに「留学生30万人計画」が示された。

「留学生30万人計画」（文部科学省，2008）では、日本を世界により開かれた国とし、アジア、世界の間のヒト・モノ・カネ、情報の流れを拡大する「グローバル戦略」を展開する一環として、2020年をめどに30万人の留学生受入れをめざしている。このため、日本留学への関心を呼び起こす動機づけや情報提供から、入試・入学・入国の入口の改善、大学等の教育機関や社会における受入れ体制の整備、卒業・修了後の就職支援等に至る幅広い施策が打ち出されている。この中で特徴的な施策は、留学生の日本での就職支援の促進が付加されるようになったことである。また、日本人学生の海外留学の促進とともに、留学生と切磋琢磨する環境の中で国際的に活躍できる高度な人材を養成することをめざすというものである。

30万人計画が打ち出された背景には、留学生の受入れ国間の競争の激化や日本社会の高齢化による人材不足が挙げられる。以前は母国の経済発展のために多数の学生が日本留学を希望していた中国などのアジア近隣諸国は、急速な発展により今や日本を超える留学生受入れ大国となろうとしている。また、今後、日本社会において、少子高齢化はますます加速していくことが予想されるため、卒業後も地域・企業社会などで優秀な外国人人材を確保したいという狙いがある。このような社会的背景からこれまでの留学生政策を見直し、より戦略的に留学生を確保していく必要性が高まったのである。よ

り多くの留学生に日本の大学に来てもらうために、教育カリキュラムや大学の体制などを改善し、制度的な壁を排除していく試みがなされている。たとえば、現在行われている主要な取り組みとして、留学生30万人計画に基づき文部科学省が定めた13拠点の大学を中心とした国際化拠点整備事業（グローバル30）が挙げられる。これにより、日本語教育の充実、英語による授業のみで学位が取得できるコースの設置、外国人教員の増員、海外の大学との協定に基づく交換留学プログラムの実施、秋季入学制度の導入、就職支援などの施策が試みられている。

このように、日本の大学はかつてないほどの留学生数の受入れ増加をめざしているものの、それに伴う受入れ体制と環境整備、質的改善については課題が山積している。そのような状況下で、国際化拠点整備事業の拠点校の日本語教育に携わる守谷（2012）は、大学の英語コースの設置が相次ぐ中、多くの留学生が日本語未習のまま母国から直接入国し、入学後、学生同士や教員とのコミュニケーション、諸手続き等、学内での日常生活はほぼすべて英語で行えるものの、日本の大学で学びながら日本語や日本社会との接触機会がほとんど得られないまま帰国していく現状が懸念されると指摘する（守谷，2012）。このことは留学生自身が日本での異文化接触体験による自己成長の機会が得られないことを意味する。異文化接触の意義は、接触体験を通して新たな世界を知り、視野を広げ自文化、他文化に気づき両者の理解を深めることである（加賀美，1999）。そのことは、また、異文化体験が彼らの日本留学や将来のキャリアにどのように意味づけされ、生かされていくかが意識化されないまま、帰国していく可能性につながるとともに、日本の大学で提供する教育の質や評価とも関わることでもある。

その一方で、留学生の環境整備と教育支援に関する大学間格差も懸念される。国際化拠点整備事業に選出された拠点校に対して

は、多額の資金援助が投入されている反面、選出されなかった大学との間には、資金面においても留学生受入れ支援・教育等の整備においても格差が開いている状況も見逃せない（加賀美，2011）。こうした政策により新たな展開を迎えた大学キャンパスの中で、留学生と日本人学生の双方を含むグローバル化と人材育成は、大学における多文化共生という視点からどのように行われていくのであろうか[1]。また、今後も多くの大学において留学生の量的拡大が予測されるが、留学生の増加と定住化は、日本の大学コミュニティと地域社会におけるグローバル化と多文化共生にどのように影響をもたらすのであろうか。

1．多文化共生に向けた教育整備の必要性と文化的多様性の尊重

　加賀美（2012）は、留学生数の量的拡大や制度的変化に伴い、量的増加それ自体が大学キャンパス全体にどのようにインパクトを与えるか、大学は何をどのように変化させていくか検討する必要性があると述べている。まず、大学の教育カリキュラムの問題として、日本人学生の英語を含めた外国語の強化だけでなく、留学生の媒介言語（英語か日本語か）による全学的な教育カリキュラムの検討と整備がある。次に、留学生を入学しやすくし受入れ数を増加させるため、学生の滞在期間（数週間の語学研修、短期型／長期型留学、学位取得の有無など）による学期制の検討も行われ始めており、9月入学だけでなく、3学期制、4学期制など海外の大学に合わせた形態のものに拡大かつ多様化していく可能性もある。

　一方で、多様な出身国の学生たちの持つ文化的多様性、言語的多様性をどのように容認し尊重していくかという問題もある。これまでも各大学では日本語研修コースなどでまったく日本語ができない

留学生を受け入れてきたが、英語コースの設置によりさらに日本語ができない学生の増加傾向が加速されるため、キャンパス内での言語使用と日本語学習についてどのように保障し対処するかを考えなければならない。多様な文化的背景のある人々を受け入れるということは、大学が受入れの責任を持つということである。文化的、言語的マイノリティの学生たちが日常生活や大学キャンパスで困難に陥らないように予防的に対応し、十全に生活できるような合理的配慮が必要であろう。そのためには、まず環境的変化を生じさせなければならず、大学の掲示、広報などの情報提供、事務書類などこれまで日本語表示だけだったものを、英語と日本語、または主要言語など多言語表示に切り替えるという環境の整備から始める必要がある。第1章で述べたとおり、大学キャンパスにおいてもコミュニティ心理学的視点から、学生個人と社会・物理的環境の適合に向けた対応、特に環境に向けての働きかけが迫られている。

　さらに、日本人学生や事務職員や教員などホスト社会側の意識の変化にも注目していく必要がある。これまではマイノリティとしての留学生支援であったものが、増加することでマイノリティの意味合いが変化してくる。そのことにより、大学キャンパスの主体である学生たちと取り巻く教職員の意識にはどのような変化が起こるのか、制度的変化に伴う心理的変化が生じてくることが予測される。

2．留学生の抱える悩みはどのようなものか

　前節でみてきたように、昨今、留学生の受入れ数は増加傾向にあり、多様な出身国の留学生がキャンパスで学び生活している。在留目的も異文化体験、日本語力向上から学位取得に至るまで多様な目的を持ち来日している。滞在期間も1年未満の短期の語学研修生、交換留学生から、学位取得のために長期滞在する留学生まで多種多様で、

所属学部や大学院研究科は別々である。上述したように、大学によっては日本語だけでなく英語で修了できるコースもあり、留学生自身が経験する大学キャンパスでの異文化接触も異なっている。ここでは留学生の抱える悩みについてこれまで指摘されてきた問題に焦点を当ててみる。

　留学生の悩みは多様であり、経済的問題、住居問題、日本語学習、研究関連、進路相談、在留関連、情報提供、健康心理、対人関係など多岐にわたっている（加賀美，1999；2007）。これらの留学生の抱える問題を加賀美（2007）はマクロレベル、メゾレベル、ミクロレベルに分類し整理している。マクロレベルの問題は環境的、物理的な要因による経済的問題、住居問題である。現在、私費留学生は留学生全体の9割以上を占めており、留学生にとって奨学金や授業料免除の有無は日本での生活の保障に関わる重要な要素となっている。応募できる民間団体の奨学金は限定されており、授業料免除を得るためにはさまざまな制限があるため、多くの留学生がアルバイト（資格外活動）を生活基盤としている。住居については、学校や公益法人が設置する宿舎で生活している留学生は全体の2割程度であり、残りの8割の留学生は民間宿舎やアパートで暮らしていることから、学費のみではなく生活費や住居費などの経済問題も留学生に重くのしかかっていることがわかる。これらの状況から経済的問題によってアルバイトに時間を割かなければならない留学生の負担は、学業・研究にも影響を与え学業面での達成を阻んでいると考えられる。

　メゾレベルの問題は、マクロとミクロをつなぐような問題で、情報提供や人間関係に関連する。新入留学生は人間関係の希薄さからネットワークを持たないために情報から疎外されやすい。また、同じ宿舎や大学に何ヶ月もいながら、心の許せる友人ができず、日本人への不満や不信感、疎外感を募らせる場合がある。また、指導教員との意思疎通が円滑にいかず葛藤を抱えていたり、悩みを潜在化

させている様子がみられる。学位取得のため研究室に所属している場合には、研究室での学生同士の対人関係は情報収集のみではなく学業・研究面での達成と大いに関わってくる。一方、留学生の宗教、食事、住環境などに対する指導教員の戸惑いも指摘されている（近田，2011）。

ミクロレベルの問題としては、日本語学習、健康心理の問題がある。言語学習が困難な場合や長期間の日本語集中コースに順応できない場合、自尊心を喪失したり、学習時に集中できなくなったり、やる気が起こらなくなって学習自体が苦痛になる留学生もいる。生活の活力が失われ、気持ちが落ち込みうつ傾向になった例もある。こうした日本語未習者の困難には、一般的には、来日後に文化移行が原因で生じた文化的ストレス、ホームシックも伴って見られることもあるが、留学前に生じた母国での心的外傷体験などの個別の問題もある。また、もともとLDやADHDなど発達障害を持つ学生固有の問題も付加されることもある。そのほかに、青年期特有の問題、博士論文執筆など留学長期化によるストレス、結婚・出産・育児などライフ・サイクル上の問題など精神衛生上の危険因子が複合的に関わると、より深刻な事態に陥ることもある。

3．大学における異文化接触の現状と問題

ここでは留学生が大学コミュニティでどのような人々とどのような接触状況にあるか、また、彼らを取り巻く日本人関係者との相互作用の結果、どのような対人関係や交流の問題が生じているのか言及しよう。

第一に、大学コミュニティにおける異文化接触については、文化的背景が異なるために、相手の期待やコミュニケーション方略、取り巻く状況が理解できず、さまざまなコンフリクトが生じる。ここ

では、留学生と接触頻度の高い人々（事務職員、指導教員、日本人学生）との接触を中心に述べる。

事務職員と留学生との接触で、留学生が事務職員に感じる違和感は、母語（媒介語）による書類がない、納得のいく説明をしてくれない、奨学金選考の合否の基準がわからない、高圧的な対応や責めるような対応をする、質問に対する対応が遅いなどがある（加賀美, 2011）。一方、事務職員が感じる違和感は、日本語での問い合わせの意味がわからない、履修登録などの書類が整っていない、締め切りを守らない、自己主張や要求が強い、事務手続き上（または法律上）できないことでも交渉する、学生に指導的意味合いを持って注意すると反感を抱かれるなどがある。

指導教員と留学生の接触では、留学生は指導教員に学位取得の要求水準がわからない、意思の不疎通のため専門分野の研究が進まない等、違和感を感じている。一方、指導教員が持つ学生への違和感は、意思の不疎通、勉学よりアルバイト重視、専門分野の研究が進まない、学生の母国の教育や研究方法の違いによる戸惑い、自己主張の強さ、日本人学生と同様の指導が難しいこと等が挙げられている（加賀美, 1999）。

日本人学生と留学生の接触においては、神谷・中川（2007）では異文化サークルと留学生会の協働活動を1年間経験した学生をインタビューしたところ、留学生は日本人学生の会議が長いと指摘する一方、日本人学生は留学生が時間を守らないなど時間の感覚の違いを指摘している。対人関係においては、留学生は、日本人学生の先輩後輩の上下関係の認識が理解できない、自己開示しないなどを指摘する一方、日本人学生は、留学生同士の友人関係が過剰に親密、お礼の表現が不十分という指摘がある。コミュニケーションについては、留学生は日本人学生の言語表現の不明瞭さ、討論ができないこと、日本語能力不足への配慮がないこと、異なる意見への不寛容

さなどを指摘しているが、日本人学生は、留学生に対して真意が伝わりにくい、空気が読めない、直接的な表現を使う等が指摘されている。

第二に、留学生と大学コミュニティを含めたホスト社会の人々との接触があまりもたれないことや同じ言語圏、同じ文化圏の人しか付き合わないことがよく言われている。特にこれまで大学キャンパスでは、日本人学生との接触の機会が持たれず交友関係に不満があることが指摘されてきた。こうした状況は、受入れ社会の人々とのあたたかい交流を求め、期待に胸を膨らませてきた留学生を失望させる。宿舎の中で学生同士が話をせず、留学生が孤立した状況にあることもある。日本人学生が留学生と友だちになりたいと思っていてもどのようにアクセスしたらよいかわからないということもある。

留学生が卒業後も日本の地域や企業社会で就職し、生活者として定住していくためには、学業面での達成だけでなく、ホスト社会の日本の人々との間に友好的な関係が維持され、日本人や日本社会に対する親和的な態度がいかに獲得できるかが重要である。一方、日本人学生にとっても、今後、日本社会に定着していく外国人留学生との交流は、グローバル化社会を生き抜くスキルや強さを学ぶ機会ともなりえる。しかし、実際には異文化間交流が円滑に行われていないことがいくつかの研究からは報告されている。

大学キャンパスにおける異文化間交流の現状として、戦（2007）は、中国人留学生と日本人学生を対象に自国友人同士と相手国友人との関係を比較検討している。その結果、両者ともに自国の友人数が多く、交流する頻度が高いことが示された。また、留学生、日本人学生ともに6割以上が個人的な問題には触れない程度や挨拶をする程度の交流にとどまっていて、自国の友人同士ではより親しい関係を持っている。交流場所についても差異がみられ留学生と日本人学生の交流場所は教室にとどまっているが、自国同士の交流では食

堂や電話・メールなど、より個人的な関係を築きやすい場所へと広がっていることが報告されている。さらに、石原（2011）は、留学生は日本人学生に対して、一緒に行動したり、学生同士対等な立場で共通の課題に取り組んだり、留学生に関心を持って接したりすることを望んでいながら、その期待が実際の体験を通して叶えられていないため、日本人学生や交流自体に対して否定的な気持ちを持つことがあると報告している。また、留学生が日本人学生から差別されていると感じていることも「日本人学生とは違う行動をしているので変な目で見られた」等の留学生のインタビューなどからみられた。このように留学生の感じる被差別感は、日本人のアジア蔑視の態度（坪井, 1994）によることが多い。

4．異文化間交流を妨げる問題と肯定的な異文化間交流のための枠組み

　上述したとおり、大学キャンパスでの異文化間交流は必ずしも円滑に行われているとはいえないため、本節ではその原因について検討してみよう。大学キャンパスには異文化間交流を阻むさまざまな障壁がある（加賀美, 2001）。

　一つ目は学内の多様な対人ネットワークが希薄なため情報が伝達されない「情報の壁」、二つ目は「環境的障壁」で互いの存在を知らないことや出会う場所や時間がない壁で、そもそもの接触が少ないという問題が生じている。両者が学業やアルバイト、サークルなどの学外活動で多忙な生活を送るために、交流の時間が取れない場合もある。三つ目の壁は「スキルの壁」で言語、トピック、接近の仕方がわからないためどのように交流すればよいのかわからないという壁である。四つ目は「心理的な壁」で、知らない相手への不安や遠慮、摩擦の恐れ、気後れなどの障壁である。五つ目は「文化的

な壁」で価値観の違いや宗教、コミュニケーションへの戸惑いである。こういった壁に阻まれ、キャンパスでの自然な接触では友好関係を築きにくいことが明らかである。

　それでは、異文化間交流上の壁を取り除き、友好関係を構築するためにはどのような条件が必要とされるのだろうか。友好的交流の条件として、アメリカの社会心理学者であるAllport（1954）の提唱した「接触仮説」は、重要な示唆を与えている。これによると異文化間交流において、どのような種類の接触であっても集団に対しての好意的な感情がもたらされるわけではなく、ある一定の条件を満たした接触でなければ、集団間接触は効果的に行われない。その条件とは、第一に接触を行うことが、政府や教育機関といった組織に積極的に支持されている必要があり（「社会的制度的な支持」）、第二に接触が互いの関係性を発達させるのに十分な頻度、期間、および密度の濃さが必要であり（「表面的な接触より親密な接触」）、第三に互いが対等な地位関係にあり（「対等な地位関係」）、第四に互いに共通の目標があるような共同作業を持つ（「協働」）というものである。上記のような接触仮説の条件の整う環境は、まさに大学キャンパスにあると言える。その理由は、第一に、大学は日本人学生と留学生の相互理解とより良好な関係構築を保証しさまざまな制度や仕組みを作り支援することができる。第二に、大学や関係教員は両者の親密な接触を促すような関係性を構築する教育実践ができる。第三に、大学はすべての学生が対等の関係であることが前提とされている。第四に、大学や関係教員は正課および正課外の教育実践を通して両者の協働的活動の場を設定し、実際に教育指導ができるからである。このようなことから、大学キャンパスの共生に向けて異文化間交流の重要な前提条件は、日本人学生と留学生が対等な立場で円滑なコミュニケーションを行い、親密な関係性を構築できるように、両者の協働的活動を設定し促すことであり、教育に携わる者はそのため

の制度的組織的支援を行うことであると定式化できる。

5．共生をめざすさまざまな取り組み──教育的介入

　前節で述べてきたとおり、大学側の働きかけのない自然な状態では異文化間交流は円滑に行われることは難しいと言える。しかし、両者が交流の壁を越え、交流を活性化させ共生的な環境を整備するために、大学キャンパスではさまざまな取り組みが行われている（鈴木，2004；福田，2004；加賀美，2006a）。加賀美（2006a）は、個人と、個人を取り巻く人々や環境的要因への働きかけとして教育的介入の必要性に触れ、教育的介入を、「一時的に不可避な異文化接触を設定することで、組織と個人を刺激し、学生の意識の変容を試みる行為」と定義している。留学生と日本人学生の交流を促進させるための教育的介入には、さまざまな形があるが、大学の講義の中に異文化理解のための「シミュレーション・ゲーム」などを導入することや、「日本人学生と留学生の交流授業の中での討論」「協同学習を促進させる参加型体験授業」がその具体例として挙げられる（加賀美，2006b）。

1　大学の交流授業の取り組み

　加賀美が担当している「多文化間交流論」は、異文化間コミュニケーション理論と関連する話題を取り上げ、日本人学生と留学生がグローバル社会における多様な問題について討論を行う参加型授業である。①相手を知る、②相手と関わる、③ともに行動する の3つを実践しながら、共同グループ活動を通してお互いのコミュニケーション形式や多様な価値観を理解するとともに、文化差・年齢差を越えた人間関係作りの場の提供をめざしている。この授業を学生がどのように受けとめその意味を見いだしているか、授業後の

インタビュー調査で検討した（加賀美，2006b）。その結果、グループの中でのコミュニケーションが促進され、人間関係がより親密になっていく過程において、日本人学生には類似性の認識が、韓国人留学生には母文化のコミュニケーション・スタイルとの共通性、自己開示の互恵性が重要であることが示唆された。このことから、大学における多文化間交流においては、学生同士の類似性と母文化との共通性を念頭に置き、自己開示を促進させるための教育的介入が重要であることが示唆された。文化的背景の異なる学生同士が交流授業で自分なりの意味を見いだし、交流を深化できたという点では、この異文化間コミュニケーション教育の実践は、大学キャンパス内の多文化間交流においても効果が得られたといえる。

2　課外活動の取り組み
　　──お茶の水女子大学国際交流グループTEAについて

　大学のサークル活動については、参加する留学生が少ないことや留学生にとっては友人形成の場として機能していないことなどが指摘されており、「留学生との交流をめざすサークル」は、1990年代から多くの大学で設立されるようになってきている。箕浦（1998）は、これらのサークルには、「オリエンテーション機能」「事務サポート機能」「日本人学生のボランティア体験」「日本人学生への留学情報」「留学生への学生文化や日本社会についての情報提供機能」「日本人学生の語学習得欲求促進機能」のほかに、「友人形成機能」や、「国際交流の啓発を促す国際交流意識醸成機能」があることを述べている。

　ここでは共生をめざす異文化間交流のための取り組みの一例としてお茶の水女子大学において2002年より設立された国際交流グループTEA（Transcultural Exchange Association）を取り上げる。TEAはお茶の水女子大学の学内留学生支援体制の一環として、学部の日本人学生と留学生が中心となり交流活動を自発的に行っており、担

当教員が企画行事の運営責任、学生への助言を行っている。活動内容は新入留学生のためのウェルカムパーティー、合宿形式の国際教育交流シンポジウムや大学祭での模擬店出店、日々のランチミーティングなどである。さらに、毎年のグループメンバーによって活動内容に多少の変化はあるが、各国の文化紹介の会、街の散策、小旅行会、料理会、季節ごとのパーティーなど学内外でさまざまなイベントを行っている。

小松はTEAの初代メンバーでありTEAの設立から関わってきた。ここでは、TEAの活動を通して上述の異文化間交流を阻む5つの壁（加賀美, 2007）との関連から、どのように壁を崩してきたかTEAの活動の意義を考える（石原, 2005）。

まず、「情報の壁」「環境の壁」については、TEAは留学生にとって、異文化間交流に関心を持つ日本人学生と知り合うことのできるきっかけを与えている。新入留学生のオリエンテーション後のウェルカムパーティーは、来日初期の留学生が不安を軽減させるサポートとなり、その後の交流のきっかけにもなっている。また、日々のランチミーティングは比較的時間をとりやすい時間帯に昼食をとりながら無理なく交流活動ができる環境だといえる。また、こうした交流の場が留学生にとっても日本人学生にとっても居心地の良い居場所となっており、さまざまな形で、キャンパスの中に設定することが重要であろう。

次に、「スキルの壁」「文化の壁」については、交流経験を積むことでどのように交流すればよいのか体験的に学ぶことができる。また、メンバーの多くが留学生と日本人学生の交流授業を受講し、異文化間教育に関して心理面、知識面での理解も深めている。さらに、国際教育交流シンポジウム（交流合宿）では、分科会でのグループ討論会とその発表会と、毎年企画内容は異なるが、異なる文化や価値観への気づきを促すための異文化シミュレーションゲーム、目隠

しゲームなどの非言語コミュニケーションゲーム、交流を深めるためのボディワーク等の活動が学内外の講師によって行われ、学生の緊張感を低減させた後、分科会での学生の協働的グループ活動に臨んでいる。

　2002年の初回の国際教育交流シンポジウム（交流合宿）では、異文化シミュレーションゲームが実施されており、その効果についての調査では、日本人学生、留学生双方の創造性、共感性、協働性、相手文化尊重、寛容性、多文化尊重、曖昧性への忍耐の態度が意識化され、多文化理解の認識が深まっていることが報告されている（加賀美，2006a）。

　「心理的な壁」については、多人数の集団の中で交流することで、自然と友人関係を形成することができ、活動への参加も強制ではなく自発的意思に任されているので、心理的な負担が少ないと言える。上述したAllport（1954）の接触仮説からTEAの活動を検討すると、①大学の留学生支援に携わる関連部署の協力や担当教員の助言などの制度的支援が行われていること、②行事企画やランチミーティングを通した親密な接触が行われていること、③留学生が常に支援する側であるという固定化された関係ではなく、留学生と日本人学生がともに企画できる対等な地位関係にあること、④国際教育交流シンポジウムや各行事の準備や運営、その後の報告書作りなどでの協働作業があることなどから、接触仮説の4条件を満たした交流が継続して行われていると考えられる。

　また、TEAの活動から留学生と日本人学生の友人関係構築過程を見ていると、最初のうちは日本人学生が来日したばかりの留学生に対し支援を行うが、時間の経過とともにお互いに対等な友人関係になり、支援する側と支援される側が逆転したりしていることもある。このように、支援する側と支援される側は固定化されておらず、状況に応じて互恵的に支援されたり支援したりという循環している友

人関係であることに気づかされる。実際に卒業後、日本に就職した留学生と日本人学生が友人関係を継続させていたり、留学生の帰国後に、旅行や海外出張などで相互に訪問し合い長期的な交流に発展させていたりする例も多くある。このことからTEAを介した友人関係は、変化可能性のある「相互支援循環型モデル」といえる。さらに、卒業後は留学生と日本人学生というカテゴリーを超えた普遍的な「人間交流モデル」へと向かうといえる。

3　留学生の危機とピア・サポート・学内連携の取り組み

2でみてきたように共生のための環境づくりとして大学キャンパスではさまざまな活動が行われている。その一例としてTEAの活動について述べたように、大学の制度的な支援を持つ国際交流グループには、支援のリソースが少ない留学生にとって居場所を確保するという意味での留学生支援と異文化間交流を活性化させるための利点が多い。一方で毎年メンバーが替わるなど学生支援としての安定性に欠けることや、学生が自分自身で解決できない問題に遭遇したり危機的な状況に陥ったりする可能性もあるため、適切な専門家に助言を求めるなどの連携体制を共有することの必要性が挙げられている（加賀美，2010）。

大学コミュニティでは、上述した留学生の悩みや危機に際してその問題を解決するために、関連するさまざまな学内部署や役割ヘルパー、ボランティアヘルパーが連携し合うことが必要である。お茶の水女子大学では留学生相談担当教員を中心にさまざまな学内部署（学生支援・国際交流関係部署、保健管理センター、学生相談室、セクハラ等人権相談室や日本語教員・指導教員などの役割ヘルパー、留学生相談室の大学院生チューター、国際学生宿舎のボランティア・メンターや国際交流グループなど）のボランティアヘルパーが連携し留学生支援体制を作っている。

まず、中核となる留学生相談室は留学生支援の日常的なサポート源となっており、学生による学生のためのピア・サポート組織である。ここでは、20数名の大学院生チューターによって、心理相談の専門家としてではなく、レポートの日本語添削などの学習面の支援、生活情報の提供、パソコン使用の提供と管理、留学生が昼食を取り雑談をするための控え室の管理などを行っている。さらに、大学祭、オリエンテーション等の補助、相談室だよりの発行も行っている。留学生相談担当教員は、チューター長と運営メンバーへのコンサルテーションを行い、年に2回行われるチューター総会では留学生支援と留学生の関わり方に関する講義や事例検討会の助言などを行っている。総会では、日常的に接触のないチューター同士が留学生への対応や相談室運営などについて互いに相談し、アイディアを出し合う貴重な機会となっている。また、チューターには日本人学生のみでなく数名の留学生チューターも含まれるため留学生側の視点も取り入れた支援を行うことができる。

　国際学生宿舎のボランティア・メンターは、主に、ゴミの出し方や近所の医療機関、買い物の情報など新入生のサポートを担っている。このように留学生に対し安定した包括的支援システムを構築し、コミュニティ支援の視点から各部門が有機的に連動し合えるよう、役割を分担し、担当者同士の間で連携をとることが重要である。また、第1章で述べたとおり、コミュニティ心理学では問題が生じる前に予防的、教育的に関わることを重視している。加賀美(2006c)は、石隈（1999）の教育相談における3段階の援助サービスモデルを留学生支援にも適用することができるとし、留学生支援には留学生全員に必要な一次的援助サービス、一部の特別な支援が必要な留学生のための二次的援助サービス、危機状況にある留学生が対象である三次的援助サービスがあるとしている。一次的援助サービスは、事前のオリエンテーションや情報提供、国際交流ボランティアグルー

プの育成支援、宿舎のメンターによる支援などである。二次的援助サービスは日本語学習が困難な学生や意欲の低下した学生、欠席しがちな学生、うまく周囲の人々との対人関係やコミュニケーションの取れない学生、母国で深刻な問題を抱えていた学生などハイリスクグループの学生に対して危機状況を未然に防ぐための介入を行い、注意深く観察し個別の支援体制をつくる必要がある。三次的援助サービスでは、危機状況にある留学生を対象にしたもので、危機介入を行い、情緒的な均衡を取り戻すために精神科医との連携をとりつつ、個別カウンセリングや治療的関わりを行う必要がある。このように対象者により学生支援のあり方をシステム化して連携をしながら予防的に対応していく必要がある。

6．大学キャンパスにおける共生の実現に向けて

　留学生30万人計画以降、環境の異なる個々の大学キャンパスにおいては、留学生支援システム構築に向けて新たな体制作りを始めていることも報告されている（守谷，2012；園田，2012；大西，2012など）。留学生受入れの先進的大学である立命館アジア太平洋大学では留学生数が学生全体の総数の４割以上、国際教養大学では2.5割以上を占めている（立命館アジア太平洋大学，2012；国際教養大学，2012）。特に、立命館アジア太平洋大学では学部講義のおよそ80％は日英二言語で開講しており、国際教養大学では卒業要件として最低１年間の海外留学が含まれている。今後は、それらの先進的で多文化状況が進行している大学の取り組みに関する報告や調査研究の蓄積によって、日本人学生を取りこみながら大学キャンパスにおける多文化共生の方向性や共通課題を検討し整理することも必要である。

　また、大学関係者を含むホスト社会の人々にとっては、新しい課題である日本企業の留学生雇用の拡大や留学生の就職支援などに対

する関心は高まっているが、大学キャンパスでの異文化間交流や身近な留学生の抱える悩みに対しては、古くから指摘され続けているものの解決は難しいがゆえに、意識が薄れてきていることが懸念される。大学キャンパスにおける肯定的な異文化間交流の促進は、留学生に対する個々の問題解決ではなく、日本人学生にとっても問題解決となり、大学キャンパス全体に対する問題解決にもつながっていくことを指摘しておきたい。

昨今の大学キャンパスの急速なグローバル化と多文化状況はとどまることがないであろう。大学キャンパスの多文化共生に向けて、学生のだれ一人切り捨てられることなく、文化的・言語的多様性だけでなく、年齢や性別、性的志向性、障がいなど広義の多様性が尊重され容認され、対等な立場で学生の強さや能力を発揮できるような環境を作ることが重要である。また、学生同士が相互に互恵的な関係構築ができるように大学としてサポートすることが重要である。そのために、地域社会と大学が連携しながら、多文化共生社会の本質的な課題である偏見低減のための取り組みと啓発活動を行っていくことも重要である（加賀美, 2012）。

加賀美（2007）は留学生支援の最終目標は、受入れ社会において、留学生が自立した生活者として、自分自身で問題解決ができ、対等な立場で生きていけるように、多様な方策を用いて支えていくことであると述べている。上述したとおり、支援を受ける対象者が、いつも留学生のみに固定しているわけではなく、留学生が日本人学生の支援者となる場合もある。このように、支援する人と支援される人は循環しており、互恵的関係性と変化可能性を持つ。相手に負荷をかけ自尊心を低下させる支援ではなく、支援を意識させない、身近なピア・サポートのような学生同士の協働的活動の積み重ねが大学コミュニティに浸透していったとき、それが大学コミュニティにおける多文化共生の姿といえるであろう。

> ●研究課題●
> ・あなたの大学では、多文化共生のための取り組みや異文化間交流に関してどのような活動が行われているか調べてみよう。またそれがどのような意味をもつか考えてみよう。

●キーワード●

留学生政策
各国政府の国際化、国際交流、国際貢献に関する理念や指針のもとで、留学生の受入れや自国の学生の海外留学などに関して制定した政策のことである。

異文化接触
ある文化的背景を持った個人が、別の文化的背景を持った個人と接触したときに学習する過程のこと。個人と個人との相互作用だけでなく、集団という脈絡の中で認知される集団間接触でもある。

教育的介入
一時的に不可避な異文化接触体験を設定することで組織と個人を刺激し、学生の意識の変容を試みる行為である。

留学生交流
日本と諸外国との友好関係や相互理解を促進するため、大学の国際化、地域社会や企業の活性化、開発途上国の人材育成などの観点から、多様な国の若い世代の人的交流を促進させることである。

ピアサポート
同じ課題や環境を体験する人が、対等な関係性の仲間で支えあうことである。学生生活上の問題解決に向けて、気軽に相談できる場を設定し学生が相互に助け合うことをめざす。

[注]

⑴ 2012年度には文部科学省はグローバル人材育成推進事業を立ち上げた。日本の若い世代の「内向き志向」を克服し、国際的な産業競争力の向上や国と国の絆の強化の基盤として、グローバルな舞台に積極的に挑戦し活躍できる人材育成を図るため、大学教育のグローバル化の体制整備を推進することを支援するためである。この取り組みを行う事業に対して、重点的に財政支援することを目的とし公募を行った結果、42校が採択された。

[参考文献]

Allport, G.W.（1954）*The Nature of Prejudice. Reading,* MA: Adison-Wesley.

近田政博（2011）「留学生の受け入れに関する大学教員の認識」『名古屋高等教育研究』名古屋大学高等研究教育センター、第11号、191-210

福田惠子（2004）「留学生と日本人大学生の異文化交流を考える──クラスゼミを参考に」『拓殖大学日本語紀要』拓殖大学国際部、第14号、61-67

石隈利紀（1999）『学校心理学──教師・スクールカウンセラー・保護者のチームによる心理教育援助サービス』誠信書房

石原翠（2005）「留学生と日本人学生の交流について── TEAの活動を通して」平成17年度お茶の水女子大学卒業論文

石原翠（2011）「留学生の友人関係における期待と否定的認識との関連──中国人留学生の場合」『異文化間教育』異文化間教育学会、第34号、136-150

加賀美常美代（1999）「留学生と教育援助者との異文化間コンフリクトの探索的研究──異文化相互理解のためのプロジェクト」『平成10年度三重大学教育改善推進経費研究成果報告書』

加賀美常美代（2001）「留学生と日本人学生のための異文化間交流の教育的介入の意義──大学内及び地域社会へ向けた異文化理解講座の企画と実践」『三重大学留学生センター紀要』第3号、41-53

加賀美常美代（2006a）「教育的介入は多文化理解態度にどんな効果があるか」『異文化間教育』異文化間教育学会、第24号、76-91

加賀美常美代（2006b）「大学における異文化間コミュニケーション教育と多文化間交流」『日本研究』高麗大学校日本学センター、第6号、107-135

加賀美常美代（2006c）「多文化コミュニティを支える実践：留学生支援」植村勝彦・高畠克子・箕口雅博・原裕視・久田満編『よくわかるコミュニティ心理学』ミネルヴァ書房、188-191

加賀美常美代（2007）「大学キャンパスにおけるコミュニティ・アプローチによる留学生支援」『臨床心理地域援助特論』放送大学教育振興会、161-178

加賀美常美代（2010）「お茶の水女子大学ピア・サポート体制の事例紹介──全学の取組と留学生支援を中心に」『大学と学生』国立情報学研究所、第87号、22-28

加賀美常美代（2011）「留学生交流は何をもたらすか」小林誠・熊谷圭知・三浦徹編『グ

ローバル文化学』法律文化社、161-167
加賀美常美代（2012）「グローバル化時代における留学生支援の課題——多様な大学の取り組みから」『コミュニティ心理学研究』コミュニティ心理学会、第16号（1）、1-2
加賀美常美代（2012）「第1部　多文化社会における偏見形成　第1章　グローバル社会における多様性と偏見」加賀美常美代・横田雅弘・坪井健・工藤和宏編『多文化社会の偏見・差別——形成のメカニズムと低減のための教育』明石書店、12-36
神谷順子・中川かず子（2007）「異文化接触による相互の意識変容に関する研究——留学生・日本人学生がもたらす双方向的効果」『北海学園大学学園論集』北海学園大学、第134号、1-17
国際教養大学（2012）「数字で見る国際教養大学（教育情報の公開）」http://www.aiu.ac.jp/japanese/university/university02.html（2012.3.16閲覧）
近田政博（2011）「留学生の受け入れに関する大学教員の認識」『名古屋高等教育研究』第11号、191-210
箕浦康子（1998）「インターフェースとしての学生サークル」『日本人学生と留学生——相互支援のためのアクションリサーチ』平成7年～平成9年度文部省科学研究費補助金（基盤研究B（1））36-45
守谷智美（2012）「新入留学生受け入れの現状と課題——留学生支援コミュニティ創出に向けた日本語教育の視点から」『コミュニティ心理学研究』コミュニティ心理学会、第16号（1）、3-16
文部科学省（2008）「『留学生30万人計画』の骨子とりまとめの考え方に基づく具体的方策の検討（とりまとめ）（平成20年度）」http://www.mext.go.jp/b_menu/houdou/20/07/08080109.htm（2012.3.16閲覧）
文部科学省（2012a）「学校基本調査高等教育機関《報告書掲載集計》学校調査（平成24年度）」http://www.e-stat.go.jp/SG1/estat/List.do?bid=000001044882&cycode=0（2012.3.16閲覧）
文部科学省（2012b）「平成24年度「グローバル人材育成推進事業」の採択事業の決定について」（2012.3.16閲覧）http://www.mext.go.jp/b_menu/houdou/24/09/1326068.htm
日本学生支援機構（2012）『平成23年度外国人留学生在籍状況調査結果（平成23年5月1日）』http://www.jasso.go.jp/statistics/intl_student/data11.html（2012.3.16閲覧）
大西晶子（2012）「大規模な留学生受け入れを行う大学における留学生支援」『コミュニティ心理学教育』コミュニティ心理学会、第16号（1）、27-38
立命館アジア太平洋大学大学基本情報（2012）「APUについて　大学基本情報」http://www.apu.ac.jp/home/about/index.php?content_id=55&cat_id=12&lang=japanese（2012.3.16閲覧）
戦旭風（2007）「友人との付き合い方から見る中国人留学生と日本人学生の友人関係」『留学生教育』留学生教育学会、第12号、95-105
園田智子（2012）「分離型キャンパスにおける留学生支援とリソース——分散するコミュニティとその対応」『コミュニティ心理学教育』コミュニティ心理学会、第16号（1）、17-26

鈴木有香(2004)「コンフリクト・リゾリューションを導入した『異文化コミュニケーション』授業の可能性――日本人学生と留学生の学びの比較から」『異文化間教育』第20号、異文化間教育学会、77-89
坪井健(1994)『国際化時代の日本の学生』学文社

第13章 海外の日本人駐在家族と移動する子どもたち

岡村郁子

問題提起

(ある社宅の庭先で、奥さまたちが井戸端会議中)
A「お隣、来月から海外転勤なんですって」
B「あら、いいわね。お子さん小学生だったかしら？ 英語もペラペラになって帰ってくるんでしょうね」
A「そうでもないらしいわよ。行き先は英語を使う国とは限らないんですって」
B「そうなの？ てっきりアメリカかヨーロッパかと思ってたわ。でも、海外赴任でお給料も上がるんでしょう？」
A「それも近頃はどうなのかしら。奥さんはパートやめなきゃいけないし、マイホームもまた遠のくって嘆いていたわよ」
B「うちの会社も、なかなか厳しいのね」
A「お子さんも海外で苦労して、帰ってきてからまた日本の学校に戻るのも大変よね」
B「向こうではどんな学校に入るのかしら。帰国してからの受け入れも心配ね」
A「うちは息子が来年受験だし、我が家じゃなくてほんとによかったわ」
B「でも、もう日本国内だけで企業が生き残れる時代じゃないって主人が言ってたわよ。もしかすると、次はお宅の番かも……」

　誰もが憧れた海外駐在生活も、今や昔。どうやら海外転勤はもはや栄転ではなく、なるべく避けたい人事異動になりつつあるらしい。
　何が、どのように変わってきたのだろうか。

第13章　海外の日本人駐在家族と移動する子どもたち

はじめに

　海外赴任がまだ珍しかった1970年代頃までは、海外駐在員は大手企業や在外公館などへ勤務するいわゆるエリートがほとんどであった。しかしながら現在では、日本経済の悪化に伴う大企業の撤退、メーカーなど中堅中小企業の進出により、海外赴任が一部のエリート層に限られた時代も過去のものとなった。赴任先もかつてのような欧米中心から、中国や東南アジアなど非英語圏への駐在が増加し、「いきなり管理職」となって現地で重責を任される駐在員も多く、深刻な問題をもたらしている。また、女性の有業率が30代後半で66％、40代では75％を超える現在（総務省, 2010）、キャリアの中断を余儀なくされる海外赴任への帯同に悩む妻も多い。子どもを持つ家庭では、海外への転校、帰国後の学校への適応なども深刻な問題である。本章では、現代の海外日本人駐在員とその家族の現状と直面する困難を取り上げ、その解決方法について考えてみたい。

1．日本人の海外駐在派遣の変遷

1　海外勤務者数の動向

まず、近年の海外勤務者数の状況をみてみよう。

　外務省領事局による海外在留邦人数統計調査（平成24年度速報版）によると、海外に居住する日本人の人数は、1984年で47万8,168人（長期滞在22万8,914人、永住24万9,254人）であったが、2011年では118万2,557人（長期滞在78万2,650人、永住39万9,907人）となり、27年間で2.5倍に増加した。地域別内訳をみると、総数では1985年以来、北米地域が変わらずトップを占めており、2011年では 45万4,835人（38.5％）であった。

表13-1 2000年〜2011年 地域別海外在留邦人数の増加率
(出典:外務省「海外在留邦人数統計」を基に筆者作成)

	2000年（名）	2011年（名）	増加人数（名）	増加率
全世界	811,712	1,182,557	370,845	45.7%
アジア	163,108	331,796	168,688	103.4%
オセアニア	51,909	95,198	43,289	83.4%
北米	332,042	454,835	122,793	37.0%
中米・カリブ	7,025	10,167	3,142	44.7%
南米	99,496	82,029	−17,467	−17.6%
西欧	142,202	182,836	40,634	28.6%
中・東欧・旧ソ連	4,572	8,112	3,540	77.4%
中東	5,326	9,452	4,126	77.5%
アフリカ	5,992	8,102	2,110	35.2%
南極	40	30	−10	−25.0%

　表13-1は、外務省の統計（2012）をもとに、2000年から2011年までの地域別の海外在留邦人数の増加を示したものである。11年間でアジア地域における在留邦人数の増加率は103.4％、すなわち倍以上に増加していることがわかる。北米地域の滞在者が依然多いことは確かであるが、増加率は37.0％にとどまっている。この表から、近年の勤務地が英語圏からアジア地域へと急速に拡大している動向が見て取れるだろう。

2　企業からの海外派遣をめぐる状況の変化

　外務省の海外在留邦人数統計（2010）による海外長期滞在者の職業別内訳をみると、全体の約60％が民間企業勤務、留学生・研究者・教師が約25％であることから、ここで、民間企業からの海外駐在について、その変遷を概観しよう。

　海外駐在派遣の歴史は、日本経済のグローバル化の歴史である。1960年代、高度経済成長期を迎えた日本は、欧米の先進諸国をターゲットに工業製品の輸出を開始する。大手企業はこぞって海外駐在員を派遣し、現地との直接貿易の実務に当たらせた。彼らは堪能な語学力を有する、選ばれた一部のエリートであった。1970年代に入

ると、各企業が諸外国に現地代理店を設け、海外駐在員は語学力に加えて、それぞれの代理店各社と日本本社間のさまざまな利害調整を任されることになる。さらに1980年代、企業は現地に子会社や相手国企業との合弁会社を設立し、日本本社の製品を直接海外市場に販売するようになった。

1990年代以降、これら海外の子会社や合弁会社は、単に販売だけではなく、製造拠点としての役割も担うことになる。とりわけ、日本に近く、比較的人件費が安いアジア諸国に製造拠点および販売拠点を設けることでコストカットを狙う企業が増え、先にみたように、海外駐在派遣先も従来の欧米からアジア地域の国々が急増した。こうして現在では、製造・販売・管理といった日本国内と変わらないさまざまな部門に属する社員が、海外の現地法人に出向して現地の社員とともに働くケースが多くなっている。かつては、限られた一部のエリート社員のものであった海外赴任だが、現在ではどんな社員にも派遣の可能性があるといえるのである。

このような状況を受けて、海外赴任者への企業からのサポートも様変わりしている。日本経済が好況であった1990年代初頭までは、多くの企業は、海外駐在家族に対する住居費の援助、一時帰国費用、渡航前研修費用、子どもの現地での学校手当て、本人や家族の語学研修費用等に加え、派遣先地域によっては「ハードシップ手当て」（生活水準・様式や社会環境、気候風土の違い等から生じる肉体的・精神的負担等を勘案して現地通貨で支給されるもの）など、手厚い海外赴任手当てを施していた。基本給や手当項目の設定は企業によって異なるものの、現在、多くの企業は厳しい経営環境下にあり、海外勤務も一般社員のキャリア形成の一環と考えて、海外赴任者への手当てを見直す企業も多くなっている。

2．日本人海外駐在員とその家族が抱える問題

　海外駐在員は、日本のグローバル化の最前線に立って闘う重要なポジションであり、やりがいもある半面、大きなストレスにさらされやすい。生活面においても、言葉の違いをはじめ日々が異文化下でのカルチャーショックの連続であり、家族を帯同する場合はなおさらさまざまな問題を抱える可能性がある。ここで、海外駐在員本人とその帯同家族（妻・子ども）が海外生活で直面する問題について考えてみよう。

1　海外赴任のストレス要因

　海外生活に特有のストレスは、言葉の問題をはじめ、気候・風土・生活環境の変化、生活習慣の違いなど、さまざまな要因によって引き起こされる。職場では、日本と現地との仕事のやり方の違いや、現地労働者の気質や仕事に対する考え方の差異による対人関係もストレスの要因となるだろう。海外赴任先では日本にいた時に比べて急にポストが上がることが多く、1ランク昇格が23.2％、2ランク昇格が37.1％、3ランク昇格が20.2％、4ランク以上昇格が4.6％と、9割近くの海外勤務者において職位が上昇していることが報告されている（独立行政法人労働政策研究・研修機構, 2008）。こうして「いきなり管理職」となって現地法人の経営責任を負い、日本の本社と現地の板挟みに苦しむようなケースもある。同じ統計によれば、59.1％が「全社的管理」の職務に就き、全体の60％以上は複数の職位を兼務して平均2.6件を担当していた。こうしたさまざまなストレスから、不眠症や自律神経失調症、適応障害や急性ストレス症候群、うつ病、最悪のケースでは自殺に至る例も毎年のように報告されている。生活上の問題として約半数が「現地生活における病

気やケガ」を経験していた。また、中近東では「テロ、ゲリラ、内乱、戦争の危機」、中国では「反日感情の言動」の割合も高く、近年増加傾向にあるアジアや中近東に特有なこうしたストレス要因についても、十分な配慮が必要であろう[1]。

2　配偶者のメンタルヘルス

　海外勤務に家族を全員帯同する駐在員家庭は約半数にのぼっており、海外生活においては、赴任者本人のみならず、家族のメンタルヘルスも重大な問題である。「海外邦人医療基金」[2]による調査の結果、海外赴任者家族のうち専業主婦として帯同した、いわゆる「駐在員妻」には、駐在員本人と比較して、以下のような傾向が見られたことが報告された（労働福祉事業団, 2004）。

(1)　ストレス事項として、対人関係にまつわる問題が多い。

(2)　半数以上が日常生活上の不都合を強く感じている。

(3)　「実質的サポーターは誰か」を問う項目では、専業主婦群では84％が「夫」と回答、「情緒的サポーター」としては「夫」62％、「友人」19％、「子供」11％と回答。一方、海外勤務者群の回答は、「実質的サポーター」としては「妻」が41％、「情緒的サポーター」としても「妻」は44％で、妻以外の「友人」「上司」「同僚」などに幅広く分散する傾向が見受けられた。

(4)　海外赴任に対してポジティブなモチベーションを有していたのは、海外勤務者群が61％であるのに対し、専業主婦群では46％であった。

　これらの結果から、海外勤務者の妻は、日常生活の不都合や対人関係に悩み、実質的にも情緒的にもサポーターとして全面的に夫に依拠する状況にあることがうかがえる。海外では、日本国内であれば可能であった友人・知人、近隣の付き合いや親兄弟などからのサポートを得ることが難しく、妻のメンタルヘルスに大きな影響を及

ぼすと考えられよう。海外赴任後、現地におけるサポートネットワークがある程度構築されるまで、サポーターとしての夫の役割は、きわめて重要なものであり、妻を積極的にサポートする姿勢が大切であるといえる。

3　海外への帯同を迷う家族

次に、海外進出企業の駐在員および帯同家族のメンタルヘルスケアを専門に行っているMD.netによる調査報告を紹介しよう。2011年に20代から50代の既婚女性320人を対象に実施した「海外赴任帯同への意識調査」によれば、「夫が海外赴任を命じられたら帯同しますか」という質問に対し、「帯同しない」と回答した女性は55％、「帯同してもよい」と回答した女性は23％、「夫が赴任してから考える」が12％であった。

「帯同しない」と答えた理由は、多い順に、「子供の教育」（87.0％）、「自分の仕事の都合」（75.7％）、「世帯収入」（68.4％）であった。この調査の回答者の54.4％が正社員として仕事をしており、夫の海外赴任によって自分のキャリアを断つことに抵抗を持つ者が多いことがわかる。また、パート等を含めると86.6％の回答者が仕事をもっており、「共働きでローンを組んでいるので辞められない」「子供の教育費を貯めるため」など、キャリアの継続以外にも、世帯全体の収入減を考えて帯同を躊躇することが多いようである。上記の結果に「安全面で不安だから」(63.3％)「日本を離れたくない」(50.3％)「親の面倒をみるため」（30.5％）が続いており、海外赴任への妻の帯同には「教育」「家計」「キャリア」「親」「ライフスタイル」等、複合的な問題が関連していることがわかる。

また、先に挙げた労働政策研究・研修機構による調査（2008）では、同行を希望しなかった帯同配偶者の半数は「語学力に問題がある」ことを理由としており、これに「地域が自分に合わない」「子供の

教育に不利」が続いていた。「地域が合わない」と答えた者の割合は、ヨーロッパ14.3％、北米3.3％であるのに対し、アジアでは半数以上の55％に達しており、家族帯同の意思決定には派遣先地域が大きく影響することがうかがわれる。

　日本企業にとってグローバル化の進展は避けられない現実であり、赴任者にとって家族の帯同は望ましいことはいうまでもない。しかし、先に述べたように海外勤務が厚遇された時代は過ぎ、経済的な事情から帯同に消極的になるケースも多くなっているのが現状である。なお、昨今では女性自身の海外赴任により家族を帯同するケースも増加しており、今後はこの点にもさらに注目すべきであろう。

4　海外で学ぶ子どもたち

　海外赴任に子どもを帯同するケースは多く、全体では約3割、40～44歳の年齢層では約6割が学齢期の子どもを帯同している。親の海外長期滞在に伴う学齢期にある在外児童生徒数の推移をみると、1989年に47,188人、1994年および1998年には前年度より減少したが、その後は増加の一途をたどり、2012年には66,960人であった。地域別には、現在、多い順にアジア41.0％、北米32.5％、欧州18.3％であり、平成17年にアジアが北米を抜いて初めて1位となった。1989年に10,907人であったアジア地域の日本人児童生徒数が2012年で27,478人と倍増しているのに対し、北米では増加と減少を繰り返し、1989年20,077人、2012年21,723人となっている（外務省，2012）。

　海外での子どもの就学形態には、日本の在外教育施設（日本人学校・補習授業校および私立在外教育施設）、現地校、インターナショナルスクールなどがあり、現地の状況や家庭の方針により選択される。補習授業校は、現地校に通う子どもたちが土曜日に通う場合がほとんどである。日本人学校や補習授業校をはじめとした「在外教育施設」とは、海外に在留する日本人の子どものために、学校教育

法（昭和22年法律第26号）に規定する学校における教育に準じた教育を実施することを主たる目的として海外に設置された教育施設であり、「日本人学校」「補習授業校」「私立在外教育施設」の3つに分けられる。以下にその概要を示す。

(1) 日本人学校

　　日本人学校は、国内の小学校、中学校又は高等学校における教育と同等の教育を行うことを目的とする、全日制の教育施設である。一般に現地の日本人会等が主体となって設立され、その運営は日本人会等や進出企業の代表者、保護者の代表などからなる学校運営委員会によって行われている。政府の統計によれば、1956年にタイのバンコクに設置されて以来、2011年4月15日現在では、世界51カ国・地域に88校が設置されており、約1万9千人が在籍している（文部科学省, 2012）。教育課程は、原則的に国内の学習指導要領に基づき、教科書も国内で使用されているものが用いられている。

(2) 補習授業校

　　補習授業校は、現地の学校や国際学校（インターナショナルスクール）等に通学している日本人の子どもに対し、土曜日や放課後などを利用して国内の小学校または中学校の一部の教科について日本語で授業を行う教育施設である。日本人学校と同様、現地の日本人会等が設置運営主体となっている。1958年に米国のワシントンに設立されて以来、2011年4月15日現在では、世界56カ国・地域に203校が設置されており、約1万7千人が在籍している（文部科学省, 2012）。補習授業校では、国語を中心に、施設によって算数（数学）、理科、社会などを加えた授業が、国内で使用されている教科書を用いて行われている。

(3) 私立在外教育施設

　　国内の学校法人等が母体となり海外に設置した全日制教育施

設で、2011年5月1日現在、世界に10校（うち1校は休校中）が設置されている。私立在外教育施設は、文部科学大臣から、国内の小学校、中学校もしくは高等学校と同等の課程を有する旨の認定、または相当の課程を有する旨の指定を受けており、私立在外教育施設の中学部の卒業者は国内の高等学校の入学資格を、高等部卒業者は国内の大学の入学資格をそれぞれ有する。教育課程は学校によって異なるが、基本的に日本のカリキュラムに基づきながら、英語や現地語のクラスに力を入れ、現地校との交流も取り入れている学校が多い。

2012年現在の在籍学校別人数をみると、日本人学校在籍者20,230人、補習授業校と現地校両方に在籍する者17,261人、現地校・インターナショナルスクールのみに在籍する者29,469人であった（外務省　海外在留邦人数調査統計、2013）。1989年ではそれぞれの人数は17,877人、9425人であったことから、日本人学校在籍者数がほぼ横ばいであるのに対し、現地校・インターナショナルスクールに通う子どもは2.5倍にまで増加していることがわかる（図13-1参照）。地域別にみると、図13-2に示すように、2012年現在、アジアでは6割近くが日本人学校に在籍しているのに対し、北米では日本人学校在籍者は411人で、全体の2％にも満たない。佐藤（2010）は、日本にとってアメリカは「同一化すべき対象」であり、これは日本が「アメリカのようになる」ことをめざしてきた結果であると述べている。「補習授業校」は、現地校で学ぶ子どもたちの日本人としてのアイデンティティを担保する役目を果たしていたが、現在ではアメリカの大都市部を中心に補習授業校に通う子どもが減少し、長期滞在・永住者や国際結婚による子どもの在籍が増えてきた。帰国を前提とした子どもに日本の教育の場を与えるという補習授業校本来の機能が急速に薄れつつあるが、これには、大都市部への日本の学習塾の進出も大きく影響している。

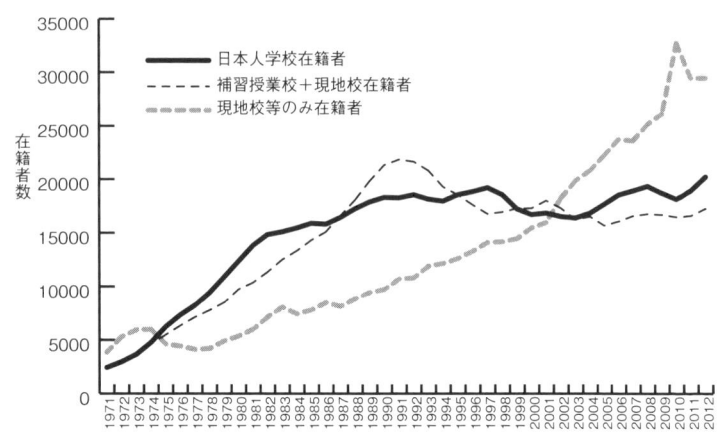

図13-1　海外の子ども（義務教育段階）の数の就学形態別推移
（出典：外務省「海外在留邦人数統計」を基に筆者作成）

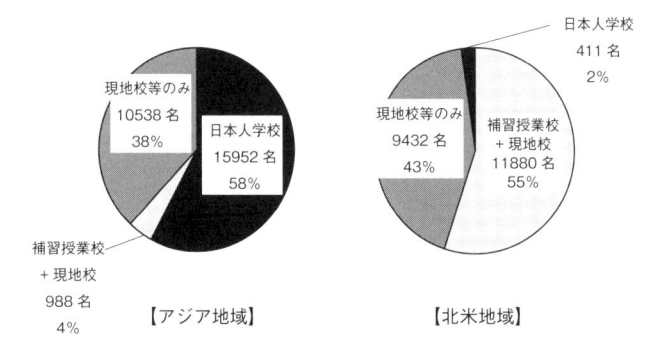

図13-2　海外の義務教育段階にある子どもの就学形態別人数
（出典：外務省「海外在留邦人数統計」を基に筆者作成）

　一方、アメリカなどの現地校側では、ESL（English as a Second Language）クラスで学ぶ日本人児童生徒のために税金を使うことを快く思わない現地住民も少なくない。せっかく特別な指導を行って英語を覚えても、永住を前提とした移民と違って2～3年で帰国してしまうことが多いからである。このため、日本人の母親は、現地校のPTA活動の図書館ボランティアやインターナショナルフェア

への日本食や手芸ブースの出展などを通じて現地校へ奉仕することで、現地の親との親睦に努めなければならないという現状もある。

5　海外の子どもを取り巻く状況の変化と新しい問題

箕浦（1984、2003）は1978年から1981年にロサンゼルスに滞在していた日本人の子どもを対象に、文化的アイデンティティの形成時期や異文化への同化過程について調査を行った。この結果、おおむね9歳から15歳を「臨界期」と名付け、この時期が社会における意味空間の感受期であるとし、それ以降に帰国した者は適応が困難になる可能性があると述べた。成長期の子どもにとってはこの「感受期」を過ごした場所が自文化となり、「いつ文化の衣をまとうのか」が、子どもにとって自文化を決定するための大きな意味を持つ、とされている。

箕浦の研究から30年近くが経過した現在、在外日本人の子どもたちを取り巻く社会・経済・文化的環境は大きく変化している。インターネットにより日本の情報を瞬時に入手でき、e-mailはもちろん、国際電話に代わりSkypeやLINEなどの通信手段やFacebookをはじめとするソーシャルネットワークによって無料で日本と連絡をとることができる。かつてはレンタルに頼っていた日本語放送もオンタイムで視聴することができ、高価だった日本の食品や書籍・雑誌なども入手しやすくなった。地域にもよるが、現在では、海外にいながら希望すれば日本とほぼ変わらない生活を送ることも可能なのである。

こうした生活環境の整備に加えて、各国の大都市には大手学習塾の進出が目覚ましく、常に日本への帰国や帰国枠受験を意識して外国生活を送る子どもたちも増加している。先に述べたとおり、特に英語圏では現地校に通学する子どもがほとんどであるが、岡村（2008）の帰国中学生を対象とした調査によれば、学校・家庭を合わせた全体の使用言語は「やや現地語中心」「現地語中心」の小計が60％を

超えているものの、家庭に限定すれば親との会話では92〜93％が日本語を使用していた。このように、以前ほど現地への親和度が高くない、いわば、「現地の文化の衣をまといながらも、日本文化の衣も脱ぐことがない」子どもたちが増加しているのである。

3．帰国した家族の抱える問題

1　帰国後の仕事や生活に対する不安

　海外勤務を終えて帰国する駐在員家族を待っているのは、リエントリーショックと呼ばれる再適応の壁である。先に示した「海外派遣勤務者の職業と生活に関する調査」によれば、帰任後の仕事上の不安としては、「社内の制度や規則の変化に疎くなる」(34.1%)、「日本での仕事の進め方になじめない」(33.0%)、「社内でのインフォーマルな最新情報に疎くなる」(28.1%)、「海外での経験が役に立たない」(26.4%) などが挙げられている（独立行政法人労働政策・研修機構, 2008）。こうした傾向は赴任年数が長くなるにつれて増加し、在外期間が10年以上の層では半数近くが日本での仕事のやり方になじめないという不安を持っていた。また、生活上の不安としては、「子供の教育問題」(33.2%) が最も多く、「国内の事情に疎くなっている」(27.0%)、「住宅取得など資産形成上の不利」(21.2%) が続いている。仕事面・生活面ともに、海外のやり方に慣れ過ぎて日本の変化についていけない、いわゆる「今浦島」となってしまう不安が大きいことがうかがわれる。また、赴任前に仕事をもっていた帯同配偶者については、帰国後元の仕事への帰任や、新たな仕事を探すことが難しい場合が多く、今後の大きな課題であるといえる。

2　帰国生をめぐる問題

　海外で成長した子どもたちにとって、日本文化は必ずしも自文化

ではない。ことに、長く海外に滞在した子どもにとっては、日本への帰国は新たな外国を訪ねる感覚にも等しいであろう。先に述べたとおり現地校志向が高まり、加えて補習授業校離れが進んだこともあり、日本の学校文化を知らない帰国生は年々増えている。さらに、国際結婚による子どもや、両親の長期滞在による海外生まれの子どもも多くなり、生まれて初めて日本へ「来る」帰国生も少なくない。日本における帰国生教育は、帰国生を取り巻く時代背景に伴い、さまざまな変容をみせている。1970年代、帰国生教育は「新しい教育問題」として注目を集め、帰国生は特別な配慮が必要な「救済の対象」として認識されていた。1980年代には帰国生に対するいじめや不適応の問題が社会問題として大きく取り上げられ、「適応」の問題を中心とした帰国生教育に関する研究も数多くなされている。1990年代に入ると帰国生の問題が大きく取り上げられることは少なくなり、国の施策として帰国生と一般生との相互交流による国際理解教育・共生教育が志向されるようになった。さらに2000年代、帰国生教育をめぐる環境は大きく変化する。1990年の入国管理法改正により、日本語指導や学校生活指導の必要性においても緊急度が高い外国人児童生徒数が急増し、教育現場の指導や研究の中心は帰国生から外国人児童生徒にシフトした。2006年度に文部科学省により実施された「帰国・外国人児童生徒教育支援体制モデル事業」は、翌2007年度に「帰国・外国人児童生徒受入促進事業」として引き継がれ、現在、帰国生教育は外国人児童生徒教育とひとくくりにして扱われているのである。

　文部科学省の統計では「海外勤務者等の子女で、引き続き1年を超える期間海外に在留し、年度間に帰国した者」が帰国児童生徒と定義され、2011年度は小学校5,832人、中学校2,302人、高等学校1,771人の合計9,998人が新たに帰国した。帰国生数の推移をみると、1977年には約5,900人であったのが、1980年代には増加の一途をた

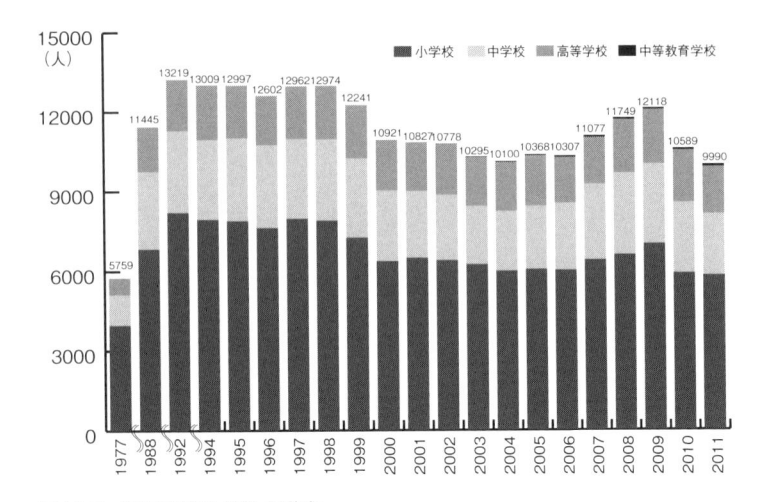

図13-3　帰国児童生徒数の動向
　　（出典：文部科学省「学校基本調査」を基に筆者作成）

どり、1992年の13,219人をピークに減少に転じた。以後は微増減を繰り返し、2009年の12,118人を2度目のピークとして再び減少し、27年ぶりに1万人を下回った（図13-3参照）。

　それでは、帰国生は日本の学校にどのように受け入れられているのだろうか。現在、帰国生の受入れには、①「帰国生クラス」「国際学級」などと呼ばれる帰国生のみを集めたクラスへの受入れ、②一般児童生徒と同じクラスへの「一般混入」、③最初は帰国生クラスへ受け入れて翌年から一般クラスへ混入する「段階的混入」、の3つの形態がある。これらのうち、①と③は国・私立校、②はすべての公立校と一部の国・私立校でみられる形態である。私立校での受入れ形態はさまざまで、海外生活で獲得した語学力などの維持・伸長ないしはそれらを活かした帰国枠受験で大学進学率の上昇をめざす学校や、日本語力が不十分で日本の学校での学習に不安がある生徒への補習を主眼とする学校など、帰国生のニーズに合わせた学

校選択が可能である一方で、受入れに特別な配慮のない学校もある。公立校の場合、文科省の定めた「帰国・外国人児童生徒受入促進事業」による全国47の指定地域においてはセンター校・モデル校を設けて帰国生受入れに取り組んでいるが、指定地域外では帰国生に対する特別な配慮はない。帰国中学生の場合、2008年度現在、63.0%が公立学校に在籍しており、帰国生クラスが設置されている国立校に受け入れられている帰国生は全体の5.5%に過ぎない。31.5%は私立校に在籍しているが、帰国生クラスを設置する私立中学校は、現在わずか2校である（佐藤他，2012）。すなわち、帰国生クラスに受け入れられる帰国生は一部に過ぎず、多くの帰国生が、何の措置も取られないまま一般クラスに混入されているのが現状である。

岡村（2011b）によれば、一般混入クラスに在籍する帰国生は、学習面の困難や違和感・不適応感、居心地の悪さを感じ、海外にいた時のような「ありのままの自分」を出すことができないなどの困難を抱えていることが示されている。さらに、岡村（2008）の研究では日本語力が不十分なまま一般クラスに混入されている帰国生は、クラスにおける「楽しさ・居心地のよさ」「友だちとの関係」「積極的なクラスへの参加」「自由な自己表現」「先生・友人からの認証」などの意識がどれも低いことが明らかになっており、一般混入クラスにおいては、特に日本語力の低い帰国生に対して特別な配慮がなされるべきであろう。

4．海外赴任者とその家族のために何ができるのか

1　企業ができること

厚生労働省が2006年に示した「心の健康の保持増進のための指針」によれば、労働者のメンタルヘルス対策を推進するために、「セルフケア」「ラインによるケア」「事業場内産業保健スタッフ等による

ケア」および「事業場外資源によるケア」の「4つのケア」を、各事業所において継続的かつ計画的に行うことが定められている。海外においては相談資源が乏しく、事業場内外の資源によるケアや、管理・監督者による職場環境の改善や部下に対する相談や支援などのいわゆる「ラインによるケア」が機能しにくく、セルフケアに頼るほかない場合が多いと考えられる。企業責任としての安全配慮義務、現地法人の生産性向上の観点からも海外赴任者の心のケアは不可欠な課題である。

赴任前には、コミュニティ心理学でいうところの「一次予防」として、赴任に対する不安や葛藤の解決、セルフケア能力の向上、目標設定などの渡航前研修が有効であろう。研修として必要な項目は、英語および赴任地の言語、危機管理・安全対策、異文化適応・コミュニケーション、海外ビジネス、任国事情、健康管理などが挙げられる。渡航前に、言語をはじめ赴任地の文化や生活習慣、宗教、対日感情や価値観の違いなどを把握しておくことは、海外勤務へのモチベーションを高め、渡航後のスムーズなコミュニケーションにつながるであろう。また、カウンセラーによる面談（葛藤の解決、不安の解消、ストレス対処法の勉強、目標の設定など）や人事担当者による現地情報の提供や健康管理スタッフによる健康アドバイス等を実施することも有効である。

赴任中は「二次予防」として、早期発見・対応のためのカウンセリングや相談、研修、定期的なストレスチェックなどを行う。これにより、問題が発生していても深刻化する前に介入し、最小限に抑えることも可能である。また渡航後速やかに現地でのコミュニティやネットワークが構築できるような支援も必要である。特に家族が帯同する場合は、すでに現地に住んでいる日本人を通じて、教育や医療、日常の買い物などについての情報を得なければならない。常に最新の情報を入手しておけるような環境とネットワーク作りを支

援することが期待される。さらに、帰国後は、赴任中に起こった問題の再発予防とリエントリーショックへの対応として、キャリアカウンセリングや相談、健康チェックなどの実施が必要であろう。

日本企業にとって海外に進出するということは、異なる文化、言語、人種、そして価値観を持つところで新たな顧客をもち、ビジネスをするということである。真のグローバル化のためには、海外赴任者だけではなく、海外進出する経営戦略が会社全体にとってどのような意味を持ち、そのためにどのような心構えや姿勢を持って取り組むべきかを全社として考え、社員に明確に伝え、教育をしていくことが望まれる。

2　帰国生受入れについて学校ができること

近年のグローバル化の流れの中で、帰国生に対する社会からの期待も変化を見せ始めている。社内公用語を英語にする企業の出現は耳目に新しいが、海外からの留学生を積極的に採用するなどの企業なども増加し、帰国生についても、海外生活を通して獲得した資質や能力を活かしてグローバルに活躍する人材として新たな注目を集めるようになった。社団法人経済団体連合会による意見書「グローバル化時代の人材育成について」（2000）においても、「豊かな海外経験を持つ帰国生は、わが国と海外とのネットワーク強化に貢献する貴重な人材」とする見解が示されている。帰国生のどのような特性をどう活かすのか、それらの特性に影響する要因は何か、また、彼らの特性を将来のキャリアにまでつなげていくためにはどうすればよいのか、という問題を明らかにすることは、さらなるグローバル化に向かう日本社会における喫緊の課題の一つであろう。

岡村（2011a）では、帰国生が海外で獲得した特性として「外国語力」「国際人としての態度」「対人関係力」「国際的知識・経験」「自己表現力」「日本人としての自覚」の6因子を見いだした。これらの特性は、

帰国生受入れに特別な配慮のある受入れ校に受け入れられた場合はその活用に対する意識がより高くなるが、一般混入校への受入れでは封印されることも多く、帰国生の受入れに際しての適切な配慮が重要であることが示唆された。

　また、海外子女教育振興財団が帰国生を持つ保護者115人に対して行ったアンケート（2010）によれば、海外から日本の学校に入る時の様子について、『積極的に受け入れてくれた』との回答が76.5％であったものの、『あまり積極的でなかった』『積極的でなかった』とする回答も合わせて25％近くあった。また「海外での学習に対する評価」については、『積極的に評価してくれた』47.1％に対し、『あまり評価されなかった』44.1％、『まったく評価されなかった』も8.8％に上った。「海外で得た外国語能力に対する評価」については、『評価してくれた』とする者と『評価されなかった』とする者がちょうど半々であった。

　帰国生受入れ校の多くは、帰国生が海外で身につけた望ましい態度や習慣・語学力などの保持・伸長とともに、海外体験を活用して一般生の国際理解を推進するといった相互啓発を目的に掲げ、帰国生の受入れやその特性活用にも積極的なところが多い。一方、一般混入校では、そうした取り組みが十分でない可能性がある。特に中学校段階では多くの帰国生が一般混入校に受け入れられることから、こうした学校での帰国生にはより手厚いサポートが必要であるといえる。帰国生教育は在日外国人児童生徒の陰に隠れて問題が見えにくくなっているが、取り組むべき問題はまだまだ山積しているのである。

5．これからの海外赴任に向けて

　本章においては、海外駐在者とその家族の抱える問題点とその解決について述べてきた。

こうした困難さや日本の全体の内向き志向から、昨今では海外勤務を敬遠する傾向が続き、リクルートエージェントが2011年に20代〜40代の会社員1000人を対象に実施した調査の結果、海外勤務を「してみたいと思う」が42.7％、「したくないと思う」が57.3％と、海外に行きたくないビジネスパーソンの方が多かった。しかしながら、年齢別に「してみたいと思う」割合を見ると、20代が46.9％、30代が43.8％、40代が38.8％と、若い層の方が海外赴任に対して積極的であることが示された。また、日本能率協会が2011年度入社の新入社員を対象に実施した「会社や社会に対する意識調査」において、大卒・大学院卒の新入社員の過半数（51.6％）が「海外赴任をしてみたい」と答えた。理由としては、「国内では経験できない仕事にチャレンジできそう」（79.9％）、「今後の自分自身のキャリア形成に役立つと思う」（61.6％）と、仕事に対する前向きなチャレンジ志向を示す回答が上位を占めた。このように若者世代が海外勤務に積極的な意識を示しているのは、日本のグローバル化にとって望ましい傾向であるといえよう。

　海外に在住する日本人家族が、本稿でみたさまざまな困難を乗り越えて日本のグローバル化のために力を尽くせるよう、社会全体でサポートできる環境整備が急がれている。

●研究課題●

- 女性の有業率が上がるにつれて、夫の海外赴任に妻子が同行しないケースや、女性自身が家族と離れて海外赴任するケースが増えることが予想される。海外へ家族を帯同しないことのメリット・デメリットをそれぞれ挙げてみよう。

●キーワード●

海外駐在員

明確な定義はないが、本章では主として、永住者を除く3ヶ月以上の海外長期滞在者で、海外に設立されている日系企業の支店や駐在員事務所および出張所（現地法人化された日系企業の場合は本店、支店、駐在員事務所、出張所）などに勤務する者をさす。

帰国生

保護者の仕事の都合により、長期にわたる海外生活を経て日本に帰国した学齢期の子ども。滞在期間については、文部科学省では「引き続き1年を超える期間」としているが、受入れ校によりその定義は異なる。「帰国子女」「帰国生徒」などと呼ばれることもある。

カルチャーショック

自文化と異なる文化や習慣、考え方などに接した際に受ける違和感や戸惑いによる心理的混乱。新しい文化が自己の行動や考え方の基盤となる文化と大きく異なっていたり、新しい文化に対する知識やイメージと実情が乖離している場合、ショックは大きくなる。

リエントリーショック

異文化下で生活し、新しい文化に適応した後に帰国し、自国の文化に改めて接した時に感じる戸惑いや混乱。逆カルチャーショック（reverse culture shock）ともいわれる。

コミュニティ心理学における「予防」

「問題が発生してから問題解決をするより、問題が起きないように予防対策に力を入れる方が、より広く一般の人びとに役立つ」というコミュニティ心理学の核となる理念。もとは公衆衛生の理論であるが、キャプラン（Caplan, G）によって精神医療に取り入れられ、コミュニティ心理学に大きな影響をもたらし

た。「発生そのものを防ぐ1次予防」「発生後の長期化や悪化を防ぐ2次予防」「再発や二次障害を防ぐ3次予防」の3水準に分けられる。

[注]
(1) 数字はいずれも、独立行政法人 労働政策研究・研修機構により2006年10月に実施された「第7回海外派遣勤務者の職業と生活に関する調査」による。対象は海外派遣勤務者および帯同配偶者4,242人。有効回答は1,565人（海外派遣勤務者の回答者数）、有効回答率は36.9％。帯同配偶者調査の有効回答は915人。
(2) 1984年に外務省および厚生労働省の指導の下に設立された財団法人。独立行政法人労働者健康福祉機構（2004年まで労働福祉事業団）による受託を受けて、海外在留邦人の福利向上を図るために、毎年14チームによる海外巡回健康相談を実施している。この調査結果は2003年、総計1,804人・専業主婦495人・勤務者等1,309人を対象に実施されたものである。

[参考文献]
独立行政法人 労働政策研究・研修機構（2008）「第7回海外派遣勤務者の職業と生活に関する調査結果」
外務省 領事局政策課（2006, 2010, 2012）「海外在留邦人数統計」
 http://www.mofa.go.jp/mofaj/toko/tokei/hojin/12/pdfs/WebPrint.pdf
海外子女教育振興財団（2010）「帰国子女のための学校便覧」
厚生労働省（2006）「心の健康の保持増進のための指針」
MD.net Corporation「海外赴任への帯同に対する女性の本音　調査概要編」
 http://www.md-net.co.jp/globaliq/images/glbiq-1.pdf
箕浦康子（1984, 2003）『子供の異文化体験——人格形成過程の心理人類学的研究』思索社
文部科学省（2012）「CLARINETへようこそ——海外子女教育、帰国・外国人児童生徒教育等に関するホームページ　http://www.mext.go.jp/a_menu/shotou/clarinet/main7_a2.htm
文部科学省（2013）海外で学ぶ日本の子供たち——わが国の海外子女教育の現状」
中村正人（2011）「なぜ中国駐在1年内に『心の危機』が起きるのか」『職場の心理学』266『PRESIDENT』5.30.号
岡村郁子（2008）「帰国生の受け入れクラスに対する意識——受け入れ形態の差異に着目して」『異文化間教育』第28号、アカデミア出版会、100-113
岡村郁子（2011a）「『帰国体験を活かす』ことに対する意識とその形成要因について——帰国体験をもつ大学生へのインタビュー調査の分析から」『国際教育評論』第8号、

東京学芸大学 国際教育センター、27-43
岡村郁子（2011b）「『帰国生クラス』に対する帰国生の意識の分析——受け入れ形態の差異に着目して」『言語文化と日本語教育』第 42 号、日本言語文化学研究会、21-30
リクルートエージェント（2011）「海外異動・勤務に関する意識調査」
労働福祉事業団（2004）「平成 15 年度海外巡回健康相談事業報告書」29-40
佐藤郡衛・稲田素子・岡村郁子・小澤理恵子・渋谷真樹（2012）「帰国児童・生徒教育に関する総合的な調査研究」『海外子女教育振興財団　帰国児童・生徒の調査研究会報告書』海外子女教育振興財団
佐藤郡衛（2010）『異文化間教育——文化間移動と子どもの教育』明石書店
社団法人経済団体連合会（2000）「グローバル化時代の人材育成について」
　http://www.keidanren.or.jp/japanese/policy/2000/013/index.html
社団法人日本能率協会（2011）「2011 年度新入社員 会社や社会に対する意識調査結果」
　http://www.jma.or.jp/news_cms/upload/release/release20110420_f00136.pdf
社団法人日本在外企業協会（2007）「海外赴任者とその家族のメンタルヘルス」
総務省 統計局（2010）「就業構造基本調査」
鈴木雅一（2011）「国際人事労務管理講座第 24 章　日本人海外駐在員」http://www.intecjapan.com/suzuki/2011/04/01010300.html
津久井要（2001）「勤務者のメンタルヘルス」『現代のエスプリ』412、至文堂、34-45

第 14 章

韓国における多文化化する家族とその子どもたち

朴エスター

問題提起

　休日、久々に姉から電話をもらった。仕事の関係で出会った韓国人男性と結婚し、ゆくゆくは向こうで新しい生活を始めるという知らせであった。お相手には以前東京で会ったことがある。優しい人だったので両親も反対はしていないようであったが、韓国語もあまり話せない姉が果たして韓国でうまく生活していけるのだろうか。また、子どもが生まれたら、育児で生活はもっと大変になるかもしれない。姉のことが心配になってきた。

はじめに

　韓国社会はここ10数年でこれまでにない多様な文化圏からの人々の急速な増加を経験している。韓国統計庁（2011）によると、2000年に住民登録をした外国人の数は21万249人であったのが、2011年現在住民登録している外国人の数は98万2,461人に上り、これは韓国の人口（約5,000万人）の1.97%を占めるという。また、住民登録をしていない不法滞在者や地位が不安定な難民申請者までを含めると実際の数はより多いと推定される。

　このような韓国国内の外国人住民は、移住労働者、結婚移民者、移住労働者家庭と韓国人と結婚移民者による国際結婚家庭[1]の子どもたち、北朝鮮離脱住民、留学生、難民に大別できる。その割合をみると、移住労働者は43.7%、結婚移民者は16.7%、外国人住民の子どもは11.9%である（韓国行政安全部多文化社会支援チーム，2011）。ここからは、近年の経済のグローバル化や韓国内の少子高齢化および若年層の低賃金職業に対する忌避現象による労働力不足などの要因で、海外からの労働者の流入が最も多くの割合を占めていることがうかがえる。また、農村や地方の外国人花嫁に代表される国際結婚の増加に伴い、韓国国内に定住する結婚移民者の数も増加しており、そのような家庭で生まれた子どもの数も急激に増えている現状がある。

　そこで、本章では韓国における多様な背景を持つ人々の中で、移住労働者、結婚移民者および移住労働者家庭と国際結婚家庭の子どもたちについて取り上げ、このような人々が韓国で置かれている現状と彼らが直面している困難点について述べる。そのうえで韓国社会がこれまでにない多文化的な状況にどのように対応しているのかについてもみていくことにしよう。

1．移住労働者

　グローバル化による貧富、技術、賃金、労働力、市場、人口の格差の拡大は国際的な労働力の移動を促進させている（Park, 2009）。韓国においても1980年代後半から主に東南アジア出身の労働者が増え、90年代を経て2000年以降は韓国の経済成長と少子高齢化などによる労働力不足から外国籍の労働人口が著しく増加した。韓国行政安全部多文化社会支援チーム（2011）によると、2011年現在、移住労働者数は55万2,946人を記録しており、同年の外国人住民のうち43.7％を占めるという。また、同調査によると、移住労働者の主な出身国および出身地域は、中国（54.8％）、東南アジア（26.7％）で、性別では男性が68.9％と多数を占めている。以下では、このような移住労働者に対する呼称や定義、彼らの受入れの現状についてみていこう。

1　移住労働者の定義および受入れの現状

　まず、移住労働者の定義については国連の「移住労働者とその家族の権利保護に関する国際協約」によると、「国籍を与えられた国以外の国で有給活動に従事している、または従事してきた人」とされている。また、滞在資格の有無を問わず、その権利が認められていることから、不法滞在者も保護の対象に含まれる。韓国においても同様な定義がなされており、韓国国籍の労働者と同じ法的地位を持つとされている。しかし、実際には制度的に認められた権利にも多くの制約があり、いまだ根強い偏見や差別にさらされている現状がある。

　次に、韓国内の移住労働者受入れの現状についてみていこう。韓国では急増する移住労働者数に伴い法制度の整備も促進されてき

た。1991年には海外投資法人研修生制度[2]が制定され、1993年には産業技術研修制度[3]が導入された。しかし、これらの制度は労働者を研修生の身分に格下げし、労働者側の労災保険への加入などの権利を排除させたため、労働現場での人権侵害的な問題を引き起こす要素をはらんでいたと指摘されている（Park, 2009）。そこで、このような問題点を改善するために2004年から雇用許可制[4]が実施されるようになり、その後2007年にはこの制度に就業許可制[5]も統合され、現在に至る。

　雇用許可制はこれまでの移住労働者に適用されてきた法制度とは違い、彼らを労働者として認めているが、これですべての差別的な待遇が改善されたわけではない。Lee（2007）によると、雇用許可制とは基本的に雇用主が移住労働者を雇用することを認めるものであるため、労働者側の自由な求職活動は認められておらず、労働者側は雇用者側から提供された労働条件が劣悪であってもそれをただ受け入れるしかないという弱い立場であることが批判されている。

　このような移住労働者の韓国国内での就業の増加は、韓国内の労働力不足などの必要によって生まれた現状であるが、韓国の人々の移住労働者の韓国社会への参入に対する意識はこのような現状を十分に理解しているとは言いがたく、人々の意識も肯定的もしくは否定的といったような単純なものではない。金・金・徐・呉・殷・鄭・鄭・趙（2011）は、①韓国人の外国人労働者への印象、②外国人労働者への待遇に関する認識に関して全国の成人男女1,101人を対象に調査を行った。その結果、①においては、外国人労働者が韓国人の職を奪うとは考えていないものの、犯罪率を増加させ、彼らが持ち込む文化やアイディアが韓国社会をより良くするとは思わないことが明らかとなった。また、②については、全年齢を通してその待遇は公正ではないと考えていることがわかった。このような結果から、韓国の人々は移住労働者に対してアンビバレントな見解を持っ

ていることが見て取れる。

しかし、グローバル化に伴う昨今の労働者の移動が世界経済の流れである以上、韓国社会がこのような人々とどのように向き合うかが今後ますます重要になると考えられる。時代に逆行して彼らを排除し続けるか、同じ社会を担う一員として移住労働者の存在を認め、彼らを受け入れるかによって今後の韓国社会は大きく変わると予想される。

2．結婚移民者

1　結婚移民者の定義と多文化家族の命名の背景

韓国では近年、国際結婚によって韓国に移住してきた人々を「結婚移民者」と称し、多文化家族支援法（2008）によると、多文化家庭とは「結婚移民者と帰化者、そして既存の韓国人で構成された家庭」と定義されている。しかし、現実では韓国人男性と外国人女性で構成された家庭を意味する場合がほとんどで、ここでいう外国人女性とは途上国出身者である場合に限られる。つまり、韓国人男性の配偶者の外国人女性が先進国出身者である場合や韓国人女性と外国人男性で構成された家庭の場合にはこの定義の範疇に該当しながらもほとんど言及されないのが現状である。このことから、政府が韓国社会において社会統合の対象と見なしているのは、途上国出身の女性結婚移民者であることがうかがえる（Jung, 2007；Park, 2009；金ら, 2011）。この項ではこのような現状を意識しながら、多文化家族を国際結婚家庭とし、そのような家庭に焦点を当てる。そこで、まず、韓国における国際結婚家庭の形成過程と国際結婚の現状および韓国での生活状況についてみていこう。

2　国際結婚家庭の形成過程

韓国における国際結婚家庭は、朝鮮戦争[6]によって1950年代に見られる在韓米軍と韓国人女性で構成された家庭から始まった（Won, Kim, Lee, Nam, Park, Kim & Ryu, 2010）といえる。その後、80年代には、88年のソウル・オリンピック開催と相まって韓国の経済が成長すると、よりよい生活を求めて東南アジアを中心とした外国人労働者が韓国に増え始め、中には家族を同伴する場合もあった。90年代にはこのような外国人労働者とともに、国際結婚による移民者が本格的に増え始めた。Wonら（2010）によると、2000年代には韓国人女性の社会進出がさらに加速化するとともに、独身の割合の増加、出産率の減少が社会問題となったという。また、晩婚化や女性の結婚への忌避現象が生じたため、都市部農村部を問わず低所得層男性の結婚が難しくなり、特に農村部では男女の性比の偏りが深刻な社会問題となった。そこに国際結婚仲介業者の急増などが相まって、途上国の若い女性と韓国の農村の未婚の男性との国際結婚が急速に増えたという。さらに、世界のグローバル化に伴い韓国内外の人々の移動が以前よりも大幅に増えたことによって、国際結婚のカップルが増加したことも国際結婚家庭が増加した一因である。

3　国際結婚の現状

現在、韓国での国際結婚の現状[7]についてみると、2005年に4万件を上回り最多を記録し、その後2006年～2010年までは3万件以上と一定の件数で推移している。2010年の韓国全体の婚姻件数（32万6,104件）を踏まえると、国際結婚は10組中1組の割合（10.5%）であると報告されている。現在の状況からすると、2020年には国際結婚が全体婚姻件数の20%を上回る可能性があるという予測も出ている（Wonら, 2010）。また、韓国行政安全部多文化社会支援チームによ

ると2011年現在、韓国における結婚移民者の数は14万1,654人であると報告されている。

2009年に行われた韓国行政安全部と保健福祉部の共同調査では、結婚移民者約7万3千人を対象とし、その実態と韓国社会への統合度に関する質問紙調査を行った。ここでは結婚移民者の①出身国、②性別、③年齢、④居住地域、⑤学歴、⑥韓国語能力についてみていく。①出身国は、中国（全体57.7%、内訳は韓国系中国人である朝鮮族が30.4%、漢族およびその他が27.3%）が最も多く、次いでベトナム（19.5%）、フィリピン（6.6%）、日本（4.1%）の順であった。②性別は、女性100人に対し男性は9.6人に過ぎないことから、女性の方が圧倒的多い。このことから、韓国の結婚移民者には韓国人男性と結婚した女性が多いことが見て取れる。③年齢は、女性の場合20代（41.3%）が多く、男性の場合は40代前後（51.4%）が多かった。韓国人配偶者との年齢差は、女性移住者の場合、韓国人夫とは約10歳であり、男性移住者の場合、韓国人妻とは1.3歳であった。④居住地域は都市部が半数以上（72.1%）に上り、農村部に住む女性の割合が男性に比べ高い。ここから途上国の若い女性が歳の離れた韓国人男性と結婚するケースが多く、中でも農村部ではいわゆる外国人花嫁が多いことがうかがえる。⑤また、夫婦間の学歴差も大きい。全体的に男性移民者の学歴が女性移民者より高く、小学校卒以下の学歴を持つ外国人妻の中の51.1%が高卒以上の韓国人夫と結婚していることが見て取れる。⑥韓国語能力は、話すことと読むことに関してはそれぞれ超上級と上級が30%台にとどまっており、特に書くことに対して難しさを感じていることから韓国語教育が必要であることが示された。

4　結婚移民者の生活状況

前項に引き続き、まず、同調査の結果で明らかになった結婚移民

者の韓国での住居、経済状況、生活の質への満足度についてみていこう。まず、住環境は大都市であるほど劣悪で、そのような境遇にいるのは途上国からの結婚移民者が多い。住環境が良好であると答えたのは全体の39.1%にとどまり、多くの人々が望ましくない状況にいると推測できる。同様に経済的な収入においても結婚移民者の家庭は全体的に低所得層を占めている。

一方で、現在の生活の質に満足しているかどうかについては、女性移民者の57.0%と男性移民者の53.8%が「満足している」と答えていた。反対に韓国での生活に不満があると答えたのは女性6.7%、男性8.3%に過ぎなかった。このことは、結婚移住者の多くは経済的な困難があっても韓国での生活についてはあまり不満がないことを表している。つまり、現在の生活に困難点はあるものの、途上国出身者の場合には現在経験している困難に比べ自国ではより多くの困難を経験してきたためだと推察できる。また、出身地域別には日本出身者が北米、オーストラリア、西ヨーロッパ、東南アジア等の出身者に比べより不満が多いことが明らかとなった。

次に、結婚移民者の家族関係と育児についてみていく。韓国行政安全部・保健福祉部の調査(2009)の結果、家族関係満足度については、結婚移民者の男性の方が女性より家族関係に満足していると報告されている。これは女性の方は育児や家事などと絡み、家族と接する機会がより多く、したがって、文化の相違による意見の対立などの葛藤が男性移民者より多いためではないかと推察できる。このような調査結果に関して〈例1〉を通して具体的に見ていこう。

〈例1〉 ベトナム出身のAさんと韓国人夫とその家族との葛藤[8]

　韓国人の夫を持つベトナム出身のAさんは、夫の家族との関係で悩んでいる。夫の家族は彼女に韓国語を上手に駆使し、子

> どもを韓国人として育て上げ、韓国料理を家族に振る舞い、夫の親や兄弟に対する義務を果たすことを求めている。しかし、Aさんは姑やその他の夫の家族が夫婦で決めるべき家族の問題になぜ干渉してくるのか理解できず、毎日不満を募らせている。夫にも悩んでいることを訴えたが、家族の行動は当然であるといい、聞き入ってもらえない。

これは、韓国とベトナムの家族構成の差異がAさんと家族の間に葛藤をもたらした事例である。聯合ニュースが取材した韓国女性政策研究院のKim, Yi-Seon氏によると、「結婚移民者の女性が韓国語が堪能でないことは、女性本人も家族もよく知っているため、言語能力だけで問題が深刻化する可能性は低いが、韓国と出身国における家族の役割や構造などの差異による問題の場合、当事者たちはその原因が何なのかわからず、問題解決がより難しい」と指摘する。つまり、韓国は男性を中心とした父系家族制度である反面、東南アジア地域は夫婦を中心とし、男女両方の親族関係が同等に維持される家族制度であることがこのような葛藤の背景にあるという。このような家族制度の差異から、Aさんは家族の問題に夫の家族がなぜ関与するのか理解できず、両者は互いの役割に関する期待にズレを感じ、葛藤が生まれるという。

次いで同調査結果を基に育児の状況についてみていこう。現在移民者一人当たりの子どもの数は0.9人であり、現在子どもがいないのは全体の39.3%、子どもが1人の場合は38.4%、2人の場合は22.3%であった。また、就学前の保育施設の利用率は57.0%で、保育施設を利用していない場合に子どもをケアするのは回答者本人または配偶者が82.3%と圧倒的に多い中、子ども一人で過ごすという回答も4.1%であった。この結果から、夫婦が共働きなどで子どもの面倒を見れない場合に周りに子どもを頼めるような家族や地域のコ

ミュニティがなく、結果的に子どもが放置されてしまう現状が浮き彫りになったといえる。さらに、小学生の子どもを持つ結婚移民者の73.5%が子どもの教育に難しさがあると答えており、その難しさとは学習塾の費用の負担、予習と復習、宿題などの学習指導であることがわかった。

さらに、同調査を基に結婚移民者の生活上の否定的な経験として、差別経験と国際結婚家庭の離婚について述べる。まず、結婚移民者が韓国で差別された経験があるかについては、女性移民者の34.8%および男性結婚者の52.8%が韓国で生活するうえで外国人という理由で差別された経験があると答えており、2006年に比べ差別経験の頻度はより増加している。また、農村部よりは都市部に住み、年齢と学歴が高いほど差別された経験がより多い傾向が示された。さらに、東南アジア出身者に比べ、朝鮮族と先進国出身者が差別された経験や差別されたという認識が高かった。朝鮮族の場合、同じ民族であるのにもかかわらず、差別されたということでより敏感に反応している可能性がある。一方、幸いなことに2009年の東南アジア出身者の差別経験は2006年と比較すると減少しているようである。詳細をみると、フィリピンは46%から29.1%に、ベトナムは40%から25%にそれぞれ減少したが、これには政府やマスコミの啓蒙による影響もあると考えられる。

次いで、国際結婚家庭の離婚についてみていこう。離婚の理由としては、全体をみると「性格が合わない（24.9%）」「経済的な能力の無さ（19.0%）」「浮気（13.2%）」「虐待と暴力（12.9%）」が挙げられている。また出身国別にみると中国（朝鮮族、漢族）、北米、オーストラリア、西ヨーロッパ出身者は「性格が合わない」ことを挙げている反面、フィリピン、カンボジア、ベトナム出身者は配偶者の「虐待と暴力」を挙げている。このことから、いまだに韓国人夫による途上国出身の配偶者への虐待や暴力が絶えない現状があることがう

かがえる。Park（2009）は韓国人と結婚した女性の30％が夫に暴力を振るわれていると報告しており、その他に文化的な差異や言語の障壁なども国際結婚家庭の葛藤として指摘している。また、現在も経済的な面や滞在資格において弱い立場にいる途上国出身の妻が韓国人夫に暴力を振るわれる現状は続いており（ソウル新聞，2012年10月10日記事）、社会問題となっている。

ここまで韓国の結婚移民者とその家庭についての定義と背景、形成過程、生活状況についてみてきた。そこからは、国際結婚による多文化家庭の増加により韓国社会は大きな変化の渦中にあり、多方面で問題点を抱えていることがみて取れる。

3．移住労働者家庭と国際結婚家庭の子どもたち

1　移住労働者家庭と国際結婚家庭の子どもたちの現状

これまで韓国における移住労働者、結婚移民者やその家庭についてみてきたが、ここでは、それらの家庭の子どもたちに焦点をあてる。韓国行政安全部多文化社会支援チームによると、2011年現在、外国人住民の子どもは15万1,154人であり、これは前年比で23.9％増加した人数であるという。年齢別の詳細をみると、満6歳以下の未就学児童は9万3,537人（61.9％）であり、満7歳以上〜12歳以下の小学生は3万7,590人（24.9％）であることから、小学生以下が86.8％と多数を占めていることがわかる。また、韓国教育開発院（2011）によると、外国人住民の子どもの中で学齢期の子どもは、結婚移民者と韓国人によって構成された国際結婚家庭の子どもが3万6,676人であり、外国人労働者の子どもは2,241人であると推計されている。今後、このような子どもたちが成長し、進学することを考えると学校教育が重要になってくると予想される。そこで、移住労働者家庭

と国際結婚家庭のそれぞれの子どもたちの学校生活の現状および学校生活における困難点についてみていく。

2　移住労働者家庭の子ども

(1) 未登録移住児童生徒[9]の定義と背景

韓国における移住労働者家庭の子どもたちは未登録移住児童生徒と呼ばれている。ここでいう未登録移住児童生徒とは、韓国に長期滞在しながら、出入国管理所[10]にその旨を申告していない子どもたちをさす。経済新聞e-today（2012年5月10日の記事）によると、国際社会では1990年に制定された「全ての移住労働者及びその家族構成員の権利の保護に関する国際条約」が2003年から発効され、これにより彼らが家族と一緒に生活できる権利を基本的な人権として認めている。しかし、韓国政府はこれを批准しなかったため、実際には移住労働者の家庭が数十万に上るにもかかわらず、法律的には存在しないものと見なされているのである。つまり、不法滞在の労働者のみならず、正当な手続きを経て韓国で働いている移住労働者であっても子どもを連れて来韓した場合、その子どもの滞在は認められていない。また、不法滞在中の労働者が子どもを連れていたり、その家庭に新しく子どもが生まれたりした場合、その子どもも不法滞在者と見なされ、韓国国内で出生届を出すと、即強制出国させられる危険性があるため、申告をしない場合がほとんどで、そのような子どもたちは無国籍者となってしまう（Lee, 2007 ; Wonら, 2010）という人権侵害の深刻な現状がある。

韓国法務部の出入国外国人政策本部の統計によると、2008年当時、韓国に滞在している移住外国人児童は合計6万9,987人であり、その中で未登録移住児童生徒は8,259人と推計されていたが、2011年現在、移住児童生徒の数は15万1,154人と倍増していることを考えると、未登録移住児童生徒の数はさらに増えていると予想される。

しかし、2005年当時未登録児童の中の就学児童の数は148人にとどまっていた（教育人的資源部2005年度資料）ことから、就学率はきわめて低いといえる。このような背景を踏まえ、以下では移住労働者家庭の子どもたちを「未登録移住児童生徒」とし、彼らの置かれている現状をみていく。

(2) 未登録移住児童生徒の学校生活

未登録移住児童生徒は、学校生活をするうえで強制送還に対する不安、言語的な障壁や友人との葛藤など多くの困難を抱えている（PRESSian 2012年3月28日、4月13日記事）。以下では、韓国における未登録移住児童生徒の入学に際する困難と入学後学校生活で直面する困難について彼らを取り巻く友人と教師との関係を中心に見ていこう。

1) 入学過程上の困難

未登録移住児童生徒の韓国での学校生活は入学から容易なものではない。Han（2008）によると、移住労働者子女の韓国の学校への入学は2003年以降持続的に改善されてきたという。韓国政府は2001年未登録移住児童生徒であっても出入国に関する事実証明書のみで学校に通うことを許容するよう教育法を改正したが、出入国の事実を証明できない子どもが多いことから、2003年5月にはこのような子どもたちは該当地域に住んでいるということを立証する書類さえあれば入学や転校が可能になった。

しかし、このような制度の改正後も各学校の校長らの間ではこのような児童生徒が入学すると学校内で問題が発生するという偏見が根強く、未登録移住児童生徒の入学・編入に関して消極的な態度を示してきたという。このようにやっとの思いで学校に入学したとしても子どもたちには多くの壁が立ちはだかっているといえる。さらに、入学後も教育課程の途中で学校を離脱してしまう子どもたちも

多いことが報告されている（ハンギョレ新聞 2012年8月15日記事）。

2）友人関係上の困難

最近、韓国の学校ではいじめ問題が深刻である。未登録移住児童生徒の場合は外見上の特徴が目立ったり、韓国語があまり話せなかったりするなどの理由から一般児童生徒よりもいじめの対象となりやすい可能性がある。以下ではHan（2008）のインタビュー調査結果を基に未登録移住児童生徒の友人関係の現状についてみていく。まず、学校側の受入れ体制と友人関係上の困難についてみると、成長過程の途中で韓国に入国した児童生徒の場合、学年の配属は韓国語能力によって決定されることがほとんどで、学校側の基準に満たない場合は、実年齢よりも2～3歳下の学年に配置されることが多い。そこから、同輩集団との葛藤が起きやすいことが報告されている。また、韓国語能力を上達させようとして障害を持つ子どもたちと同じクラスに配属させられ、萎縮してしまう子どももいるという。

次に、友人関係上の偏見や差別についてみていく。Han（2008）は、韓国人児童生徒の移住労働者への偏見が未登録移住児童生徒を傷つけているとしている。未登録移住児童生徒は親の出身国に対する韓国社会の根強い偏見によりいじめの対象になりやすい。つまり、移住労働者は貧しい国から出稼ぎに来たという韓国社会の偏見が韓国の子どもたちの未登録移住児童生徒に対する態度にそのまま表れているのである。また、未登録移住児童生徒やその親に対する否定的なイメージは、人種差別につながることもあるという。その例として、肌色の違いから南アジア出身の子どもが韓国人のクラスメイトから外見に関する侮辱的なからかいを受けた事例が報告されている。

3）教師との関係

未登録移住児童生徒と滞在資格を取得している登録児童生徒の両方を対象として調査を行った韓国国家人権委員会（2010）の「移住児童生徒の教育権実態調査」によると、「教師が好きか」という質

問に対して小学校と中学校に在籍している児童生徒の方は「好きだ」という回答の方が多数を占めていたが、高校生のうちの20.5%が否定的に答えていることが明らかとなった。このことから、高校に通う移住児童生徒の中には教師との関係があまり良好でない場合があることが見て取れる。一方、同調査から教師は移住児童生徒にとって難しい教科の勉強に際し、最も有効な助力者である（39.2%）ことが示された。

しかし、他方では教師の存在が児童生徒の成長に悪影響を及ぼしかねないような事例も報告されている（韓国国家人権委員会，2010）。モンゴル出身の生徒は中学校に在籍していた頃、「宿題をしてこない」「成績が悪い」という理由で教師から頻繁に体罰を受け、そのことで登校するのが怖かったといった事例が挙げられている。また、教師の暴力的な態度が原因となり登校拒否するケースも見受けられる。さらに、子どもの立場からすると、文化的に理解しがたい学校規則を理由に教師から一方的に叱られ続けたり、大勢の前で侮辱的な仕打ちをされたりすることで学校生活に興味をなくす場合もあることが示された。ここでいう学校の規則とは、主に髪型や制服などに関することで、その他に外見上の特徴なども教化の対象とされ、不快感を募らせる児童生徒の姿がうかがえる。これらの事例からは、一部教師の移住児童生徒への理解のなさがうかがえ、教師側がこのような子どもたちの韓国語能力の中の2つの側面、つまり日常生活に関わる対人伝達能力と学習などの認知的な場面に関わる認知学習能力の違い[11]を認識していなかったり、彼らの心理状態や文化的相違について無知であったり、子どもの家庭状況について無関心であることが彼らに致命的な傷を負わせてしまう恐れがあることが示された。

3　国際結婚家庭の子ども

(1)　国際結婚家庭の子どもの定義および背景

昨今韓国では国際結婚家庭の子どもを多くの場合「多文化家庭児童[12]」と称している。すでに述べたとおり、ここでいう「多文化家庭」とは韓国人男性と途上国出身の女性によって構成された家庭をさす。これに関してLee（2007）は、韓国政府は多文化主義を社会統合の規制として活用しており、その統合の対象は、多様な国際結婚家庭の中でも韓国人男性と途上国出身の女性による家庭の中の女性とその子どもたちのみであることを批判している。

2011年現在、韓国人と外国人の父母の間で生まれた子どもたちの数は12万6,357人であり、中でも多くの子どもたちは外国人の母親を持っている（韓国行政安全部多文化社会支援チーム，2011）ことから、この項では韓国人と外国人の夫婦の間に生まれた国際結婚家庭の子どもたちについてみていくこととする。しかし、ここでいう国際結婚家庭とは、途上国出身の女性と韓国人男性で構成された家庭の子どもたち以外にも韓国人女性と外国人男性で構成された家庭の子どもたちを含む。以下では彼らの直面している現状についてみていく。

(2)　国際結婚家庭の子どもの学校生活

Suh（2010a）は、多くの国際結婚家庭の子どもたちが韓国の言語や文化に対する不適応と外国人父母からの支援の欠如、学校でのいじめや仲間はずれなどによりアイデンティティの混乱と心理的な不安を経験しているとしている。この項では、国際結婚家庭の子どもたちの学校生活について友人関係上の困難、アイデンティティの混乱と不適応、教科内容と教師の指導方法上の問題点について取り上げる。

1）友人関係上の困難点

Suh（2010a）は結婚移民者の母親を持つ子どもたちが同輩集団と異なる家庭環境にいるということだけで差別や偏見の対象になって

おり、このような経験は子どもたちのその後の社会適応上の問題にまで発展する可能性があることを指摘している。これに関して以下の〈例2〉から深刻な事態に及んだ事例について見ていこう。

〈例2〉 いじめを受けた韓・露ダブルの少年の怒り

> 2012年5月、韓国の各誌[13]には韓国人の父親とロシア人の母親を持つ国際結婚家庭の少年がいじめによって韓国での学校生活になじめずに結局は非行に走ってしまい、住宅街の放火事件の容疑で逮捕された事件が報道された。少年はロシアから韓国に移住した後、中学と高校の長期間にかけて級友から仲間はずれにされ、周囲から「韓国人でもロシア人でもない」と否定されていたという。不登校を繰り返していた末、少年は住宅街での放火事件を起こしたとして捕まってしまった。少年はその怒りを放火によって解消していたと見られている。

これはいじめによる憤りを放火という形で表出してしまった深刻な事例であるが、Suh（2010a）は国際結婚家庭の子どもたちのアイデンティティの混乱と不適応について、成績優秀で問題を起こすことなく過ごしている子どもの場合でも自分のアイデンティティに関して自尊感情が不足しているため、学校生活で消極的な態度をとってしまう場合があるとしている。さらに、Jung（2007）によると、パキスタン移住労働者と結婚した韓国人女性の集いからも、子どもがクラスメイトからいじめられたり、仲間はずれにされたりすることが報告されている。このようないじめの背景には、国際結婚家庭の子どもが学校で問題を抱えているという前提に立ったマスコミの報道が影響しているという。つまり、そこから国際結婚家庭の子どもはかわいそうであるという固定的なイメージが形成され、ある種

のレッテルが貼られているためであろう。

2）教科内容の排他性と教師の指導方法上の問題点

近年移住児童生徒と国際結婚家庭の子どもたちが増加している韓国の学校において各教科内容とその内容に関する教師の指導方法上の問題点が指摘されている。まず、教科内容についてみていくと、韓国の学校では一般的に各教科別に教科書の内容に沿って授業を進めるが、これまで社会や歴史の教科内容には単一民族を前提とした純血主義的民族主義が強調されてきた。その詳細をみると、小学校と中学校では道徳と社会科を中心に、高校では主に道徳、国史[14]、政治などの教科で純血主義と民族主義的な記述が見受けられる（韓国教育人的資源部報道資料，2006）。

しかし、学校内の児童生徒たちの背景の多様化が進むにつれ、これらの教科内容は子どもたちの多様性や社会の変化に対応できずにいることが問題であると指摘されている。また、これらの教科科目の授業を行う際の教師の差別的な言動も問題である。その例として、社会や歴史の授業中に教師が子どもの親の出身国に関して不適切な発言をした事例や特定の国を卑下するような言い方をしたという事例が報告されている（Han, 2008 ; Suh, 2010a）。

4．多文化化する韓国社会への対応と課題

これまで韓国における移住労働者と結婚移民者および移住労働者家庭と国際結婚家庭の子どもたちの置かれている現状と彼らの直面している問題を中心にみてきた。ここではこれらの問題にはどのような背景があり、これまで韓国社会ではその問題解決に向けてどのような対応や実践が行われてきたかについて検討していきたい。また、いまだ解決方法が導かれていない問題に関しては、解決に向けてどのような課題があるかについてみていく。

第14章 韓国における多文化化する家族とその子どもたち

1 韓国社会の特徴

近現代において韓国は日本による植民地支配という負の経験を経て、独立後は自由民主主義と共産主義という理念の対峙により南北に分断され、民族間の戦争を経験した。このような歴史的な背景から、これまでの韓国社会では単一民族であることが強調されてきたが、それは自民族や自文化に対する意識を高揚させてきた反面、他文化や他民族に対しては排他的な性格を帯びてきた側面がある。しかし、現在の韓国社会は以前と比べ、多様な文化的背景を持つ人々が増えたことで、そのような人々とともに生きていかなければならない現実に直面しており、純血主義や排他的民族主義では、時代の変化に対応できないのが現状である。

しかし、Yang（2007）によると、北朝鮮離脱住民や海外に在住している韓国人の子どもたちの教育においては、民族としてのアイデンティティが重要な教育理念として焦点が当てられていると指摘する。また、韓国社会における民族主義は分断と統一という歴史的な課題を解決するためには必然的に用いられるため、民族主義そのものが必ずしも多文化主義に対峙し、克服すべき理念であると見なすのは難しいという。そこで、今後は多文化化する韓国社会を生きていくために、多様性を肯定的に受け入れられるような教育が必要であるとともに、韓国社会の特殊性を踏まえ、これまで受け入れられてきた理念についても緻密な検討が求められるといえよう。

2 移住労働者集中地域における自治体の活動

移住労働者の集中地域では民間団体の活動が活発に行われてきた。首都圏に位置する新興工業都市である安山市には、国境なき村という多文化共同体がある。Park（2009）によると、この村は、差別を受けてきた移住労働者と移住動労者男性と韓国人女性で構成された

国際結婚家庭を韓国人の隣人として認めたことから出発したという。この村では、地域社会の主流文化と移住労働者に代表される非主流文化の相互共存を模索する実践が行われており、そこでは、価値観の改革と疎外された人間関係の回復を追求するとともに経済的な環境と制度を改善する活動が伴われてきている。

　主な活動については、Park（2009）によって明らかにされている。第一期（1996-2002年）には定期的に韓国人住民と外国人住民の出会いの場を提供し、国際結婚家庭の集まりや、移住労働者共同体およびNGO団体を構築した。また、地域住民と移住労働者の接点を設けたことで文化的な葛藤を解消する活動、地域の多文化イベントの開催、地域社会の意思決定への移住民の参加、住民の共同体への参加を促すために専門家、地域住民、移住者が参加する討論会の開催や新聞の発行、体育祭などの活動を行った。第二期（2003-2006年）には、中央政府と地方自治体への多文化政策に関する提言、多文化プログラムの運営、多文化制度改善運動、海外市民団体との交流などの活動を行った。第三期（2006年6月以後）に入ってからは、法人化を進めており、多文化学術活動も行ってきている。また、祝祭やキャンプの他に、保育園や学校への訪問を通した多文化プログラム活動、他地域での国境なき村活動の拡散などに主力を注いでいる（Park, 2009）。このような国境なき村の活動は、政府主導の韓国の多文化政策の限界を補完し、政策の問題点や限界について改善を促すとともに、提言を行えるという点から大きな意義がある。

３　結婚移民者·国際結婚家庭に関する政策

　国際結婚家庭への支援を行っている韓国健康家庭振興院[15]では、2012年5月現在、全国で201の多文化家族支援センターを運営している。この機関で2006年から実施されている多文化家族支援事業の目的は「多文化家族（国際結婚家族）の安定的な定着と生活を支援

第14章　韓国における多文化化する家族とその子どもたち

するために、韓国語教育、家族および子どもの教育・相談、通訳・翻訳および情報の提供、力量強化支援（バイリンガル教育）等の総合的なサービスを提供し、多文化家族の韓国社会への早期適応および社会・経済的な自立を図る」ことである。

当該機関で公表している2012年多文化家族支援事業[16]の詳細についてみていこう。まず、家庭内の葛藤や暴力（DV）などの問題に関しては対象者個人やその家族へのカウンセリングを行っている。その他に家族への介入としては、センターの事業の中の多文化家族統合教育として、家族の意思疎通のための配偶者への教育、韓国人夫への教育、訪問父母教育、訪問子女生活サービスを提供している。多文化理解教育としては、多文化を理解し認識できるような教育、法律と人権教育を実施している。また、就業のための関連機関との連携と教育支援のための求職者のワークネットへの登録、就業に関する基礎教育の提供をしている。その他にも家族を支援するボランティア団体と多文化家族自助グループの形成、多文化への認識改善および地域社会への広報、地域社会のネットワークの強化などを図っている。

このように、韓国では2006年以来、結婚移民者と多文化家庭を対象としたさまざまな政策が実施され、それ以前と比べると制度面での整備がなされたといえる。しかし、このような政府側の取り組みにもかかわらず、これまでの多文化政策は、適応の定義が一方的で結婚移民者や国際結婚家庭を韓国社会へ効率よく適応させるというのが前提であることから、いまだ韓国社会への同化要請に近い側面がある。また、当事者である結婚移民者とその家族の声が政策に反映されがたく、そのうえ政策の主体と客体が固定化され、当事者はあくまでも政策の恩恵を受ける客体として位置づけられてきたのが限界であると指摘されている（Lee, 2007 ; Park, 2009）。

韓国の多文化政策が対象者を一方的に助けるという恩情主義的な

ものであるため、彼らをホスト側である韓国の人々より劣等な存在と見下してしまう危険性が存在し、それは政策において先進国出身の移住者についてはほとんど言及されていない現状からも表れている（金・金・徐・呉・殷・鄭・鄭・趙, 2011）との批判がある。このように、韓国における政府主導の多文化政策には文化的背景を異にする多様な人々が韓国人の隣人として生きるという視点が不足している。そのため、今後は当事者側に寄り添い、互いを理解できるような意思疎通の機会を設け、韓国社会への適応のみを一方的に促すのではなく、これからの韓国社会に必要な新しい価値観を見いだせることにつながるような政策への転換が求められる。

4　移住労働者家庭と国際結婚家庭の子どもたちの経験する困難の解決に向けて

(1)　未登録児童の教育権の保障

　金ら（2011）の質問紙調査の結果、韓国の人々は不法移住者に対する政治・経済・社会・教育などの各種サービスの実施に同意する傾向が示され、その中でも子どもたちの就学や進学に対し最も賛成していることが報告されている。このように、不法滞在者であってもその子どもたちの教育権は認められるべきであると韓国の人々は認識しているようである。

　このような社会的な雰囲気と相まって、最近韓国国家人権委員会は教育科学技術部長官に対し未登録移住児童生徒の場合でも、韓国の子どもたちと同様に義務教育として定められている中学校段階までの教育を受けられるようにすべきであると勧告した。その結果、2003年以降持続的な法制度の改正が行われてきた。

　このような法制度の改正を受けて、2005年からは政府主導の下で移住労働者の子どもたちの入学相談センターが新設され始めた。また、学校教育においては2006年に初めて首都圏地域の二つの小学校

に移住労働者の子どものための特別学級を設置した。学級の円滑な運営のために上部機関からの支援や助言を受けている。しかし、いまだ入学の際に校長などの責任者の偏見によって子どもたちが傷つくような事例が報告されている（Han, 2008）ことから、今後は制度の改善に伴い受け入れる学校側の子どもたちへの偏見を軽減させ、人権意識を高揚できるような教育を行う必要がある。

(2) 教科内容と教師の指導方法の改善

学校の教科内容に排他的な民族主義を表す記述が文化背景の多様な子どもたちの自尊感情を傷つけると同時にマジョリティの韓国人の子どもたちにも偏った世界観を植え付けてしまうという市民団体の指摘を受けて教育人的資源部[17]は教科書の改訂を行った。

そこで、最近は教科書の改訂[18]により、純血主義的で排他的な民族主義の内容や表現が見直されているが、それにとどまるのではなく、該当する教科科目で今後どのような新しい価値を追求し子どもたちに教えていくかを見いださなければならないという課題がある。その課題としてHan（2008）は、韓国の学校教育の中で歴史教育がめざすべき価値はどのようなものかについて考えていかなければならないとしている。なぜなら、韓国の多文化主義が前提としている文化的多様性が具体的に何を指すのかに関する真摯な議論なしに、単に純血主義や排他的な民族主義を克服する対象と見なすのは、純血主義や排他的な民族主義に代わって文化を中心とした文化民族主義を拡散させてしまう危険性があるため（Han & Han, 2007）だとしている。

さらに、教師側は多様な背景を持つ子どもたちが韓国の学校に存在していることを常に意識する必要があると同時に、このような多様な文化的背景を持つ児童生徒たちがいることを授業の前提とし、配慮することに敏感でなければならない。そうすることは多様な背景を持つ移住児童生徒と国際結婚家庭の子どもたちのみならず、一般の児童生徒が今後韓国社会で多様な背景の人々とともに生きてい

くうえで必要な能力を育てることにつながるためである。

このような教育現場の要求から、2012年からは韓国教育科学技術部の積極的な介入により、国立と私立大学の教員養成課程で多文化教育が実施されるようになった。具体的な教育内容としては、多文化社会への理解、多文化教育の現状、多文化教育の内容と方法、言語、認知、情緒面における子どもたちの特性の理解、相談活動、多文化教育の方向性などが含まれるという。しかし、ここでいう「多文化」というものが何をさすのかによって教育内容が大きく変わると考えられることから、政府が掲げている多文化の概念やこれまで定められてきた多文化政策について批判的な目が育つような教育も必要である。また、これは新人の教師を対象としているため、現場の教師への持続的で体系的な教育も考慮されるべきである。

(3) 良好な友人関係を築くために

移住労働者家庭や国際結婚家庭の子どもたちがマジョリティの韓国人家庭の子どもたちの持つ偏見や差別的な態度によっていじめを受け、友人関係形成に困難を感じていることから、各家庭や学校では多様性を認め、尊重できるような教育が急がれている。特に、学校教育において韓国の子どもたちに対し自分と文化的背景や外見が異なる人々とどのように生きていくかということを教えることは、このような偏見や差別を軽減するために重要である。

韓国では2012年5月現在、多文化に親和的な学校の育成のために「グローバル先導学校」という政策が実行されている。これは、集中支援型の30校と拠点校120校が指定され、国が行政・財政的な支援をするというものである。主な活動内容としては、国際結婚家庭の生徒を「多文化生徒」と称し、彼らへの学習支援とマジョリティの韓国人家庭の生徒を含めたすべての児童生徒への相互理解教育およびバイリンガル教育が挙げられている。その中でマジョリティの韓国人家庭の子どもたちを含めたすべての生徒への相互理解教育に

ついてみていくと、相互交流を図るためのミュージカル教室の運営、相互の家庭でのホームステイ、地域の多文化イベントへの参加などが主な内容である。このようにイベント活動を通して、子どもたちが交流できるようにすることにも意義があるが、今後は日常的な教育プログラムを設けることでマジョリティの韓国人家庭の子どもたちと移住労働者家庭や国際結婚家庭の子どもたちが持続的な交流を図ることも必要であると考えられる。また、何よりもマジョリティの韓国人家庭の子どもたちの持つ偏見を軽減し、自分と異なる文化的背景を持つ人々を差別することがどのようなことなのか考えさせられるような教育課程が先行されるべきである。さらに、差異だけを際立たせてしまう可能性があることから「多文化生徒」という呼称の使用には十分な注意が必要であろう。

5　移住労働者家庭と国際結婚家庭の子どもたちの言語教育

　子どもの言語発達などの問題を取り上げるに際し、外国人親の韓国語能力不足が子どもの韓国語能力に多大な支障を来たすという視点からの研究やマスコミの報道がある。これに対して、Jung（2007）のインタビュー調査によると、外国人の夫を持つ韓国人母親たちは不快感を抱いていることが明らかとなった。昨今、韓国では英語偏重教育が深化し、韓国語と英語のバイリンガル教育が謳われている中で外国人親の言語が英語でない場合には、その言語で子育てをする権利を奪っているのではないかと憂慮されているのである。

　現在、韓国において移住労働者家庭や国際結婚家庭の子どもたちの言語発達や言語能力は家庭と学校ひいては社会からも注目されている。多文化支援センターをはじめとする政府の関連機関でもこのような子どもたちの言語教育に力を入れている。2012年には多文化家族支援事業の一環として、子どもたちに対する韓国語教育とともに、外国人親の言語を教育する「言語英才教室」が少人数制の教室

で運営され始めた。韓国政府はこれまで韓国語教育にのみ力を注いできたが、ようやく外国人親の言語（母語）に注目するようになったことがうかがえる。

しかし、その目的が子どもたちをグローバルな人材に育てるためである点は視点の限界が感じられる。そこには、国益の追求という論理が先行しており、親子間の関係形成において最も基本的で、かつ重要な親の母語を子どもが習うこととそのような環境を社会が支援することが多様な言語的背景を持つ家庭の基本的な権利であるという視点が欠けているのである。実際、移住労働者家庭や国際結婚家庭の場合子どもが成長するにつれ、外国人の親の韓国語能力を上回ることが多く、そのような場合、親子間の意思疎通に限界があり、悩んでいる親がいる（Park, 2009）。このような現状から、国際結婚家庭の子どもへの韓国語教育と外国人親の言語に関する教育がバランスよく実施されることが期待される。

まとめと今後の課題

本章では、韓国における多文化化する家族とそのような家庭の子どもたちをテーマに移住労働者、結婚移民者、両方の家庭の子どもたちに焦点を当て、韓国での生活の現状と直面している困難点を踏まえ、それに関する韓国社会の対応や課題についてみてきた。

今後は、韓国の多文化政策において近視眼的で国益中心な視点を見直すことと、現状の官主導の多文化政策のみに頼らず、さらなる民間団体の活発な活動が求められている。また、教育現場においても学校側の主体的な変革が課題として残されているといえよう。

第14章 韓国における多文化化する家族とその子どもたち

●研究課題●

・日本と韓国での多文化化している社会への対応や試みについて調べてみよう。民間レベルと政策レベルの対応や試みにはどのような共通点と相違点があるのだろうか。

●キーワード●

移住労働者

「国籍を与えられた国以外の国で有給活動に従事している、または従事してきた人」のこと(出展:国連「移住労働者とその家族の権利保護に関する国際協約」)。

結婚移民者

国際結婚によって韓国に移住してきた人々をさす。主に、中国、ベトナム、フィリピン、日本出身の女性が多い。

多文化家庭

韓国における国際結婚家庭のことであるが、韓国政府の政策を含め、多くの場合、国際結婚家庭の中でも韓国人の夫と途上国出身の妻から成る家庭をさす。

未登録移住児童生徒

韓国における移住労働者家庭の子どもたちのこと。韓国に長期滞在しながらも、入国したことを申告していない子どもたちをさす。

多文化家庭児童生徒

韓国における国際結婚家庭の子どもをさすが、当事者側の合意を得ておらず、社会や学校現場では差異のみを際立たせてしまい、差別につながる場合もあるため、用語の使用には注意が必要である。

[注]

⑴　韓国ではこのような家庭のことを従来の国際結婚家庭と区別するため、「多文化家族」と称しているが、本稿では韓国人と結婚移民者による「国際結婚家庭」とする。
⑵　韓国国内企業が海外に直接投資、技術輸出、産業設備を輸出した外国現地法人の職員について国内企業で技術習得を目的として研修を許可する制度。(http://www.moj.go.kr 韓国法務部政策ニュース)
⑶　東南アジア等の途上国の遊休人力を韓国の中小企業で勤務させ、韓国の技術を研修させる一方で国内の労働力では補えない分野に中小企業の人力を支援する制度（企画財政部　時事経済用語辞典 2010）
⑷　韓国国内で必要な人員を採用できなかった企業が適切な規模の外国人労働者を合法的に雇用できるよう許可する制度 http://www.eps.go.kr/kr/index.html（外国人雇用管理システム）
⑸　外国籍を有する韓国系の人々の訪問、同居、就業などを一括する制度
⑹　朝鮮半島の主権を巡り 1950 年 6 月 25 日から 1953 年 7 月 27 日までの 3 年間に及んだ韓国と北朝鮮の間で起きた戦争。北朝鮮の韓国への侵略によって勃発した。
⑺　韓国統計庁「国際結婚の現状」
http://www.index.go.kr/egams/stts/jsp/potal/stts/PO_STTS_IdxMain.jsp?idx_cd=2430
⑻　聯合ニュース 2011 年 1 月 24 日付け記事「多文化家庭、家族の文化差が葛藤を誘発」http://media.daum.net/society/others/newsview?newsid=20110124161226933
⑼　未就学状態である児童の正確な人数は把握されていない（韓国教育科学技術部, 2010）。
　　現在、韓国では小学生のみならず、中学生や高校生も含めて「移住児童」と表記されることが多いが、日本では中高生は「生徒」と規定されている。そのため、ここでは誤解を避けたいと考え「移住児童」の代わりに「移住児童生徒」とする。
⑽　日本の入国管理局に該当する政府機関
⑾　Cummins は、言語能力として「対人伝達能力」と「認知学習能力」を区別している。
⑿　韓国では長年このような子どもたちが「混血児」と呼ばれていたが、「純血主義」に対峙する概念での「混血」は差別的な意味を持つため、最近は公式的な場では使用されていない。しかし、いまだ一般的には用いられている用語である。また、「多文化家庭児童」という用語も当事者家庭の了解を得ているとはいえないのが現状である。
⒀　ハンギョレニュース 2012 年 5 月 15 日付け記事「ロシア混血いじめられっ子少年「火が出たら憤りが解消される」」http://www.hani.co.kr/arti/society/society_general/533045.html
　　聯合ニュース 2012 年 5 月 15 日付け記事「多文化家庭 10 代、からかい・いじめに連鎖放火」http://media.daum.net/society/clusterview?newsId=20120515154004750&clusterId=576242
　　朝鮮日報 2012 年 5 月 15 日付け記事「いじめの苦痛に放火した韓・ロシア多文化子女拘束」http://news.chosun.com/site/data/html_dir/2012/05/15/2012051502001.

⒁　html
⒂　日本史に当たる教科
⒃　財団法人全国多文化家族支援団、韓国の政府機関である女性家族部の傘下にある。
⒄　http://www.liveinkorea.kr/board/board_read.asp?pzt=ct&lng=kr&cc=mfsc&id=1231&gr=&sn=&sw=&sdate=20120519&num=2043570&pg=1
⒄　現教育科学技術部
⒅　このような事態を受けて韓国教育人的資源部（現教育科学技術部）は 2006 年に該当する教科書の記述を削除・修正すると発表している。

［参考文献］

Han, G.-S.（2008）「第 2 章　国内滞在移住労働者子女および青少年移住民の人生とアイデンティティ」ユネスコアジア・太平洋国際理解教育院編『多文化社会の理解──多文化教育の現実と展望』52-84, 図書出版ドンニョク、京畿

ハンギョレ新聞「多文化家庭子女 10 人中 4 人は学業中途放棄」2012 年 8 月 15 日記事
　　http://www.hani.co.kr/arti/society/area/547325.html

Han, K.-G., & Han, G.-S.（2007）「2 章　韓国的多文化社会の理想と現実：純血主義と文明論的差別を超えて」韓国社会学会 東北アジア時代委員会用役課題 07-7, 71-116

Jung, H.-S.（2007）「第 6 章　パキスタン移住労働者と結婚した女性たちの物語」168-194、Oh, K.-S. 他共著『韓国における多文化主義』図書出版ハンウル、ソウル

韓国行政安全部・保健福祉部（2009）「多文化家族の実態調査」

韓国行政安全部多文化社会支援チーム（2011）「2011 年地方自治体外国人住民の現状調査結果」

韓国国家人権委員会（2010）「移住児童生徒の教育権実態調査」95-185
　　http://www.mest.go.kr/web/1126/ko/board/view.do?bbsId=192&boardSeq=14588,

韓国教育科学技術部報道資料「グローバル先導学校（集中支援校）30 校選定」

韓国教育科学技術部　教育福祉政策課「2011 年教育大学および師範大学『多文化教育講座開設支援事業』計画案 」

韓国教育開発院（2011）「教育政策分野別統計資料集」150-151

韓国教育人的資源部報道資料（2006）「多文化家庭を抱く教育支援対策」

韓国統計庁（2011）「韓国の社会指標」2013 年 3 月 28 日閲覧
　　http://kosis.kr/ups/ups_01List01.jsp?grp_no=&pubcode=KP&type=F

経済新聞 e-today「移住労働者家庭数十万に及ぶが法的な保護受けられず、孤立した城」2012 年 5 月 10 日の記事
　　http://www.etoday.co.kr/news/section/newsview.php?TM=news&SM=2203&idxno=582582

金秉祖・金福壽・徐浩哲・呉萬錫・殷棋洙・鄭美娘・鄭在杞・趙東紀（2011）『韓国の多文化状況と社会統合』韓国学中央研究院出版部、京畿

Kim, H.-J.（2007）「第 2 章　韓国の官主導型多文化主義──多文化主義理論と韓国的適応」58-79、Oh, K.-S. 他共著『韓国における多文化主義』図書出版ハンウル、ソウル

Kim, J.-W.（2010）「多文化家庭の理解」Won, J.-S., Kim, J.-W., Lee, I.-J., Nam, H.-Y., Park, S.-C.,Kim, K.-S., & Ryu, J.-M. 共著『グローバル時代の多文化教育——ソウル大学多文化教育研究院研究総書1』33-68、（株）社会評論、ソウル

Lee, S.-O.（2007）「第3章　韓国での移住労働運動と多文化主義」82-107、Oh, K.-S. 他共著　『韓国における多文化主義』図書出版ハンウル、ソウル

Park, C.-E.（2009）『多文化教育の誕生』国境のない村出版社、京畿

PRESSian 新聞「移住児童たち、韓国語の障壁のせいで学校に行けません」2012年3月28日記事

http://www.pressian.com/article/article.asp?article_num=30120326184831

「移住児童が学校に欠席する理由」2012年4月13日記事

http://www.pressian.com/article/article.asp?article_num=30120413082649&sectios=03

ソウル新聞「多文化家庭の妻たちの絶叫『あなた、お願いだから…殴らないで』慶南地域の暴力夫15人検挙」2012年10月10日記事

http://www.seoul.co.kr/news/newsView.php?id=20121010010010

Suh, C.-N.（2010a）「結婚移民者家庭の問題点と解決方案に関する研究」『市民教育研究』42（1）、103-126、韓国社会科教育学会

Suh, C.-N.（2010b）『多文化教育——理論と実際』学志社、ソウル

Won, Kim, Lee, Nam, Park, Kim & Ryu（2010）『グローバル時代の多文化教育』社会評論、ソウル

Yang, Y.-J.（2007）「第7章　韓国の多文化教育　現状と課題」197-230、Oh, K.-S. 他共著　『韓国における多文化主義』図書出版ハンウル、ソウル

おわりに

　国際化、グローバル化と同様に、多文化共生が叫ばれて久しい。しかし、その意味は？と問うと、また、その実態は？というと、即座に答えられる人は少ないだろう。また、多文化共生という言葉だけが先行し、地域社会における理想郷という幻想に向かいがちである。そうした多文化共生の持つ曖昧な理想像に対し、多様な地域社会、学校コミュニティの現実はどのようなものか、今そこにいる人たちは、どのようなことに生きづらさを感じ、何を考えているかを直視しようとしたのが本書の趣旨である。

　その特徴は3つある。1つは、グローバル化社会およびそこに生きる人々に自文化中心主義から脱却し、新しい視点を提示し、文化の差異だけでなく多様性の理解を考えていくことである。2つめは、歴史的経緯から現在に至るまで多様なコミュニティ、地域社会や学校現場の中で何が起きているのか、その現状を把握し、問題を理解し、課題を明確にすることである。3つめは、その問題解決に向けて、だれ一人切り捨てられないためには、どのようなコミュニティ支援をしていけばよいか検討を行うことである。このように、多文化共生という1つのテーマを各章の専門領域の異なる執筆者がそのトピックに応じた対象者と現場を交差させながら、ミクロレベルからマクロレベルまで、あるいは、過去から現在まで、個人レベルから集団・文化レベルまでというように多角的な視点からアプローチしている点が独創的である。

　本書は、大学生のための「多文化共生論」のテキストとして、次のようなことに留意した。まず、それぞれの章においてテーマに対する身近なわかりやすい問題提起を書き、読者が関心を持つように

工夫した。次に、当該関係者（対象者、組織など）にどのような問題が生じているかその現状を示し、その原因を分析していくことである。さらに、その問題に対してどのような解決の取り組みや実践が行われているか、また、どうしたら解決するか、あるいはどのような解決の可能性があるか明らかにした。

テキストとしてもさまざまな形で応用できるように工夫した。たとえば、地域社会での研究会やワークショップなどの参考図書としても可能であるし、また、大学における講義、少人数のゼミ、グループ討論などを用いた参加型授業でも使用可能である。地域社会の外国人を交えたボランティア研修や留学生と日本人学生の合同授業など、文化的背景の異なる人々が現代日本社会の課題である多文化共生を考え、そこに居住する人々と社会のあり方についてともに学び、濃密な討論ができれば、そこから新たな問題解決に向かう協働的活動を生み出すこともできるだろう。本書がそうした一人ひとりの価値観の捉え直しと行動に向かう第一歩になること、また、文化的差異から生み出される多様性の持つ可能性を社会の豊かな力にしていくことができることを期待したい。

最後になってしまい大変恐縮であるが、本書の出版を快く引き受けてくださり、適切な助言をいただいた明石書店の大江道雅氏、きめ細かく校正作業をしてくださった編集担当の清水聰氏、清水祐子氏にこころより感謝を申し上げたい。

編著者　加賀美常美代

編著者・執筆者紹介 (※は編著者)

加賀美 常美代（かがみ とみよ）[はじめに、第1章、第12章、おわりに] ※

山梨県生まれ。東北大学大学院文学研究科博士後期課程修了。文学博士（心理学）。三重大学専任講師等を経て、現在、お茶の水女子大学基幹研究院人文科学系教授。異文化間教育学会理事長、コミュニティ心理学会理事、多文化間精神医学会評議員、専門は異文化間心理学、異文化間教育学。

[主な著書]『多文化社会における葛藤解決と教育価値観』（単著、ナカニシヤ出版、2007年）、『多文化社会における偏見・差別－形成のメカニズムと低減のための教育』（共編著、明石書店、2012年）、『アジア諸国の子ども・若者は日本をどのようにみているか――韓国・台湾における歴史・文化・生活にみる日本イメージ』（編著、明石書店、2013年）、『異文化間教育学大系2巻』（共編著、明石書店、2016年）『阪神・淡路大震災における被災外国人学生の支援活動と心のケア』（共編著、ナカニシヤ出版、1999年）等

田渕 五十生（たぶち いそお）[第2章]

岡山県生まれ。広島大学大学院文学研究科（西洋史学専攻）修士課程修了。専門は社会科教育、国際理解教育、異文化間教育、人権教育など。1985年から奈良教育大学に勤務。その間1994年から1995年まで1年間、英国ヨーク大学で客員研究員。2011年3月定年退職（同大学名誉教授）。同年4月から新設された福山市立大学教育学部の教授として現在に至る。

島崎 美穂（しまざき みほ）[第3章]

山口県生まれ。滋賀県育ち。お茶の水女子大学大学院博士後期課程退学。中国帰国者定着促進センター及び中国帰国者支援・交流センター（首都圏センター）常勤講師を経て、現在中国帰国者支援・交流センター（首都圏センター）非常勤講師、さいたま市高齢帰国者向け日本語教室非常勤講師。

善元 幸夫（よしもと ゆきお）[第4章]

埼玉県生まれ。東京学芸大学教育学部修了。新宿区立大久保小学校国際日本語学級を経て、現在、琉球大学、東京学芸大学などの兼任講師。日韓合同授業研究会代表、アジア平和教材実践交流委員会講師。専門は多民族・多文化教育、漢字教授法。日本語教授法。

[主な著書]『生命の出会い』（筑摩書房、1989）、『おもしろくなければ学校じゃない』（アドバンテージサーバー、2002）、『教師は何をすべきか』（小学館）など。

岡村 佳代（おかむら かよ）[第5章]
静岡県生まれ。お茶の水女子大学大学院人間文化創成科学研究科博士後期課程修了。博士（人文科学）。現在、聖学院大学基礎総合教育部准教授。専門は異文化間教育、異文化間心理学。

野山　広（のやま ひろし）[第6章]
長崎県五島列島生まれ。早稲田大学大学院及びモナシュ大学大学院修了。文化庁日本語教育調査官、国立国語研究所主任研究員、領域長等を経て、同研究所日本語教育研究・情報センター准教授。日本語教育学会理事、異文化間教育学会常任理事、移民政策学会理事、日本語プロフィシェンシー研究会副会長、専門は日本語教育研究、社会言語学、多文化・異文化間教育。
[主な著書]『現代のエスプリ 432 マルチカルチュラリズム――日本語支援コーディネータの展開――』（共編著、至文堂、2003）、『外国人住民への言語サービス――地域社会・自治体は多言語社会をどう迎えるか――』（共編著、明石書店、2007）ほか

藤田ラウンド 幸世（ふじたらうんど さちよ）[第7章]
東京都生まれ。国際基督教大学大学院教育研究科博士後期課程修了。教育博士（言語学）。桜美林大学日本語プログラム助手を経て、現在、立教大学大学院異文化コミュニケーション研究科特任准教授。専門は社会言語学、バイリンガル教育、異文化コミュニケーション。
[主な著書]「第7章：新宿区で学びマルティリンガルとなる子どもたち」川村千鶴子編著『「移民国家」日本と多文化共生論』（共著、明石書店、2009）

吉野　晶（よしの あきら）[第8章]
群馬県生まれ。一橋大学法学部卒業。2001年群馬弁護士会に弁護士登録（54期）。現在，群馬弁護士会外国人の権利問題対策委員会委員，同弁護士会消費者問題対策委員会委員長，日本弁護士連合会消費者問題対策委員会委員。
[主な著書]『不当条項規制をめぐる訴訟――主張立証に当たっての視点――』現代消費者法14号所収（民事法研究会：2012年3月15日発行）

野田 文隆（のだ ふみたか）[第9章]
宮崎県生まれ。東京大学文学部、千葉大学医学部修了。高知大学にて博士号を修得（医学）。ブリティッシュコロンビア大学精神科でレジデントを行った後、東京武蔵野病院精神科勤務を経て、大正大学人間学部教授。2014年退任の後めじろそらクリニック（多文化クリニック）院長として現在に至る。元多文化間精神医学会理事長。元環太平洋精神科医会議理事長、元世界精神医学会多文化間精神医学セクション副会長。現在、法務省入国管理局で収容中の外国人、難民の診察も行っている。専門は多文化間精神医学。
[主な著書]『マイノリティの精神医学』（単著、大正大学出版会、2009）、『精神医学の思想』（共著、中山書店、2012）

編著者・執筆者紹介

長瀬　修（ながせ おさむ）［第 10 章］

青森県生まれ。Institute of Social Studies（オランダ）にて修士号取得（政治学）。青年海外協力隊員（ケニア）、八代英太参議院議員秘書、国連事務局障害者班専門職員（オーストリア、米国）、東京大学先端科学技術研究センター特任助教授、同経済学部特任准教授を経て、現在、立命館大学生存学研究センター教授（特別招聘研究教員）。専門は障害学。

［主な著書］『障害学への招待』（共編著、明石書店、1999 年）、『障害者の権利条約と日本』（共編著、生活書院、2012 年、増補改訂版）

守谷 智美（もりや ともみ）［第 11 章］

岡山県生まれ。お茶の水女子大学大学院人間文化創成科学研究科博士後期課程単位取得退学。博士（人文科学）。お茶の水女子大学、早稲田大学等を経て、現在、岡山大学言語教育センター准教授。異文化間教育学会常任理事。専門は異文化間教育、日本語教育。

小松　翠（こまつ みどり）［第 12 章］

新潟県生まれ。お茶の水女子大学大学院人間文化創成科学研究科博士後期課程修了。博士（人文科学）。お茶の水女子大学グローバルリーダーシップ研究所特任講師。麗澤大学外国語学部非常勤講師。専門は異文化間教育、異文化間心理学。

岡村 郁子（おかむら いくこ）［第 13 章］

長野県生まれ。お茶の水女子大学大学院博士後期課程修了。博士（人文科学）。コロンビア大学ティーチャーズカレッジにて TESOL Certificate 取得。サラ・ローレンスカレッジ、東京大学医学教育国際協力研究センター、お茶の水女子大学グローバル教育センター等の勤務を経て、現在、首都大学東京国際センター准教授。異文化間教育学会常任理事。専門は異文化間教育・心理学、日本語教育学。

朴 エスター（ぱく えすたー）［第 14 章］

韓国ソウル生まれ。お茶の水女子大学大学院比較社会文化学専攻博士後期課程修了。人文科学博士（多文化心理教育）。現在、韓国檀国大学大学院・延世大学学部大学非常勤講師。

多文化共生論
多様性理解のためのヒントとレッスン

2013年7月15日　初版第1刷発行
2017年1月15日　初版第3刷発行

編著者　加賀美　常美代
発行者　石　井　昭　男
発行所　株式会社　明石書店

〒101-0021　東京都千代田区外神田6-9-5
　　　　　　電　話　03（5818）1171
　　　　　　FAX　03（5818）1174
　　　　　　振　替　00100-7-24505
　　　　　　http://www.akashi.co.jp
　　　　装丁　明石書店デザイン室
　　印刷・製本所　日経印刷株式会社

（定価はカバーに表示してあります）　ISBN978-4-7503-3848-4

JCOPY　〈（社）出版者著作権管理機構　委託出版物〉
本書の無断複写は著作権法上での例外を除き禁じられています。複写される場合は、そのつど事前に、（社）出版者著作権管理機構（電話 03-3513-6969、FAX 03-3513-6979、e-mail:info@jcopy.or.jp）の許諾を得てください。

異文化間教育学大系【全4巻】

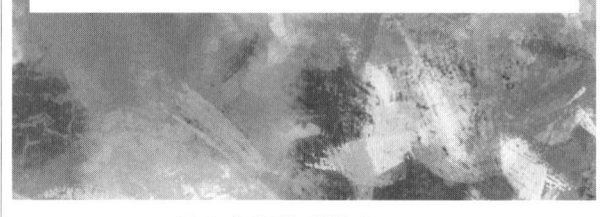

異文化間教育学会【企画】

◎A5判／上製／◎各巻3,000円

第1巻 異文化間に学ぶ「ひと」の教育

小島勝、白土悟、齋藤ひろみ【編】

海外子女、帰国児童生徒、留学生、外国人児童生徒など異文化間教育学が対象としてきた「人」とその教育に焦点をあてる。

第2巻 文化接触における場としてのダイナミズム

加賀美常美代、徳井厚子、松尾知明【編】

家族、小・中・高等学校、大学、外国人学校、地域など異文化間教育が展開する場に焦点をあて、これまで蓄積してきた成果をレビュー。

第3巻 異文化間教育のとらえ直し

山本雅代、馬渕仁、塘利枝子【編】

アイデンティティ、差別・偏見、多文化共生、バイリンガルなど異文化間教育学会が主要な研究主題にしてきたもの取り上げる。

第4巻 異文化間教育のフロンティア

佐藤郡衛、横田雅弘、坪井健【編】

異文化間教育学の大系化や学的な自立の試み、新しい方法論や研究の試みなどを取り上げ、新たな異文化間教育学の手がかりを探る。

〈価格は本体価格です〉

多文化社会の偏見・差別　形成のメカニズムと低減のための教育
加賀美常美代、横田雅弘、坪井健、工藤和宏編著　異文化間教育学会企画　●2000円

多文化共生キーワード事典【改訂版】
多文化共生キーワード事典編集委員会編　●2000円

世界と地球の困った現実　飢餓・貧困・環境破壊
まんがで学ぶ開発教育
日本国際飢餓対策機構編　みなみななみ まんが　●1200円

身近なことから世界と私を考える授業　100円ショップ・コンビニ・牛肉・野宿問題
開発教育研究会編著　●1500円

身近なことから世界と私を考える授業Ⅱ　オキナワ・多みんぞくニホン・核と温暖化
開発教育研究会編著　●1600円

まんが クラスメイトは外国人　20の物語
「外国につながる子どもたちの物語」編集委員会編　みなみななみ まんが　●1200円

まんが クラスメイトは外国人 入門編　はじめて学ぶ多文化共生
「外国につながる子どもたちの物語」編集委員会編　みなみななみ まんが　●1200円

異文化間教育　文化間移動と子どもの教育
佐藤郡衛　●2500円

多文化共生のためのテキストブック
松尾知明　●2400円

多文化教育がわかる事典　ありのままに生きられる社会をめざして
松尾知明　●2800円

多民族化社会・日本　〈多文化共生〉の社会的リアリティを問い直す
渡戸一郎、井沢泰樹編著　●2500円

対話で育む多文化共生入門　ちがいを楽しみ、ともに生きる社会をめざして
倉八順子　●2200円

言語教育における多文化共生・国籍・血統　在韓「在日コリアン」日本語教師のライフストーリー研究
田中里奈　●5000円

多文化共生政策へのアプローチ
近藤敦編著　●2400円

「移民国家日本」と多文化共生論　多文化都市・新宿の深層
川村千鶴子編著　●4800円

異文化間介護と多文化共生　誰が介護を担うのか
川村千鶴子、宣元錫編著　●2800円

〈価格は本体価格です〉

21世紀型スキルとは何か　コンピテンシーに基づく教育改革の国際比較
松尾知明　●2800円

在日外国人と多文化共生　地域コミュニティの視点から
松尾眞明編著　●2800円

多文化共生のための異文化コミュニケーション
佐竹眞明編著　●3200円

日韓中でつくる国際理解教育
原沢伊都夫　●2500円

日本国際理解教育学会
ユネスコ・アジア文化センター(ACCU)　共同企画　大津和子編著

アメリカ多文化教育の再構築　文化多元主義から多文化主義へ
松尾知明　●2300円

外国人児童生徒のための社会科教育
南浦涼介　●4800円

文化と文化の間を能動的に生きる子どもを授業で育てるために

アジア諸国の子ども・若者は日本をどのようにみているか
韓国・台湾における歴史・文化・生活にみる日本イメージ
加賀美常美代編著　●2400円

社会科アクティブ・ラーニングへの挑戦
社会参画をめざす参加型学習　風巻浩　●2800円

日本の外国人学校
トランスナショナリティをめぐる教育政策の課題
志水宏吉、中島智子、鍛治致編著　●4500円

ユネスコスクール　地球市民教育の理念と実践
小林亮　●2400円

グローバル時代の国際理解教育　実践と理論をつなぐ
日本国際理解教育学会編　●2600円

現代国際理解教育事典
日本国際理解教育学会編　●4700円

反転授業が変える教育の未来　生徒の主体性を引き出す授業への取り組み
反転授業研究会編　中西洋介、芝池宗克著　●2000円

人権教育総合年表　同和教育・国際理解教育から生涯学習まで
上杉孝實、平沢安政、松波めぐみ編　●4600円

21世紀型学習のリーダーシップ　イノベーティブな学習環境をつくる
OECD教育研究革新センター編著　木下江美、布川あゆみ監訳
斎藤里美、本田伊克、大西公恵、三浦綾希子、藤波海訳　●4500円

PISA2015年調査　評価の枠組み
OECD生徒の学習到達度調査
経済協力開発機構(OECD)編著、国立教育政策研究所監訳　●3700円

〈価格は本体価格です〉